卢庆全 ◎ 著

贵州契约文书词汇研究

中国社会科学出版社

图书在版编目(CIP)数据

贵州契约文书词汇研究／卢庆全著.—北京：中国社会科学出版社，2019.9
ISBN 978-7-5203-5233-8

Ⅰ.①贵…　Ⅱ.①卢…　Ⅲ.①契约—文书—词汇—研究—贵州　Ⅳ.①H131

中国版本图书馆 CIP 数据核字(2019)第 216500 号

出 版 人	赵剑英
责任编辑	任　明
责任校对	李　莉
责任印制	郝美娜

出　　版	中国社会科学出版社
社　　址	北京鼓楼西大街甲 158 号
邮　　编	100720
网　　址	http://www.csspw.cn
发 行 部	010-84083685
门 市 部	010-84029450
经　　销	新华书店及其他书店

印刷装订	北京君升印刷有限公司
版　　次	2019 年 9 月第 1 版
印　　次	2019 年 9 月第 1 次印刷

开　　本	710×1000　1/16
印　　张	20
插　　页	2
字　　数	330 千字
定　　价	98.00 元

凡购买中国社会科学出版社图书，如有质量问题请与本社营销中心联系调换
电话：010-84083683
版权所有　侵权必究

摘　　要

　　本书以贵州契约文书中的词汇为研究对象。书中共计使用了九种贵州契约文书，它们是：《贵州苗族林业契约文书汇编（1736—1950）》《清水江文书》《清水江文书系列·天柱文书》《贵州文斗寨苗族契约法律文书汇编——姜元泽家藏契约文书》《贵州文斗寨苗族契约法律文书汇编——姜启贵家藏契约文书》《吉昌契约文书汇编》《贵州清水江流域明清土司契约文书——九南篇》《贵州清水江流域明清土司契约文书——亮寨篇》《道真契约文书汇编》。九种文书合计64册，共收录文书超过24600件。这些数量丰富的语料均为近年来首次整理公布，它们是词汇研究不可多得的宝贵的新材料。

　　"契约文书之类除了作为经济史的研究资料之外，对于语言研究也是很有用的。这类材料虽然不是纯用白话写成，但写的人文化程度一般不高，常常露出白话的痕迹，而且这些文书往往有年代可考，所以对我们的研究工作还不失为有用的材料。"[①] 刘坚先生对敦煌契约文书语言研究价值的这一论断，同样适用于贵州契约文书。

　　然而令人遗憾的是，目前从语言学角度专门针对贵州契约文书的成系统的词汇研究尚属空白。本书尝试着对贵州契约文书词汇进行较为系统的梳理研究，希望这样的研究尝试能够为上述空白的填补尽点微薄之力。

　　贵州契约文书作为实用性文献，使用者的主体是民间百姓，记录的是日常生活中发生的经济关系、社会关系、人身关系的个案事实。从语言的使用状况看，属于地方性的俗文献，其在语言表达上具有口语性、通俗性的特点。在贵州契约文书词汇中，既有继承前世的词，也有当时产生的词。当时产生的词汇又分为通语和方言词语。其中通语是主体，方言词语

[①] 《刘坚文存》，上海教育出版社2008年版，第30页。

则是少数。这是契约文书所具有的普遍现象。口语性、通俗性特点鲜明的，且能够反映贵州契约文书语言特点的词汇，是本书词汇研究的重点。通语里那些在贵州契约文书中有特点的，譬如在贵州契约文书中表现出了不同的词义，而这一词义又未见于大型词典工具书，这样的通语我们也给予了重点关注。对所要研究的贵州契约文书词汇，本书主要从"疑难词语和俗语""同义词语"两个大的方面加以具体展开。

随着时代的变迁，贵州契约文书中的一些词语今天已经不易理解。因此，对这部分疑难词语确有训释的必要。疑难词语的训释既有益于训诂学、词汇学的研究与词典的编纂，同时也有利于贵州契约文书各领域进一步研究的顺利开展。俗语源于百姓生活，是老百姓智慧的结晶。贵州契约文书中的俗语兼具口语性、通俗性的特点，其生动形象的表达，意味深长的蕴含，不仅令篇章生辉，而且能够启迪心灵。它们是反映贵州契约文书语言特点的生动例证。

贵州契约文书行文格式固定谨严，相似的结构格式使其词汇构成呈现出鲜明的系统性。一份份契约文书就像一条条活的言语链，在链上相似的环节中使用的词语意义大致相同，容易形成各式各样的同义词语系统。本书依据贵州契约文书的固定格式，采用"同义类聚"的方法，对几组有代表性的词语进行了研究，结果发现贵州契约文书中汇聚了数量可观的各种义类的同义词语。透过这些同义词语，可以管窥贵州契约文书表情达意时用语丰富性特色之一斑。

贵州契约文书词汇丰富，其中许多词语及词语含义，在大型辞书中都找不到。这足以表明贵州契约文书词汇对于大型辞书编纂修订的重要意义。目前已整理出版的上述九种贵州契约文书，在标点、释义、校勘等方面还多多少少地存在一些疏漏，这些疏漏多是由于不明文书词语含义导致的。对贵州契约文书词汇进行研究，对于弥补整理本的上述缺憾大有裨益。尚待整理出版的贵州契约文书数量众多，词汇研究有利于扫清文书理解障碍，从而为后续贵州契约文书整理工作的顺利高效开展创造良好的前提条件。本书的大量实例表明：贵州契约文书词汇研究具有非常重要的现实意义，加强贵州契约文书词汇研究已成为当务之急。

凡　　例

一、书中所引贵州契约文书资料共计九种，即《贵州苗族林业契约文书汇编（1736—1950）》《清水江文书》《贵州文斗寨苗族契约法律文书汇编——姜元泽家藏契约文书》《贵州文斗寨苗族契约法律文书汇编——姜启贵家藏契约文书》《吉昌契约文书汇编》《清水江文书系列·天柱文书》《贵州清水江流域明清土司契约文书——九南篇》《贵州清水江流域明清土司契约文书——亮寨篇》《道真契约文书汇编》，书中叙述时分别简称《苗》《清水江》《姜元泽》《姜启贵》《吉》《天柱》《九南》《亮寨》《道真》。

二、引用贵州契约文书资料时，缺字处用"□"号表示，缺几个字便用几个"□"。据上下文文意补出的脱字外加［］号。假借字、讹字在原字后面用"（）"注出本字或正字。

三、为求行文简洁，书中例证材料的出处进行了简化处理。对于不分辑或卷的单册的例证材料，在标注出处时采用"书名加所在页数"的形式。如《贵州文斗寨苗族契约法律文书汇编——姜元泽家藏契约文书》第1页。对于多辑且每一辑有多册的例证材料，在标注出处时采用"书名加所属辑数/所属册数/所在页数"的形式。如《清水江文书》第1辑第1册第1页，书中简写作《清水江文书》第1/1/1页。《清水江文书系列·天柱文书》目前仅整理出版了第1辑，为使行文简洁，采用"书名加所属册数/所在页码"的形式，省略了第1辑。如《清水江文书系列·天柱文书》第1辑第1册第1页，书中简写作《天柱文书》第1/1页。对于多卷且每一卷依类别划分的例证材料，在标注出处时采用"书名加所属卷数/卷中所属类别/所在类别中的页数"的形式。如《贵州苗族林业契约文书汇编（1736—1950）》第1卷A类第1页，书中简写作《贵州苗族林业契约文书汇编

(1736—1950)》第 1/A/1 页。

四、书中除与本书说明内容密切相关而使用的繁体字外，其余均使用通行的简体字。

五、书中将《汉语大词典》这一常用工具书简写作《大词典》。

目 录

绪 论 ………………………………………………………………… (1)
 一 本书研究的理论和实际应用价值 ………………………… (1)
 二 本书选题的研究现状 ……………………………………… (3)
 三 本书研究的主要内容 ……………………………………… (6)
 四 本书的研究方法 …………………………………………… (9)
 五 本书使用的契约文书语料 ………………………………… (9)

第一章 贵州契约文书疑难词语、俗语汇释 …………………… (11)
 第一节 贵州契约文书疑难词语汇释 ………………………… (11)
 第二节 贵州契约文书俗语汇释 ……………………………… (88)

第二章 贵州契约文书几组同义词语考察 …………………… (94)
 第一节 "到达"类词语研究 ………………………………… (95)
 第二节 "任凭"类词语研究 ………………………………… (103)
 第三节 "愿意"类词语研究 ………………………………… (118)
 第四节 "理论"类词语研究 ………………………………… (132)
 第五节 "使用"类词语研究 ………………………………… (139)
 第六节 "四至"类词语研究 ………………………………… (154)
 第七节 "永远"类词语研究 ………………………………… (173)

第三章 贵州契约文书词汇研究与大型辞书编纂 …………… (177)
 第一节 贵州契约文书《大词典》未收词语举例 ………… (177)
 第二节 贵州契约文书《大词典》未收词义举例 ………… (224)

第四章 贵州契约文书词汇研究与贵州契约文书的整理校注 …… (241)
 第一节 贵州契约文书整理本的标点 ……………………… (241)

第二节　贵州契约文书整理本的释义 ……………………（250）
第三节　贵州契约文书整理本的校勘 ……………………（274）
结　语 ……………………………………………………（303）
主要参考文献 ……………………………………………（305）

绪　论

一　本书研究的理论和实际应用价值

契约文书是人们在具体的生产、生活、社会交往等关系中形成的用以证明某种关系的原始文字协议或文字认定，具有史学、法学、语言学、经济学、社会学、文献学、民俗学等学科研究价值。本书以目前整理出版的9种贵州契约文书中的词汇作为研究对象，以探究贵州契约文书词汇整体面貌及其规律特点为目标，本书研究的理论意义和应用价值体现在如下几个方面。

第一，贵州地区契约文书是数量丰富的新资料，是词汇研究的珍贵材料。贵州契约文书既具有其地方性特点，又有超越地方本身的普遍性的一面，对其进行词汇研究，不仅有利于我们了解贵州契约文书语言的整体面貌及其规律特点，而且也可以推动和促进人们对其他地区契约文书词汇的研究。贵州契约文书数量丰富，据一些学者的统计，仅"清水江文书"就有30余万件。贵州地区契约文书目前已整理出版的有：唐立等《贵州苗族林业契约文书汇编（1736—1950）》共3卷，收录853件；张应强、王宗勋《清水江文书》（第1—3辑，33册），收录约1.4万件；陈金全、杜万华等《贵州文斗寨苗族契约法律文书汇编——姜元泽家藏契约文书》，收录664件；陈金全、梁聪《贵州文斗寨苗族契约法律文书汇编——姜启贵家藏契约文书》，收录464件；孙兆霞等《吉昌契约文书汇编》，收录438件；高聪、谭洪沛《贵州清水江流域明清土司契约文书——九南篇》，收录448件；高聪、谭洪沛《贵州清水江流域明清土司契约文书——亮寨篇》，收录355件；张新民等《清水江文书系列·天柱文书》第1辑22册，收录7000余件；汪文学编校《道真契约文书汇编》，收录374件；等等。如此数量丰富的"新材料"，需要人们投入更多的精力去进一步搜集整理，充分研究，发挥它应有的词汇研究理论价值和实际应用价值。

第二，贵州契约文书的"同时"性可为语言研究结论的可靠性提供前提条件。"同时"性即意味着没有因抄写刊刻导致的诸多文字问题，更能够避免后世产生的语言成分掺入。说魏晋时代的契约文书，就表明它的词汇绝对是魏晋时代的；说宋元时代的契约文书，那么它就不可能混入明清时代出现的词语。贵州契约文书多为明清时期的文书，语料的"同时"性保证了语言研究结论的真实性。

第三，贵州契约文书词汇研究可以为古今方言俗语词汇、口语词汇研究提供有效途径。契约文书几乎都是在某两个之间使用，都具有突出的地域性、口语性特点。一般说，口语词既有通语中的词语，又有方言中的词语，那么，口语中的地域性词语往往就是方言词。贵州契约文书正是这种性质的文献，它们可以为贵州地区文献中明清方言词语的研究和现代方言词语的溯源，提供最大的可能和有力的依据。贵州契约文书作为最具地方性特征的文献之一，其在古代文献词语的考释，特别是方言词的考订中必将发挥独特的价值。对其词汇进行研究也可对探索古代文献中方言俗语词语的考订理论和方法有所拓展。

第四，准确理解文献的意思是深入研究的基础，是使文献研究价值得以最大化发掘的最根本保障。2013 年 5 月以贵州"清水江文书"为基础的"清水江学"研究中心在贵州大学正式成立，从而使清水江文书研究上升到"清水江学"的层面。为最大限度地发挥贵州清水江文书的史料价值，贵州契约文书词汇的全面深入研究势在必行，因为这是贵州契约文书其他领域研究得以顺利开展的前提保障。贵州契约文书词汇研究的实际应用价值在这里得以充分体现。

第五，能够为当今大型历时性辞书的修订、编纂提供有益参考。贵州契约文书词汇丰富，其中不少的词语、词义在大型辞书里都未有收录。本书的研究可为这些辞书在收词、释义、例证上提供有益的参考，这是本书实际应用价值的又一体现。

第六，对贵州契约文书词汇进行研究，有利于弥补贵州契约文书整理本在标点、释义、校勘等方面存在的缺憾。毋庸置疑，贵州契约文书整理者的整理工作是严谨的，同时也是卓有成效的。整理本为贵州契约文书的接受与传播打开了方便之门。然而智者亦难免有失，由于对文书中的词语理解失当，致使整理者在对文书进行标点、释义、校勘时出现了一些瑕疵。事实表明，对贵州契约文书词汇进行研究，对于弥补整理本中的录文缺憾是大有裨益的。尚待整理的贵州契约文书还有很多，对贵州契约文书词汇进行研究，有利于扫除文书理解上的障碍和困惑，可以为贵州契约文书后续整理研究工作更深广更优质的开展提供有益的帮助。

二 本书选题的研究现状

贵州契约文书的发现、整理、研究始于20世纪80年代，目前所见研究成果主要集中在历史、法律、社会、经济等方面。如杨有赓《清代苗族山林买卖契约反映的苗汉等族间的经济关系》[①]，石开忠《明清至民国时期清水江流域林业开发及对当地侗族、苗族社会的影响》[②]，沈文嘉《清代清水江流域林业经济与社会发展论要》[③]，罗洪洋《清代黔东南锦屏苗族林业契约之卖契研究》[④]，陶钟灵《清代贵州锦屏林木交易习惯的法律经济学分析》[⑤]，徐晓光《清代黔东南锦屏林业开发中国家法与民族习惯法的互动》[⑥]，史达宁《清水江文书的文献学价值——以锦屏县文斗寨契约文书为个案的分类整理与研究》[⑦]，陈金全、侯晓娟《论清代黔东南苗寨的纠纷解决——以文斗苗寨词状为对象的研究》[⑧]，程泽时《清代锦屏木材"放洪"纠纷与地役权问题——从加池寨和文斗寨的几份林契谈起》[⑨]，张新民《清水江文书的整理利用与清水江学科的建立》[⑩]，罗康隆

[①] 杨有赓：《清代苗族山林买卖契约反映的苗汉等族间的经济关系》，《贵州民族研究》1990年第3期。

[②] 石开忠：《明清至民国时期清水江流域林业开发及对当地侗族、苗族社会的影响》，《民族研究》1996年第4期。

[③] 沈文嘉：《清代清水江流域林业经济与社会发展论要》，《古今农业》2005年第2期。

[④] 罗洪洋：《清代黔东南锦屏苗族林业契约之卖契研究》，《民族研究》2007年第4期。

[⑤] 陶钟灵：《清代贵州锦屏林木交易习惯的法律经济学分析》，《贵州文史丛刊》2007年第1期。

[⑥] 徐晓光：《清代黔东南锦屏林业开发中国家法与民族习惯法的互动》，《贵州社会科学》2008年第2期。

[⑦] 史达宁：《清水江文书的文献学价值——以锦屏县文斗寨契约文书为个案的分类整理与研究》，《原生态民族文化学刊》2009年第1期。

[⑧] 陈金全、侯晓娟：《论清代黔东南苗寨的纠纷解决——以文斗苗寨词状为对象的研究》，《湘潭大学学报》（哲学社会科学版）2010年第1期。

[⑨] 程泽时：《清代锦屏木材"放洪"纠纷与地役权问题——从加池寨和文斗寨的几份林契谈起》，《原生态民族文化学刊》2010年第4期。

[⑩] 张新民：《清水江文书的整理利用与清水江学科的建立》，《贵州民族研究》2010年第5期。

《从清水江林地契约看林地利用与生态维护的关系》①,吴述松《清水江文书与苗侗族人经济发展关系研究范式展望》②,梁骄阳《西南屯堡科田买卖契约的法律史分析——以吉昌契约为例》③,岸本绪美《贵州的山林契约文书与徽州的山林契约文书比较研究》④,等等。

  从语言学角度专门针对贵州契约文书进行研究已取得了一定数量的成果。从目前已公布的研究成果来看,书刊论文有:储小旵、张丽的《契约文书札记五则》⑤、《宋元以来契约文书俗字在大型字典编纂中的价值》⑥,储小旵、李琦的《宋元以来民间契约文书与大型字典编纂》⑦,史佳新的《加池四合院文书校读释例》⑧,杨继光的《〈道真契约文书汇编〉字词校读札记》⑨,唐智燕的《清水江文书中特殊计量单位词考源》⑩、《清水江文书疑难俗字例释（一）》⑪《清水江文书疑难俗字例释（二）》⑫《清水江文书疑难俗字例释（三）——兼论民间文书标题的构拟问题》⑬《〈贵州苗族林业契约文书汇编〉误释俗字补正——兼论俗字研究对于民

---

  ① 罗康隆:《从清水江林地契约看林地利用与生态维护的关系》,《林业经济》2011年第2期。
  ② 吴述松:《清水江文书与苗侗族人经济发展关系研究范式展望》,《教育文化论坛》2011年第2期。
  ③ 梁骄阳:《西南屯堡科田买卖契约的法律史分析——以吉昌契约为例》,《理论界》2012年第7期。
  ④ 岸本绪美:《贵州的山林契约文书与徽州的山林契约文书比较研究》,《原生态民族文化学刊》2014年第2期。
  ⑤ 储小旵、张丽:《契约文书札记五则》,《中国农史》2012年第4期。
  ⑥ 储小旵、张丽:《宋元以来契约文书俗字在大型字典编纂中的价值》,《中国文字研究》2014年第1期。
  ⑦ 储小旵、李琦:《宋元以来民间契约文书与大型字典编纂》,《中国文字研究》2018年第2期。
  ⑧ 史佳新:《加池四合院文书校读释例》,《绵阳师范学院学报》2019年第6期。
  ⑨ 杨继光:《〈道真契约文书汇编〉字词校读札记》,《安庆师范大学学报》(社会科学版)2019年第3期。
  ⑩ 唐智燕:《清水江文书中特殊计量单位词考源》,《原生态民族文化学刊》2018年第4期。
  ⑪ 唐智燕:《清水江文书疑难俗字例释（一）》,《原生态民族文化学刊》2014年第3期。
  ⑫ 唐智燕:《清水江文书疑难俗字例释（二）》,《原生态民族文化学刊》2014年第4期。
  ⑬ 唐智燕:《清水江文书疑难俗字例释（三）——兼论民间文书标题的构拟问题》,《原生态民族文化学刊》2015年第1期。

间写本文契开发利用的重要性》[1]、《文字释读规范与清水江文书整理》[2]、《俗字研究与民间文献整理——以〈吉昌契约文书汇编为例〉》[3]，张明、韦天亮、姚小云《清水江文书侗字释例》[4]，张明、安尊华、杨春华《论清水江流域土地契约文书中的特殊字词》[5]，王勇《清水江文书校读释例》[6]，范国祖《清水江文书汉字记苗音苗语地名整理研究——以加池苗寨土地契约文书为例》[7]，姚权贵《清水江文书俗字丛考》[8]，付喻锐《〈贵州文斗寨苗族契约法律文书汇编〉校读十则》[9]，王阳《契约文书校勘失误成因探析——以〈贵州文斗寨苗族契约法律文书汇编〉为例》[10]，陈浩《〈贵州文斗寨苗族契约法律文书汇编〉校读补注》[11]，郭敬一《〈吉昌契约文书汇编〉词语考释三则》[12]，张新杰《锦屏文书的语言功能认知研究》[13]，闫平凡《浅析清水江文书俗字的价值》[14]，卢庆全《〈姜元泽家

---

[1] 唐智燕：《〈贵州苗族林业契约文书汇编〉误释俗字补正——兼论俗字研究对于民间写本文契开发利用的重要性》，《原生态民族文化学刊》2013 年第 4 期。

[2] 唐智燕：《文字释读规范与清水江文书整理》，《贵州民族大学学报》（哲学社会科学版）2013 年第 5 期。

[3] 唐智燕：《俗字研究与民间文献整理——以〈吉昌契约文书汇编为例〉》，《汉语史研究集刊》2012 年第 15 辑。

[4] 张明、韦天亮、姚小云：《清水江文书侗字释例》，《贵州大学学报》（社会科学版）2013 年第 4 期。

[5] 张明、安尊华、杨春华：《论清水江流域土地契约文书中的特殊字词》，《贵州大学学报》（社会科学版）2017 年第 1 期。

[6] 王勇：《清水江文书校读释例》，《原生态民族文化学刊》2017 年第 2 期。

[7] 范国祖：《清水江文书汉字记苗音苗语地名整理研究——以加池苗寨土地契约文书为例》，《原生态民族文化学刊》2018 年第 4 期。

[8] 姚权贵：《清水江文书俗字丛考》，《安庆师范大学学报》（社会科学版）2019 年第 1 期。

[9] 付喻锐：《〈贵州文斗寨苗族契约法律文书汇编〉校读十则》，《皖西学院学报》2019 年第 1 期。

[10] 王阳：《契约文书校勘失误成因探析——以〈贵州文斗寨苗族契约法律文书汇编〉为例》，《学术探索》2019 年第 5 期。

[11] 陈浩：《〈贵州文斗寨苗族契约法律文书汇编〉校读补注》，《贵州文史丛刊》2015 年第 3 期。

[12] 郭敬一：《〈吉昌契约文书汇编〉词语考释三则》，《长治学院学报》2015 年第 4 期。

[13] 张新杰：《锦屏文书的语言功能认知研究》，《河南科技大学学报》（社会科学版）2011 年第 4 期。

[14] 闫平凡：《浅析清水江文书俗字的价值》，《贵州大学学报》（社会科学版）2012 年第 2 期。

藏契约文书〉释读指瑕》①《古代民间契约文书"典主"释义考索》②《贵州契约文书疑难词语例释》③《贵州契约文书"任凭"类词语研究》④《贵州契约文书词汇研究与整理本之校勘》⑤《贵州契约文书词语训释十二则》⑥《贵州契约文书词语例释 11 则》⑦，卢庆全、黑维强《贵州契约文书俗字"祇"考释》⑧《贵州契约文书"𢁥"类合文考》⑨等数篇；硕士论文有：陈婷婷《清水江文书"天柱卷"俗字研究——以钱、据、恐等字为例》⑩，周菡怡《云贵川契约文书词语考释》⑪，金胜《清水江文书名量词研究》⑫，孙美玲《敦煌契约文书和道真契约文书俗字研究》⑬等。

三 本书研究的主要内容

在贵州契约文书词汇中，既有继承前世的词，也有当世产生的词。当世产生的词汇又分为通语和方言词语。其中通语是主体，方言词语则是少数。这是契约文书所具有的普遍现象。本书重点关注的对象是那些最能反映贵州契约文书语言特点的词语。除在贵州契约文书中另有新义，且这些词义在大型辞书中又未见收录的通语外，其他的通语则不作过多涉猎。为了更好的展现贵州契约文书的词汇特点，本书将重点关注的词语尝试着从如下两个方面展开讨论：第一，同义词语；第二，俗语疑难词语。贵州契约文书词汇研究可以为大型辞书的编纂修订提供丰富的词语及语义资源，

---

① 卢庆全：《〈姜元泽家藏契约文书〉释读指瑕》，《汉语史研究集刊》2015 年第 19 辑。
② 卢庆全：《古代民间契约文书"典主"释义考索》，《广州大学学报》2015 年第 5 期。
③ 卢庆全：《贵州契约文书疑难词语例释》，《新疆大学学报》2018 年第 2 期。
④ 卢庆全：《贵州契约文书"任凭"类词语研究》，《原生态民族文化学刊》2018 年第 3 期。
⑤ 卢庆全：《贵州契约文书词汇研究与整理本之校勘》，《新疆大学学报》2019 年第 2 期。
⑥ 卢庆全：《贵州契约文书词语训释十二则》，《安康学院学报》2018 年第 3 期。
⑦ 卢庆全：《贵州契约文书词语例释 11 则》，《大连大学学报》2019 年第 2 期。
⑧ 卢庆全、黑维强：《贵州契约文书俗字"祇"考释》，《新疆大学学报》2015 年第 3 期。
⑨ 卢庆全、黑维强：《贵州契约文书"𢁥"类合文考》，《励耘语言学刊》2016 年第 1 期。
⑩ 陈婷婷：《清水江文书"天柱卷"俗字研究——以钱、据、恐等字为例》，硕士学位论文，贵州大学，2016 年。
⑪ 周菡怡：《云贵川契约文书词语考释》，硕士学位论文，陕西师范大学，2017 年。
⑫ 金胜：《清水江文书名量词研究》，硕士学位论文，湘潭大学，2017 年。
⑬ 孙美玲：《敦煌契约文书和道真契约文书俗字研究》，硕士学位论文，南京师范大学，2018 年。

能够弥补贵州契约文整理本在标点释义校勘等方面的缺憾，其实际应用价值是不言而喻的。本书研究的主要内容包括以下四个方面：

第一，贵州契约文书疑难词语、俗语研究。贵州契约文书中的疑难词语的数量难以计数，本书对其中的一部分进行了训释。这些疑难词语有的在大型辞书中未收录，如"借日""转日""备日""加日""存日"等词语；有的尽管被收录了，但其在贵州契约文书中所表现出来的词义，在大型辞书对该词所列的义项中却未见，如"空乏""垦""押""呼""厢"等词语。俗语是词汇里为群众所创造，并在群众口语里广为流传，具有口语性和通俗性的语言单位；是通俗并广泛流行的定型语句，简练且形象化；是劳动人民思想和智慧的结晶，反映了人民群众的生活经验和愿望。目前已整理出版的贵州契约文书中，尽管俗语数量不多，仅有"高峰种菜，两下无缘""树大则枝开，人多必家分""水深而分流派，树大而别枝枒"等有限的几个，但个个鲜活生动，令人过目难忘。对贵州契约文书中的疑难词语和俗语进行研究发掘，有利于为词汇学与词典学的研究提供词汇语料方面的支持，同时也有利于扫除贵州契约文书研究道路上的"拦路虎"，进而为贵州契约文书史学、法学、语言学、经济学、社会学、文献学和民俗学等学科研究价值的最大化实现奉献绵薄之力。

第二，贵州契约文书中几组同义词语的考察。贵州契约文书中同义词语颇多。这一方面是贵州契约文书书成众手，容易将个人的或个人生活居住地的用词用语融入其中；另一方面，也与固定化的套语结构密切相关。有些词语的意义，尽管脱离语境，单纯比对，算不上真正的同义词，如"承受"与"承买"（"买"），而一旦被用进固定化的套语结构中，便具有了同义的条件。譬如在"无人承买"这个套语结构中，有的书写人用"承受"换下了"承买"。此种语境情形下再看"承受"和"承买"便有了义同的根据。利用套语结构，根据已知词语的语义，可以帮助我们有效地对一些生僻词语作出训释，从而构建起一组又一组的同义词语。通过考释这些同义词语，一是可以管窥贵州契约文书表情达意时用语的丰富性特色；二是希望能够为今后更多同义词语的考察提供条件与可能；三是希望我们的"利用套语结构"来考释同义词语的尝试，能够为词语考订的方法和理论进行有益的补充。

第三，贵州契约文书词汇研究对于大型辞书编纂修订的价值研究。贵州契约文书数量相当可观。对贵州契约文书词汇进行研究，可以在收词、释义、例证等方面为《大词典》等大型辞书的编纂修订提供重要参考。词汇量众多的贵州契约文书可以丰富《大词典》的收词。比如"栽手""栽主""佃栽""佃手""佃主""断主""出主""当主"等词语，查检《大词典》均未见收录。这些词语在贵州契约文书中颇具生命力，应当补入《大词典》，使其为更多人熟知。贵州契约文书中有许多词语的意义颇为独特，如"稪""把""拜""棺""出息""出办""还主""土主"等词语，这些词语的意义在《大词典》所收录的该词语义项中未见。这些别具特色的词义应当可以纳入《大词典》对该词语所列的义项中。贵州契约文书数量众多，可以为《大词典》的词语释义提供丰富的书证，这些丰富的书证为《大词典》某些词语首例书证的提前提供了可能。

第四，贵州契约文书词汇研究对于贵州契约文书整理校注的价值研究。贵州契约文书的整理工作有利于贵州契约文书的社会价值的最大化的实现。而要做到整理工作的高效与优质，贵州契约文书的词汇研究必不可少。本书以目前已整理出版的九种贵州契约文书作为研究对象，这九种契约文书为《贵州文斗寨苗族契约法律文书汇编——姜元泽家藏契约文书》《贵州文斗寨苗族契约法律文书汇编——姜启贵家藏契约文书》《吉昌契约文书汇编》《贵州苗族林业契约文书汇编（1736—1950）》《贵州清水江流域明清土司契约文书——九南篇》《贵州清水江流域明清土司契约文书——亮寨篇》《道真契约文书汇编》《清水江文书系列·天柱文书》《清水江文书》。以上九种贵州契约文书除《清水江文书系列·天柱文书》外，其余均有整理者所作的录文；除《道真契约文书汇编》外，其余整理者录文时均作了标点。我们在阅读整理本录文的过程中发现其在标点、释义、校勘等方面存在一些瑕疵。而缺乏对文书词汇全面准确的理解和把握，是造成这些瑕疵的主要原因。在贵州契约文书中"承就"一词多见，我们研究后发现，其义当与"承买"相同。由于文书整理者缺乏对该词词义的认知，致使整理者在标点含有"承就"的语句时出现了失误。贵州契约文书在表达"双方"这一意义时，使用了"二比""二造"等多个词语。整理者因缺乏对贵州契约文书大语言环境的宏观把握，将"二比""二造"释作了"二人"，令人遗憾。"耕管"一语贵州契约文书中多见，实为"耕种管业"的缩略，即"耕种管理产业"之意。由于不识"耕管"，文书整理者在校勘"任凭买主耕官修理官业"一句时写作了"任凭买主耕官（种）修理官（管）业"。这样的校勘处理尽管意思通畅，却失去了原图版的真实和书写人的本意。此处稳妥的校勘当是"任凭买主耕官（管）修理官（管）业"。"一卖一了"在贵州契约文书中的用例颇多，可释为"一次出卖便意味着永远出卖"，同于"一卖永卖"。与"一卖永卖"表意相同的除"一卖一了"外，尚有"一卖一了，既卖永休""一卖一了，父断子休""一卖一了，二卖子休""一卖一了，父卖子完""一卖一了，父卖子丢""一卖一了，二卖二清""一卖一了，父卖子休"等。文书整理者当是不明"一卖一了"之意，在原图版"一卖一了"后并无"父卖子休"的情况下，添加了"父卖子休"，致使录文失去了原本的真实。贵州契约文书中见有"一清永清"一语，可释为"一次付清永远结清"。由于方言语音的影响，"一清永清"或写作"一亲永亲"。整理者应是不晓"一清永清"之意，加之未注意到方言语音影响词形变化的情况，对本当出校的"一亲永亲"却未予以校勘。理解是整理的基础，对贵州契约文书词汇进行研究，有利于扫除整理研究道路上的障碍，有助于贵州契约文书后续整理与研究工作的更从容、更顺利的开展。

四 本书的研究方法

将词汇研究与历史、文化、民俗等相结合的文史结合研究方法；比较分析的研究方法；传统训诂学方法与现代词汇学研究方法相结合；古代文献词汇考释与现代汉语方言俗语词汇印证相结合；同义类聚的研究方法。

五 本书使用的契约文书语料

本书所使用的契约文书语料以贵州契约文书为主，同时兼及其他地区的文书语料。贵州地区的契约文书包括：

唐立等《贵州苗族林业契约文书汇编（1736—1950）》（共3卷，2001—2003），简称《苗》；张应强、王宗勋《清水江文书》（第1—3辑，共33册，2007、2009、2011），简称《清水江》；陈金全、杜万华等《贵州文斗寨苗族契约法律文书汇编——姜元泽家藏契约文书》（2008），简称《姜元泽》；陈金全、梁聪《贵州文斗寨苗族契约法律文书汇编——姜启贵家藏契约文书》（2015），简称《姜启贵》；孙兆霞等《吉昌契约文书汇编》（2010），简称《吉》；张新民等《清水江文书系列·天柱文书》（第1辑，共22册）（2014），简称《天柱》；高聪、谭洪沛《贵州清水江流域明清土司契约文书——九南篇》(2013)，简称《九南》；高聪、谭洪沛《贵州清水江流域明清土司契约文书——亮寨篇》(2014)，简称《亮寨》；汪文学编校《道真契约文书汇编》(2014)，简称《道真》。

兼及的其他地区的契约文书语料：张传玺主编《中国历代契约文书会编考释》（共 2 册，1994）；临夏州档案馆编《清河州契文汇编》(1993)；福建师大历史系编《明清福建经济契约文书选辑》（共 2 册，1997）；刘伯山《徽州文书》（1—2 辑，2005—2006）；王钰欣、周绍良主编《徽州千年契约文书》（共 40 卷，1991）；曹树基等《石仓契约》（1—3 辑，2012）；沙知《敦煌契约文书缉校》(1998)。

第一章

贵州契约文书疑难词语、俗语汇释

第一节 贵州契约文书疑难词语汇释

贵州契约文书基本上是有清一代的文献，距今时代并不久远，其中所用词语大多沿袭至今，理解起来没有太大的困难。然而词汇具有紧随时代变化的特点，其中一些词语今天不再使用，对今人来说，它们还是陌生的，使我们有了时代距离感，理解还是有些难度。因此，对其中的这部分疑难词需要训释。训释它们，不仅有益于训诂学、词汇学的研究与词典的编纂，同时也有利于贵州契约文书的史学、法学、经济学、社会学、文献学、民俗学的进一步研究。试举例如下。

【典主】①指"出典人"，即"发出典当和抵押行为的人"。②指"承典人"，即"承受典当和抵押行为的人"。

"典主"是民间"典契"中出现频率颇高的一个词。笔者仅在《九南》《姜元泽》《中国历代契约文书会编考释》（以下简称《历代》）和《清河州契文汇编》（以下简称《清河州》）四部书中便找到"典主"共计81例。中国古代民间契约文书数量巨大，如去遍查，则"典主"用例定当数十倍于此。如此众多的"典主"用例，确实有对其意义进行考索的必要。请看下面四例中的"典主"。

（1）《光绪五年（1879）吴光本蚂蟥山塝脚长田典契》："立典田约人塘保寨吴光本。今因家下无从得出，将谢元第先年得典杨姓之业，……自请中出典与九南寨胡口口［名下承］典为业。当日三面议定典价大钱壹仟零壹佰壹拾捌文整，亲［手］领足……其田自典之后，任凭胡姓开坎管业，吴姓不得异言。倘有不清在于吴姓上前理落,不与胡姓相干。恐后无凭,立此典字为据。[添]二字,涂一字。外[批]:杨姓与胡姓照依老典约价续(赎)取。光绪五年二月十六日,典主吴光本。"①

(2)《嘉庆七年(1802)龙香霭典田契》:"立典田约人龙香霭。今因家下缺少银用,情愿将到土名鸠周田一丘,在姜士昌之坎下,凭中出典与邓大朝兄名下承典为业。当日凭中议定典价伍两柒钱正,亲手收回应用。其田凭从典主招人耕种管业,龙香霭不得异言。不拘远近,价到归赎。"②

(3)《嘉庆十三年(1808)苑平县王有宁典房白契》:"立典房字人苑平县民王有宁。有自典房一所,……情愿将此房典与本县民李名下为业。言明典价钱贰佰伍拾吊整。……言定一典八年为满,钱到许赎。如过年限,无力回赎,准其典主李姓税契,不与王姓相干。自典之后,院内认平(任凭)现典主添盖。如有来利(历)不明、重复、亲戚人等争竞等情,俱有出典主同中保人一面承管。"③

(4)《道光十八年(1838)马查七出典土地契文》:"立典土地文字人马查七。……今将祖置斜尖地一块,……除(出)典与马老二名下为业。得到典价小钱共计贰拾串文。……随地银粮地主取讨,不与典主之事。有钱抽赎,无钱照例耕种。"④

这四例"典主"当作何解释?《大词典》"典主"解释为"掌管,统理"⑤,是动词。而上述四例"典主"则均是指人的名词。《大词典》中"典主"的这一释义并不吻合契文语境。《汉语方言大词典》收录了"典主"一词,解释为"旧时典卖的主人"⑥。"典主"的这个释义尚需进一步说明。这里的"典卖",旧指活卖,即出卖时约定期限,到期可备价赎

---

① 高聪、谭洪沛:《贵州清水江流域明清土司契约文书——九南篇》,民族出版社2013年版,第315页。
② 陈金全、杜万华:《贵州文斗寨苗族契约法律文书汇编——姜元泽家藏契约文书》,人民出版社2008年版,第70页。
③ 张传玺:《中国历代契约文书会编考释》,北京大学出版社1994年版,第520页。
④ 甘肃省临夏回族自治州档案馆:《清河州契文汇编》,辽宁大学出版社1993年版,第128页。
⑤ 罗竹风主编:《汉语大词典(缩印本)》,上海辞书出版社2007年版,第786页。
⑥ 许宝华主编:《汉语方言大词典》,中华书局1999年版,第3399页。

回,不同于绝卖。故所谓"旧时典卖的主人"亦即"旧时活卖的主人"。

例(1)吴光本作为"出典人",将"谢元第先年得典杨姓之业出典与九南寨胡姓",在这个语境中,将"典主"解作"旧时典卖的主人"允当。例(2)中"典主"与出典人"龙香霭"相对,当是指"承典人邓大朝"。契文中邓大朝并未出卖田地,故"旧时典卖的主人"不符合"典主"的文中语意。例(3)中"王姓"与"典主李姓"相对,而"王姓"即"王有宁",才是该契的"典卖的主人",即契中的"出典主"。故"典主"在此契中不能释为"旧时典卖的主人"。例(4)"地主"与"典主"相对,"地主"指"马查七","典主"当为"马老二"。例(2)—(4)中的"典主"均不能释作"旧时典卖的主人",均当另作他释。

查检其他大型词典工具书均未见可以全面疏通上述四例"典主"意义的解释。鉴于此,笔者觉得有必要全面厘清"典主"的意义。根据"典契"的自身特点,排比大量"典契"中的"典主"用例,笔者认为:在古代民间契约文书中,"典主"既可以指"旧时典契缔约活动中的出典人",又可以指"旧时典契缔约活动中的承典人"。"出典人"是指发出典当和抵押行为的人,"承典人"是指承受典当和抵押行为的人。"典主"在例(1)中指"出典人",在例(2)—(4)中指"承典人"。

一 关于"典主"释义三个相关问题

要全面厘清"典主"的意义,需要先弄清楚三个问题:第一,什么是"典"及"典契"的特点;第二,"典"与"卖"的关系;第三,"典契"缔约中主要参与人的各种不同称谓。下面就来解决这三个问题。

(一)"典"及"典契"的特点

在古代契约文书中,"典主"一词主要出现在"典契"中。"典"指"典当和抵押",简言之,就是"以物抵押换钱物"。在"典当和抵押"类契约文书即"典契"中,"发出典当和抵押行为的人",我们姑且称为"出典人"。由于种种原因,他们将"标的",即"契约缔约双方所要转让的财物"[①],出典给"承受典当和抵押行为的人",我们姑且称为"承典人"。"承典人"向"出典人"支付一定数额的钱物作为标的"典价"。"承典人"交付"典价"后,享有标的"使用权",可以对标的进行使用

---

① 张传玺:《契约史买地券研究》,中华书局2008年版,第68页。

管理。而"出典人"将标的典出后,仍然拥有标的"所有权",可以在双方商定的期限到达之日赎回标的,但期限未满则不能收赎。收赎时,"出典人"要将标的原典价退还"承典人"。典契订立后,"出典人"向"承典人"承担的责任主要包括:首先"出典人"(包括其家属)不得再发表不同意见;其次,若有人来认领标的,或者因标的所有权产生纠纷,"出典人"要承担全部责任等。下面的两例典契便很好地体现了缔约双方的权利与义务关系。

(5)《嘉庆二十年(1815)杨起凤铁山坡脚江边田典契》:"立典田约人永安司杨起凤。今因家下缺少银用无出,自愿将到地崩土名铁山坡脚江边田壹丘出典[与]地崩梁学仲、侄[梁]光明承典耕种,凭中议定典价银壹拾贰两整,亲[手]领足[应]用。其田自典之后,任凭梁姓管业耕种,杨姓不议(异)言。日后备足约内元(原)价依期归赎。"①

(6)《宣统元年(1909)姜世官典契》:"立典田字人下寨姜世官。……自愿将到祖遗之田,地名冉翁里架凹田大坵,……今将出典当与上寨中房姜铨相老爷名下承买为业。当中议典价新宝足银壹拾肆两整,亲手收足应用。其田自典之后,今凭中言定父子自愿任凭银主招人上田耕种管业,日后房族弟兄不得异言。倘有不清,俱在本名理落。恐无凭,立此典当字为据存照。不俱(拘)远近,价到赎回。"②

例(5)中"出典人杨起凤"出典田地,获得土地典价,享有到期赎回土地的权利,同时对"承典人梁学仲、侄[梁]光明"承担着"不异言""赎回时备足原价"等责任。"承典人梁学仲、侄[梁]光明"支付土地典价,得到对出典人的土地进行"管业耕种"等方面的权利。例(6)较例(5)在赎回田地的时间上有其独特性。"不俱(拘)远近,价到赎回","远近"指"年月远近",通俗地讲就是"时间长短"。"不俱(拘)远近,价到赎回"可理解为"不限时间长短价到赎回",这表明出

---

① 高聪、谭洪沛:《贵州清水江流域明清土司契约文书——九南篇》,民族出版社2013年版,第284页。
② 陈金全、杜万华:《贵州文斗寨苗族契约法律文书汇编——姜元泽家藏契约文书》,人民出版社2008年版,第509页。

典人"姜世官"在赎回土地的时间问题上拥有自主权。

(二)"典"与"卖"的关系

"典"与"卖"有本质的区别。"典"只是转让标的使用权而保留所有权,"卖"则是既转让标的使用权又转让标的所有权。但土地买卖有其独特性,在中国古代土地买卖中有所谓"绝卖"与"活卖"之别。"绝卖"是将土地使用权和所有权一次性彻底转移,其主要标志是土地一旦出卖,永远再无权力收回。"活卖"则是只卖使用权而不卖所有权,其主要标志是在一定的时期内有权赎回,并得到相应的法律保护。"典地"时也只转让土地使用权而仍拥有所有权,从这个角度看"典"也可以视作是一种"活卖"。在现实中,出典人如果在限定的期限无力回赎土地,"活卖"就变成了"绝卖",这种情况下典地就意味着永远出卖土地①。既然"典"在一定条件下也可视作"卖",于是在典契中也有了买卖双方,"出典人"即成为"卖主",相应的"承典人"即是"买主"。例如:

(7)《光绪十六年(1890)龙道淮冲得现田出典契》:"立典田字人龙道淮。为因家下缺少用费无出,亲口问到族叔龙兴顺父子名下承典为业,坐落土名冲得现田岭上田二丘,……要行出典。言定典价一千五百文整,亲手领足。其田自典之后三年知(之)外,居(俱)在买主下田根(耕)种管业,卖主不得异言。"②

(8)《光绪三十三年(1907)胡钟之大路坐屋外核桃山典契》:"立典核桃、楠竹山字人胡钟之。为因家下缺少口粮无出,自己愿将祖业,坐落土各(名)大路坐屋大田坎外楠竹冲核桃山壹块,元(连)屋在内,……四低(抵)分明,要行出典。自己请中上门问到熊尚运各(名)下[承]典为业,当日凭中言定典价谷四担整,亲手担回吃用。其山自典之后,任凭买主修理管业,卖主不得异言,倘业不清,俱在卖主理落。"③

(9)《道光二十九年(1849)杨胜谟雷官韬茶山典契》:"立典茶山约人杨胜谟。为因家下缺少钱用无出,自愿将雷官韬茶山壹块出

---

① 赵云旗:《唐代土地买卖研究》,中国财政经济出版社2002年版,第166—167页。
② 高聪、谭洪沛:《贵州清水江流域明清土司契约文书——九南篇》,民族出版社2013年版,第318页。
③ 同上书,第323页。

典与陈定熬名下承典为业,当日议定典价钱玖仟文整,亲手领回应用。其山自典知(之)后,恁凭钱主管业。恐后无凭,立此典字为据。内批:不与内外人等相干。内天(添)二字。外批:钱重五斤。外批:二月半续(赎)。如有过限,恁凭钱主管业。"[①]

"买主"与"卖主"是买卖契约中对买卖双方的称呼,却出现在了例(7)、例(8)两例典契中,这说明"典"与"卖"已经混同。这并不难解释:买卖契约中有"买主"有"卖主",既然"典"同于"活卖",有可能走向"绝卖",最终完全成为"卖",那么将"出典人"称作"卖主","承典人"称作"买主"也就顺理成章了。"卖主与买主"在例(7)、例(8)中分别指称"出典人龙道淮、胡钟之"和"承典人龙兴顺父子、熊尚运"。例(7)缔约双方约定了日期,当是"活卖"契;例(8)中并未写明回赎日期,难以断定是"活卖"还是"绝卖"。例(8)"典价为谷四担整",这表明在实际的典契活动中典价不仅可以是钱,还可能是物。例(9)中写明"二月半续(赎)",若"出典人杨胜谟"在此期限能够赎回茶山,则该典契为"活卖",但"如有过限","活卖"既成"绝卖",只能恁凭钱主陈定熬管业。

(三)"典契"缔约活动中主要参与人的各种不同称谓

"出典人"与"承典人"作为"典契"缔约活动中的主要参与人,各自均有多种不同的称谓。

"出典人"发出出典当和抵押行为,又称为"出典主"(见例3)。"出典人"向"承典人"出卖标的,又被称为"卖主"(见例7、例8、例11)。"出典人"出典标的使用权给"承典人",故被称为"出主"(见例12)。"出典人"在"活卖契"中仍然是标的所有权的主人,又被称为"业主"(见例10)、"地主"(见例4)。"出典人"转移标的使用权给"承典人",又被称为"移主"(见例13)。有的"出典人"因先付典价"承典"标的,在新的典契中又将原来承典的标的"出典"给他人,故被称为"移典主"(见例14)。

[①] 高聪、谭洪沛:《贵州清水江流域明清土司契约文书——九南篇》,民族出版社2013年版,第297页。

(10)《道光九年（1829）苑平县刘文斌典房白契》："立典住房契人刘文斌。……将自置正灰房三间，……今凭知情底保人说合，情愿典与姜名下为业。三面言明实典价钱一百吊整。……言定一典壹年为满，钱到许赎。如一年内回赎，按月包租，言明壹分五厘行息。自典之后，如有亲戚人等争竞，并重复典当等情，俱有业主同知情底保人一面承管。……外有白契纸七张，付与钱主收存。"①

(11)《乾隆六十年（1795）吴显达弟兄太平坎水田典契》："立典田约人吴显达、[吴]朝灿弟兄二人。……愿将得至之业坐落地名大平坎下水田一丘，计谷六石，要行出典。无人承手，请中问到涔当杨起高名下承典为业，凭中诚定典价文艮（纹银）九两八钱整，亲手领回应用。其田恁从银主耕种管业，卖主不得异言。"②

(12)《民国十一年龙道铣大井湾坐屋出典契》："立典房屋字人龙道铣。……自己愿将祖业坐落土名大井湾本名坐屋壹间，要行出典。自己请中问到堂侄龙运春名下承典为业，当日凭中言定典价元钱捌仟叁佰六十文整，亲手收清分文无欠。其屋自典之后，恁凭买主进坐修理管业，出主不得异言。"③

(13)《民国十二年龙世璠火烧冲田出典契》："立典田字人龙世璠。为因家下缺少费用，无处出息，……自己愿将祖业坐落地名火烧冲沟坎上大小田叁丘、沟坎下大小田叁坵，……自己请中上门问到本寨龙运春名下承典为业，当日凭中言定典价元钱玖千文整，亲手领足应用。其田自典之后，恁凭典主下田耕种管业，移主不得异言，其田言定三年之后价到赎取。"④

(14)《宣统二年（1910）易元泉移典契》："立移典字人易元泉。为因先年得典下寨姜世官之田地名皆追之田壹块，……今请中移典与中房姜周栋名下承典为业。当面凭中移典价宝银伍两整，亲手手足，未欠分文。其田移典之后，任凭银主下田耕种管业。倘有不清，

---

① 张传玺：《中国历代契约文书会编考释》，北京大学出版社1994年版，第1527页。
② 高聪、谭洪沛：《贵州清水江流域明清土司契约文书——九南篇》，民族出版社2013年版，第279页。
③ 同上书，第325页。
④ 同上书，第326页。

俱在我移典主尚（上）前理落，不关银主之事。"①

"承典人"出典价"购买"标的，被称为"买主"（见例7、例8、例12）。典契中标的有典价，有时是"银"，有时是"钱"。而"承典人"作为付出典价的一方，被称为"银主"（见例11、例14）、"钱主"（见例9、10）。"承典人"承典标的后，即享有了对标的"管业耕种"等方面的处置权，故有时候被称作"置主"（见例15）。

（15）《嘉庆二十年（1815）北京厢白旗苏那叔嫂典房红契》："立典契人系满洲嵩明左领下马甲苏那同嫂。有祖遗住房一所，……凭中说合，典与正蓝旗满洲左领□麟名下为业。言明典价二两[京]平纹银贰佰两整。一典捌年为满，银到许[赎]。如捌年后不能回赎，由其置主遵例过契。自典之后，倘有重复典卖、亲戚人等争竞，有典主一面承管。"②

特别要注意的是："出典人"和"承典人"有一个共用的称谓"典主"。如上述例（1）—（4）、例（13）、例（15）。

二 "典主"释义

清楚了什么叫"典"及"典契"的特点、"典"与"卖"的关系、"出典人"与"承典人"的各种不同称谓，再来认识"典主"一词的意义便易如反掌了。笔者以为"典主"一词在古代民间典契交易活动中有两种意义：第一种指"出典人"，即"发出典当和抵押行为的人"；第二种指"承典人"，即"承受典当和抵押行为的人"。

（一）"典主"指称"出典人"

（16）《民国六年姜登鳌典契》："立典田准赎字人下寨姜登鳌。……自愿将祖遗之田壹坵，……今凭中登门典与上寨朱家煌名

---

① 陈金全、杜万华：《贵州文斗寨苗族契约法律文书汇编——姜元泽家藏契约文书》，人民出版社2008年版，第511页。

② 张传玺：《中国历代契约文书会编考释》，北京大学出版社1994年版，第1522页。

下，足银肆两整，……自典之后，其银限本年阴历十月内归还，并无有利。如有过十月内，此任凭银主下田耕种管业。价到赎回。倘有不清，典主理落，不干银主之事。"①

(17)《道光十四年（1834）龙用鳌父子平江田出典契》："立典田约人龙用鳌、男兴达父子。……自愿将受分祖业，……请中问到梓樟会龙用淮、□□□、□嗣熙、熊后忠四人名下承典为业。当日凭中议定价银柒两六钱整，……其田自典之后，任凭买主管业，典主不得异言。日后办足原价，依期上门赎取。恐业不清，在于卖主理落。"②

(18)《咸丰十年（1860）龙士文瓜地冲包谷地出典契》："立典包谷地字人龙士文。……自己愿将瓜地冲地叁副出典与龙兴魁名下为业，当日凭中言定价钱二百四文整，……其地任凭银主管业，典主日后不得续（赎）取，立此典自（字）是实。"③

(19)《光绪三年（1877）龙道云弟兄木姜树田出典契》："立遗（移）典田约人龙道云、龙道能二人。……自己愿将先年德（得）典堂兄道宏弟兄之业，土名洞头门口木江（姜）树田一丘，……至今要行出典与本族清明会上。三面意（议）定典价移典价叁仟捌佰捌拾文整，一手领足应用。其田自典之后，任凭众会友管业，典主不德（得）意（异）言。"④

如前所述，"银主"亦即"承典人"。在例（16）中"银主"与"典主"相对。"典主"在契文中享有"价到赎回祖遗之田"的权利，同时承担着处理产业不清等纠纷的义务——"倘有不清，典主理落，不干银主之事"，根据典契特点"典主"应是出典人"姜登鳌"。"其银限本年阴历十月内归还，并无有利"，该句表明典契定立时当为"活卖契"。"如有过十月内，此任凭银主下田耕种管业"，则表明一旦超过约定时限，"活卖"即成为"绝卖"。

---

① 陈金全、杜万华：《贵州文斗寨苗族契约法律文书汇编——姜元泽家藏契约文书》，人民出版社 2008 年版，第 526 页。

② 高聪、谭洪沛：《贵州清水江流域明清土司契约文书——九南篇》，民族出版社 2013 年版，第 292 页。

③ 同上书，第 306 页。

④ 同上书，第 313 页。

例（17）中"日后办足原价，依期上门赎取"一句表明该典契为"活卖契"。而"买主管业"中的"买主"即"承典人"，契文中指"龙用准"等四人。"典主不得异言"中的"典主"与"在于卖主理落"中的"卖主"所指相同，均为"出典人龙用鳌、男兴达父子"。

例（18）"银主"指"承典人龙兴魁"。"典主"与"银主"相对，实为"出典人"，契文中指"龙士文"。"典主日后不得赎取"一句表明此典契实为"绝卖契"。

例（19）中"众会友"与"典主"相对。根据前述典契的特点及契文文意，可见"龙道云、龙道能二人"出典"木江树田一丘"与"本族清明会上的众会友"，作为"出典人"，二人在典契中承担着对"众会友管业木江树田不得异言"的义务，故"典主不德（得）意（异）言"中的"典主"当为"出典人龙道云、龙道能二人"。而"本族清明会上的众会友"享有"管业木江（姜）树田的权利"，乃是"承典人"。

在笔者找到的共计81例"典主"中，指称"出典人"的"典主"共27例。

(二)"典主"指称"承典人"

(20)《嘉庆十三年（1808）范述尧、绍正兄弟典田契》："立典田约人范述尧、绍正兄弟二人。……自愿将到土名皆垒秧田一坵，凭中出典与姜氏福香名下承典为业。凭中议定典价银贰拾伍两整，亲领应用。此田自典之后任从典主耕种管业，日后不拘远近，银到赎田，田归原主。"[1]

(21)《嘉庆十八年（1813）范锡畴典田契》："立典田约人岩湾范锡畴。……自愿将到田一坵，地名龙榜，凭中出典与者寨屯邓有训名下承典为业，三面议定典价三十五两整，亲手收回应用。其田自典之后，任从典主耕种管业，日后弟兄房租外人不得争论。倘有此情，俱在锡畴理落，不干典主之事。"[2]

(22)《嘉庆九年（1804）龙明付小岩洞茶山出典契》："立典茶山约人龙明付。……自己商议愿将祖业土名小岩洞茶山新冲一块，凭

---

[1] 陈金全、杜万华：《贵州文斗寨苗族契约法律文书汇编——姜元泽家藏契约文书》，人民出版社2008年版，第97页。

[2] 同上书，第132页。

中出典与本族龙大儒、［龙］大权名下承典为业。当日凭中议定典价银肆两整,亲手领回应用。其山自典之后,任凭典主管业,不许外人相干。日后备足原价依期上门赎取,不许执留文约。"①

（23）《咸丰十一年（1861）熊君升中冲屋出典契》："立典坐屋字人熊君升同嫂月秀。……自愿将到先年得典龙姓之业,坐落地名中冲屋一间,请中问到本寨龙兴魁名下承典为业。当日凭中议定典价贰仟八百文整,亲手［领］足应用。无（屋）出任凭典主修整管业,登门赎取照龙姓老约元价赎取,不干熊姓之事,典主不得异言。"②

根据前述典契中缔约双方权利与义务的相关约定,例（20）中"范述尧、绍正兄弟二人"作为"立典田约人"即"出典人",将皆垒秧田出典后,承担着"任从典主耕种管业"的义务,同时享有"日后不拘远近,银到赎田"的权利。契文中的"原主"即"范述尧、绍正兄弟二人"。姜氏福香"承典皆垒秧田"乃是"承典人",拥有"耕种管业"皆垒秧田的权利。这里"典主"指称"承典人姜氏福香"。

例（21）"出典人范锡畴"承担着上前理落"日后弟兄房族外人争论异言"的义务；"承典人邓有训"则不担负此项义务,他"承典龙榜田",享有的是"耕种管业"的权利。此例"典主"指的是"承典人邓有训"。

例（22）中"日后备足原价依期上门赎取,不许执留文约"一句表明此份"典契"乃是"活卖"契。本例"典主"指"承典人龙大儒、［龙］大权"。

例（23）中两处"典主"指的均是"承典人龙兴魁"。熊君升同嫂越秀先年曾作为"承典人"得典龙姓之业,而今又因出典龙姓之业,转而成为"出典人"。

在我们找到的 81 例"典主"中,共有 54 例"典主"指称"承典人"。

三　"典主"意义成因考论

在中国古代典契中,"典主"既可以指称"出典人",又可以指称

---

① 高聪、谭洪沛：《贵州清水江流域明清土司契约文书——九南篇》,民族出版社 2013 年版,第 282 页。

② 同上书,第 308 页。

"承典人"。而"典主"的这两种相对的意义是如何形成的呢？

文献中"典主"有"掌管；统理"之意，用作动词。例如《三国志·吴志·吕范传》："初策使范典主财计，权时年少，私从有求，范必关白，不敢专许，当时以此见望。"① 根据"典契"的特点，无论是"出典人"还是"承典人"，其实都可以视作典契中"标的"的"掌管者或统理者"：在"活卖契"中，"承典人"在规定时间内可以"掌管或统理"标的，而"出典人"作为标的所有权的拥有者，当然是"掌管或统理"标的的；"绝卖契"中，尽管"承典人"完全拥有了标的的使用权和所有权，完全"掌管或统理"了标的，但毕竟"出典人"是标的原"掌管者或统理者"，如果"出典人"不是标的原"掌管者或统理者"，那么"典契"就将难以成立。

"典主"由最初的动词到转指名词，从认知语法的角度来看，其本质是以一个动词所表示的过程来转喻过程中的参与者。一个动词表示的过程能够转喻事件中的哪些语义角色，取决于一个事件中究竟存在哪些语义角色。认知语法提出了典型的事件模型，在典型事件模型中，施事是一个通过自己的意志实施一个物理动作的实体，是事件的发动者和能量的来源；而受事是一个内部发生状态变化的物体。"施事""受事"是事件模型中的重要语义角色，而过程转喻施事是一个常见的现象。②

在"订立典契"这个典型的事件模型中，"掌管；统理"所表示的过程转喻的施事"掌管者""统理者"是谁呢？是仅指"出典人"或"承典人"，还是二者兼指？

现实典契交易事件中，"出典人"与"承典人"的角色是不断转换的，出典人可以转换成"承典人"，而"承典人"同样也可以转换成"出典人"，如上述例（1）、例（3）、例（14）、例（19）、例（23）中，契中"出典人"都曾是"承典人"。例（3）中的"现典主"暗示契文中的"出典人"王有宁曾是"原典主"。而"典主"在例（3）事实上已经有了"出典人"与"承典人"两种意义。在笔者所见的典契中，"出典人"与"承典人"角色彼此转换的例子还有很多，相信如果能够遍查古代典契，当有更多。又如：

---

① （晋）陈寿，（宋）裴松之注：《三国志》，中华书局 2005 年版，第 968 页。
② 吴为善：《认知语言学与汉语研究》，复旦大学出版社 2011 年版，第 80—81 页。

(24)《道光二十九年（1849）龙本林叔侄大田角茶山出典契》："立典茶山字人龙本林、龙仕君叔侄，……自愿将得典杨胜谟今讲大田角茶山壹块要行出典，自己请中问到本寨胡之汉名下承典为业。当日凭中议定典价钱拾壹仟四百文整，……其山自典之后，任凭银主管业。其有茶山笋子一并在内，典主不得异言。……"①

(25)《咸丰八年（1858）龙士枚岭立乔田移典契》："立移典田约人龙士枚……自己愿将先年得典龙士熙之业……请中问到本寨龙兴魁名下承典为业。当日凭中议定典价大钱净钱肆仟零捌拾文整。……其田自典之后，恁凭银主下田耕种管业，典主不得异言。日后士熙备足原价向兴魁赎取，不与士枚相干。"②

(26)《咸丰三年（1853）龙嗣春盘圳大路田出典契》："立典田约人龙嗣春，……自己愿将先年得典亮寨司龙绍荣之业，……要行出典。自己问到本寨陆风翔弟兄名下承典为业，当日言定典价大钱壹仟贰佰文整，……其田自典之后，恁从银主照约管业，典主不得异言，立此典字为［据］。"③

现实典契交易事件中的"出典人"与"承典人"角色的不断转换，使"订立典契"这个典型的事件模型中的"施事"既可以是"出典人"，又可以是"承典人"。于是动词"典主"转喻的施事"典主"形成了"出典人"和"承典人"这两个相对的名词意义。

【头利】即"本钱和利息"。

在《道真》中见有"头利"一词。例如：

(1)《光绪四年（1878）杜芳桂立出借钱契》："今（经）手借到邹德高名下铜钱二千文正（整）。即日凭中二家面议对年对期加利谷二斗，包谷二斗，秋收市斗交搵，不少升合。其钱借至对期相还，若过期无钱，头利不明，愿将自己耕食田土作抵。恁随邹姓耕佃。"④

---

① 高聪、谭洪沛：《贵州清水江流域明清土司契约文书——九南篇》，民族出版社 2013 年版，第 298 页。
② 同上书，第 303 页。
③ 同上书，第 300 页。
④ 汪文学：《道真契约文书汇编》，中央编译出版社 2014 年版，第 201 页。

(2)《光绪四年（1878）韩金林立出借钱契》："今（经）手借到邹德高名下铜钱四千文正（整）。即日凭中面议每千每月加三行利，照月扣算。其钱至本年十月内头利一并相还，不少分文。若有头利不明，愿将自己耕食田土作抵。"①

(3)《光绪十五年（1889）陈后良立出借字》："今（经）手借到邹翠平名下谷子一石正（整）。即日凭中面议利谷五斗正（整），其谷借本年秋收头利一并相还。不欠升合。若有头利不楚，愿将自己屋宅前秧田一坵作抵。恁随邹翠平上耕，或佃或耕，陈姓无阻。"②

"头利"《大词典》和《方言大词典》均未见收录。

例（1）文中"对期相还"的应包括"铜钱二千文整"和"利谷二斗及包谷二斗"。与"利息"——"利谷二斗及包谷二斗"相对的"铜钱二千文整"，应当是"本钱"。所以"头利"实即"本钱和利息"，文中指"本钱和利息谷"。据例（2）文意，"一并相还"的应包括"铜钱四千文整"和"每千每月加三行利而累积的利息钱"。与"利息钱"相对的"铜钱四千文整"实即"本钱"。故"头利"当即"本钱和利息"，文中指"本钱和利息钱"。例（3）中"本年秋收一并相还"的应指"谷子一石整"和"利谷五斗整"。与"利谷"相对的"谷子一石整"实即"本谷"。可见"头利"当即"本钱和利息"，文中指"本谷和利息谷"。

【扫卖】全部出卖。

(1)《光绪四年（1878）周长安立出卖契文字》："界内次（茨）草寸木寸石寸土树木息（悉）行少（扫）卖，并无则（择）留。"③

(2)《民国十三年杨先立断卖水田文契》："立出断卖水田文契字人杨先立。……情愿将到己面之业，地名均水田大小壹坋，十二坵。……任由买主坪地挖荒成熟，看水开田，卖主不得卡捎。四至契内卖尽，无存。……要行出卖，并无紊乱。一扫卖尽，寸角不留。……其契载粮二亩六分八正（整）。任由买主捱柱完纳，卖主不

---

① 汪文学：《道真契约文书汇编》，中央编译出版社2014年版，第203页。
② 同上书，第250页。
③ 同上书，第198页。

得卡措。"①

（3）《民国二十六年侯名高立出卖文约》："业内寸草寸木悉行扫卖，未留，并无挑出一恙（样）。"②

"扫卖"一词并非贵州契约文书独有，在其他语料中亦见，略举数例。

（4）《乾隆十八年（1753）族管杉山湾田山契》："君厚兄弟叔侄实是心甘情愿。概行扫卖，并无克存寸土寸木，永无异言。至于上首亲房人等大小押字之资，俱包在内。倘有互混不明及重行典当，俱系出笔人理妥，不与合族受业相干。"③

（5）《乾隆五十八年（1793）墓田契约》："言定时价九五色银贰百肆拾两整。系盖万父子亲子领讫，未少分厘。此系甘愿扫卖，并无克留。自卖之后，永无续赎异言。"④

（6）《道光十年（1830）桥头祠接受周永美田契》："俱系扫卖，寸土寸木不存。尽问亲族人等，俱称不受。挽中胡廷芝、周向太、谷光宇等召到本都刘合名向前承接。"⑤

（7）《同治十年（1871）廷材公享堂基址契》："阴阳一并扫卖，并无克留寸土寸木。若有遗漏，据约日后执出无用。自卖之后，任公上起造管理。今欲有凭，立此卖契壹纸与公为据。"⑥

（8）《（民国）英山县志》："段芳珑，字鸣石，廉明公正，慷慨好施。有同宗某贫不自聊，将田得价扫卖。珑悯其来日大难，出钱赎归。至今某子孙犹藉此田存活，皆珑赐也。子郁，兰邑诸生，解纷排难，绰有父风。"⑦

---

① 张新民：《天柱文书》，江苏人民出版社2014年版，第1/104页。
② 汪文学：《道真契约文书汇编》，中央编译出版社2014年版，第445页。
③ 张效良：《花桥张氏四修族谱》，民国十七年铅印本，第3456页。
④ （清）陈煜：《白陈氏六修族谱》卷3，清光绪二十年刻本，第410页。
⑤ （清）刘训濂：《中湘升廷山刘氏三修族谱》卷12，清光绪二十一年刻本，第1742页。
⑥ 刘国安：《湖南湘乡城江刘氏续修族谱》卷3，民国六年刻本，第341页。
⑦ 徐锦：民国《英山县志》卷11，民国九年刊本，第1070页。

"扫"有"尽;全部"之意。唐李白《鸣皋歌送岑征君》:"扫梁园之群英,振《大雅》于东洛。"① 故"扫卖"当为"全部出卖"之意。

在例(2)中杨先立将自己的水田"寸角不留","一扫卖尽",例(6)卖主将田地等物寸土寸木一点不留的"扫卖",可见两例中的"扫卖"实即"全部出卖"。例(3)侯名高在售卖时,对业内寸草寸木并无挑出一样留下,"扫卖"当即"全部出卖"。例(1)周长安在出卖时,并没有挑选留下界内次(茨)草寸木寸石寸土树木,可见"少卖"当为"扫卖",即"全部出卖"。而将"扫卖"写作"少卖"应是方言语音作用的结果,即"sh"与"s"混同无别。"克"即"克扣;暗中消减"之意,故例(4)、例(5)、例(7)的"概行扫卖""甘愿扫卖""一并阴阳扫卖"中的"扫卖"皆为"全部出卖"之意。例(8)同宗某生活贫困,不能度日,将田扫卖得钱谋生。段芳珑同情怜悯他没有了田地,忧其日后生活将十分困难。于是出钱为同宗某赎回田产。此事充分彰显了段芳珑慷慨好施的美德。此处的"扫卖"亦即"全部出卖"之意。

【扫还】全部偿还。

在贵州契约文书中,又见有"扫还"一词。例如:

>(1)《光绪二十四年(1898)姜尚文立将山还账务字》:"立将山还账务字人文斗上寨姜尚文。为因伯父缠疾,屡借贷姐丈银费用,后施(拖)日久,手内不便付还。庶将亲手用价得买开智冉学诗山一所,界限股数亦照老契,就此便还伯母手,屡用之数,概扫还清。亲自登门凭中立字与平鳌上寨姜为明姐丈名下承收为业。当日凭还之后,子孙永远照字管业,而我还主房族兄弟毫无异言。恐后无凭,立此清还字为据。是实。"②

对比"扫卖",不难发现"扫还"的构词方法实与"扫卖"相同,都是由副词"扫"加"动词"构成的偏正式合成词。"扫卖"为"全部出卖",则"扫还"当即"全部偿还"。例(1)姜尚文姜通过出卖"冉学诗山"的办法,清还了账务。这里"清还"即"全部偿还","扫还"

---

① (唐)李白撰,(清)王琦注:《李太白集注》,中华书局1977年版,第395页。
② 唐立、杨有赓、武内房司:《贵州苗族林业契约文书汇编(第3卷)》,东京外国语大学2003年版,第3/F/29页。

之意正可与之相印证。

【卡揹】压制；刁难；卡。

在贵州契约文书中的见有"卡揹"一词，如"扫卖"之例（2）。无独有偶，在其他文献资料中，该词亦有使用，如例（1）、例（2）。

（1）《救生船》："刻薄成家，理无久享。嘉庆年间，有陈文华者。东邻张某，食用不敷。向伊借谷，陈乘其急，每石利谷三斗，还时又用大斗去□。次年卖田，又卡揹他少卖钱三百余串。"①

（2）《救生船》："语云：衙门深似海，弊病大如天。亦谓公门中人半皆傍虎作威，毫无仁心耳。一票到手，卡揹勒索。不将乡愚银钱虎饱狼吞而不已。"②

"揹"有"压制；刁难；卡"之意。如唐孟郊《古意》诗："人颜不再春，桃色有再浓。揹气入空房，无㥄乍从容。"③ 而"卡"有"把人或财物留住，不肯给予"之意，如张天翼的《清明时节》："那块地可卖得真伤心，罗家里知道他们谢家要钱用，卡住了只肯出五十花边（银元）。"④ 可见"卡揹"实为同意并列复合词，当可释作"压制；刁难；卡"。"扫卖"之例（1）的"卖主不得卡揹"可释为"卖主不得刁难"。"卡揹"之例（1）"又卡揹他少卖钱三百余串"可以译为"又刁难他少卖钱三百余串"。"卡揹"之例（2）"卡揹勒索"可理解为"刁难勒索"。

【借当日】订立当约借钱用的日子。

（1）《宣统二年（1910）邹庆堂立出当约》："今因无钱支用，愿将自己之业地名屋□水田二坵，当与李永贵名下耕栽。二家面议当价钱文五千文整。借当日二家议定秋收擕谷子五斗，不得短少升合。"⑤

---

① 佚名：《救生船》，清光绪二年重刊本，第663页。
② 同上书，第763页。
③ （唐）孟郊：《孟东野诗集》，上海书店1987年版，第11页。
④ 张天翼：《清明时节》，花城出版社2011年版，第26页。
⑤ 汪文学：《道真契约文书汇编》，中央编译出版社2014年版，第365页。

例（1）乃为"当"约。"当"指"以财产作抵押换钱用"。这些用财产换来的钱是需要偿还的。可见"当"亦属于"借"类，即"通过当而达到借钱用之目的"，故称"借当"。"借当日"可理解为"订立当约借钱用的日子"。

【借日】订立借钱契约的日子。

(1)《光绪二十六年（1900）邹庆堂邹庆元立出承手借字》："情因邹庆荣亡故，无钱用费。亲手借到骆礼春名下铜钱五千文整。借日二家面议利息加二分五行利。照月扣算，不得短少分文。其钱不拘远近相还。如倘一年利息不清，愿将自己邹庆荣房栏屋后头园子一全幅作抵。"①

(2)《光绪二十二年（1896）邹庆辉弟兄二人立出借字》："今（经）手借到兄邹庆堂名下铜钱三千文正（整）。借日二家面议利息每年每月每千干恁谷花一斗六升行利。不得短少。"②

(3)《光绪二十八年（1902）邹树明立出借字》："经手借到余福泰名下铜钱三千文整。借日二家面议利息每月每千加二五行利。照月扣算，不得短少。其钱不拘远近相还。如倘不楚，将自己屋宅下水田作抵。"③

例（1）—例（3）均是"借钱契约"。据文意可知，所谓"借日"即"订立借钱契约的日子"。

【转日】将自己已当得的产业转手当与别人，是为"转当"。为实现转当目的而订立的契约称为"转当约"。"转日"即"订立转当契约的日子"。

(1)《光绪二十三年（1897）徐永潼弟兄二人立出转当约》："将自己得当邹德高之业，地名林树塝山土水田一全股，出转与周伯伦耕栽耕种。转日三家面议转价铜钱二十九千文正（整）。即日入手

---

① 汪文学：《道真契约文书汇编》，中央编译出版社2014年版，第294页。
② 同上书，第300页。
③ 同上书，第309页。

第一章 贵州契约文书疑难词语、俗语汇释

现交，徐姓亲领明白。"①

（2）《民国二十一年李光换立出转当文约》："愿将自己得当陈玉松母子之业，地名众家沟山土二股共三幅，凭中出转当与堂侄元华名下耕种。三家面议转当铜钱五十千文整。转日入手现交，本人亲领明白，并未下欠分文。自转之后，界畔依本人原界耕管。年限不定，本人依期退取，钱到业回。"②

"将自己已当得的产业转手当与别人"，是为"转当"。为实现转当目的而订立的契约称为"转当约"。据文意可知所谓"转日"即"订立转当契约的日子"。

【备日】准备银洋等钱财租种土地的日子。

（1）《民国二十二年曾全甲立出佃房屋柴山旱地稞字》："出佃与曾毓键叔名下坐落沐浴河小地名杨家湾路边上房屋半院，旱地一分，柴山一分，桐桑花果一并在内。备出无利佃手银洋三十六块。备日清（亲）手领足，无欠分文。当日三家言明议定每年认纳包谷稞壹斗贰升正（整）。"③

"佃"指"租种土地"。"出佃"即"出租"。"佃手"即"租种土地的人"，文中指"曾毓键"。"曾毓键"为租种土地而准备了无利息的银洋三十六元。据文意，"准备银洋等钱财租种土地的日子"，即为"备日"。

【加日】为了增加当价而订立加当契约的日子。

（1）《民国二十七年李国超立出加当文约》："愿将自己受分之业，地名易新庙水田，全股山土在内。凭中出加当与邹道洪名下耕管。三家面议原当加当共计壹仟贰佰元正（整）。加日入手现交，本人亲领明白，并未下欠分文。"④

（2）《民国十年邹庆堂立出过粮加当文约》："凭中载粮一分，加

---

① 汪文学：《道真契约文书汇编》，中央编译出版社2014年版，第280页。
② 同上书，第421页。
③ 同上书，第431页。
④ 同上书，第457页。

当与王兴高名下耕管。加日三家面议价值铜钱七十三千文足。即凭在中出主清（亲）领明白，无得下欠。"①

（3）《□□年李国超立出加当文约》："情因无钱支用，愿将自己受分之地名交坝水田全股，□在内。凭中出加当与邹道洪名下耕栽。□家面议原当壹仟贰佰元，加当八百元，共计贰仟元正（整）。加日入手现交，本人亲领明白，并未下欠分文。"②

（4）《民国三十二年李光彩立出加当文约》："亲因无钱支用，愿将自己耕食之业，地名重家沟水田一股，凭中出加当与邹道洪名下耕栽。三家面议原当加当共贰仟陆佰元正（整）。加日入手现交，本人亲领明白，并未下欠分文。"③

透过例（1）—（4），我们可以看到产业当出之后，还可以在原当价的基础上增加当价。为了增加当价而重新订立的契约，称为"加当文约"。据文意可知，所谓"为了增加当价而订立加当契约的日子"即为"加日"。

【存日】在世，活着的时候。

（1）《光绪九年（1883）王第品父子立出合约文字》："因上年先祖王朝玉存日所借邹裘格谷花铜钱，现有借约载明，其账未还。经官究治，以凭地方理，自知情虚，将事完息。"④

（2）《计开二房邹庆荣分受之业地粮单》："唐姓出售之业地名青冈台陈氏场水田一全段，条粮一钱三分六厘。粮在唐文彩户内。邹庆荣存日出卖骆礼瑚。"⑤

（3）《计开二房邹庆荣分受之业地粮单》："王姓出售之业地名青冈台水田一全段，条粮二分四厘。粮在王友贡户内。邹庆荣存日出卖骆礼瑚。"⑥

---

① 汪文学：《道真契约文书汇编》，中央编译出版社2014年版，第398页。
② 同上书，第462页。
③ 同上书，第464页。
④ 同上书，第234页。
⑤ 同上书，第490页。
⑥ 同上。

"存"即"存活,活着"之意。所谓"存日"即"在世,活着的时候"。

【屡年】 每年;多年。

(1)《(时间不详)计开邹氏长房庆兰分受之业粮单》:"粮在白仕辅户内。经胞侄刘太应手收。屡年多收三分。是武凤林霸耕。以今(已经)俱告有案。"①

(2)《(时间不详)计开邹氏二房庆荣三房庆铭分受之业粮单》:"粮在骆光荣户内,经骆开泰手收。光绪二年祖父去世,是父亲屡年承上。至丁酉年腊月初二日分家,庆荣手承上。"②

(3)《(时间不详)邹庆兰邹庆荣邹庆铭邹庆元四房名下条粮清单》:"邹庆元屡年上粮一□□三厘。"③

(4)《(时间不详)邹庆兰弟兄四房名下分受之业粮单》:"前日邹庆兰屡年承上粮六厘在刘应享户内。经本人手收,邹庆元手承上。……前日是父亲屡年承上。至丁酉年腊月初二日分家,至庆元手承上。"④

(5)《(时间不详)邹氏账目走札》:"父亲屡年还出钱六百八十文。□酉年又还何昌贵之会钱六千八百文。"⑤

"屡年"或作"吕年"。例如:

(6)《光绪三十二年(1873)邹庆孔等书立同心合约》:"众等坐居此地,吕年被人所欺。情因纵等商议同心协力,各保身家。原议乙(一)不准以(里)句(勾)外联,二不准娑雨讼寒,三要乙(一)人有事,众人同心。若有为误傲论者,自招天浅(谴)之服(报)也。"⑥

将"屡年"写作"吕年",当是书写时同音替代的结果。

---

① 汪文学:《道真契约文书汇编》,中央编译出版社2014年版,第486页。
② 同上书,第490页。
③ 同上书,第504页。
④ 同上书,第505页。
⑤ 同上书,第512页。
⑥ 同上书,第342页。

"屡"有"每每"之意,如《论语·先进》:"回也,其庶乎!屡空。"何晏注:"屡犹每也。"①

"屡"又有"多次"之意,如《书·益稷》:"皋陶拜首稽首扬言曰:'……屡省乃成,钦哉。'"孔传:"屡,数也。"②

故"屡年"当即"每年;多年"之意。契文例(1)—(3)中的"屡年"皆可释作"每年"。"吕年"即"屡年",例(4)"屡年被人所欺"之"屡年"释作"多年"更为妥帖。

【包录】包括。

在贵州契约文书中见有"包录"一词,请看例句。

(1)《光绪十七年(1891)吴见益、吴见鉴立契卖屋基字》:"当日凭中言定卖价钱伍拾贰仟贰佰文足。酒席画字一并包录在内。"③

(2)《民国六年吴□立全领价钱字》:"立全领价钱字人吴□。……田价照契一概领清,并不下欠分文。其有房族酒席画字,包录在内,俱已领清。"④

(3)《民国七年杨氏新运、吴祖庚母子卖田契》:"立契卖田字人杨氏新运、吴祖庚母子。……其钱卖主照契一既领清,并不下欠分文。其田任从买主子孙永远耕管,卖主不得异言。吃有酒席画字,包录在内,俱已领清。"⑤

(4)《民国二十二年游义方立契卖田字》:"即日钱契两交,并不下欠分文。其有酒席画字一并包录在内。"⑥

(5)《民国二十四年欧阳氏凤冉主婚书》:"其有内外房族户苗同亲发亲画字酒席等项,一概包录在内。"⑦

---

① (汉)何晏注,(宋)邢昺疏:《论语注疏》,上海古籍出版社1990年版,第97页。
② (汉)孔安国传,(唐)孔颖达正义:《尚书正义》,上海古籍出版社2007年版,第158页。
③ 张新民:《天柱文书》,江苏人民出版社2014年版,第8/157页。
④ 同上书,第8/13页。
⑤ 同上书,第8/16页。
⑥ 同上书,第8/191页。
⑦ 同上书,第8/47页。

第一章　贵州契约文书疑难词语、俗语汇释　　　　　　　　　33

在贵州契约文书中又有"包""包括"。例如：

（6）《民国七年吴祖树、吴祖藩立契卖田字》："其钱即日领清，无欠分厘。其有酒席画字一并包在内。"①

（7）《民国七年吴祖树、吴祖藩立契卖田字》："其钱即日领清，无欠分厘。其有酒席画字一并包其内。"②

（8）《民国二十九年吴德泉卖田山场契》："其有酒席画字，一概包括在内。"③

根据文意可知，例（6）、例（7）"一并包在内"之"包"当同于例（8）"一概包括在内"之"包括"。将"包录"诸例与"包""包括"三例进行比对，可以断定"包录"当与"包括"意同，故"包录"当可释作"包括"之意。"包录"在内即"包括"在内。契文中之"酒席"指"置办酒席所需之费用"。在契约交易活动中，请人画押签字需要支付一定数额的费用，这种费用叫作"画字"。

"包录"或写作"包禄、包碌、包落"。例如：

（9）《民国六年吴祖树等卖田契》："其钱领清，并不下欠分文。外不书立领字。其有酒席画字一概包禄在内。"④

（10）《民国七年吴祖庚立全领田价钱字》："立全领田价钱字人吴祖庚。……田价钱照契一概领清。并不下少分文。其有房族酒席画字，包禄在内，俱已领清。"⑤

（11）《民国十一年吴门蒋氏爱春卖田山场等项契》："立契卖田山场等项人吴门蒋氏爱春。……若有来历账项不清，不干买主之事，卖主当先理落。其有酒席画字一并包碌在内。"⑥

（12）《民国二十五年刘昌富立契卖山场字》："其光洋即日领清，

---

① 张新民：《天柱文书》，江苏人民出版社2014年版，第8/189页。
② 同上书，第8/188页。
③ 同上书，第8/68页。
④ 同上书，第8/10页。
⑤ 同上书，第8/15页。
⑥ 同上书，第8/25页。

其有酒席画字，一并包落在内。"①

将"包录"写作"包禄、包碌"，当是书写时同音替代的结果。

例（12）之"包落"当即"包络"。将"络"写作"落"应是书写时同音替代的结果。"包络"有"包括"之意，故"包落"亦即"包括"。对比诸例"包录"与"包落"，我们认为"包录"可能是"包络"之转语。

【耕安】耕种。

(1)《民国二十五年桂少书立卖明科田文契》："是日三面议定卖价大洋叁佰伍拾捌元整。其银亲手领明应用，并未拖欠仙角。自卖之后，任随田姓永远耕安，桂姓房族人等不得前来争论。如有此情，系买主一面承担。此系二比情愿，并无逼迫等情，亦无货物准折。"②

(2)《民国十二年石顺清立卖明秋田文契》："原日三面议定卖价洋银伍拾陆元整。石姓当席领明应用，并未托（拖）欠毫仙。此系实银实契，并无货物准折，亦非逼勒等情。自卖之后，恁随许姓耕安，石姓房族子侄人等不得前来争论异言、妄生找补等情。如有此情，自干（甘）重咎。"③

(3)《道光二十一年（1841）田士同侄田官清立杜卖明阴阳陆地文契》："原日议定卖价玖捌纹银叁两捌钱整。卖主叔侄亲手领明，画字交清。自卖之后，任随相廷、瑞廷永远管业耕安，日后田士叔侄以及房族异姓人等不得争论异言。如有此情，自任套哄掣骗之咎。"④

(4)《民国十四年汪陈氏同男立卖明房屋地基周围墙垣文契》："凭证议卖与汪沈氏母子名下住坐耕安为业。原日三面议定卖价正板花银共合银壹百贰拾伍块整。卖主当席领明应用，并未拖欠分厘。自卖之后，任随汪沈氏母子永远管业。汪陈氏母子以及亲支人等勿得妄生找补，亦无翻悔异言。如有此情，自干（甘）重咎。"⑤

---

① 张新民：《天柱文书》，江苏人民出版社2014年版，第8/258页。
② 孙兆霞：《吉昌契约文书汇编》，社会科学文献出版社2010年版，第79页。
③ 同上书，第99页。
④ 同上书，第138页。
⑤ 同上书，第245页。

(5)《同治九年（1870）田治熏立借银约》："为因乏用，借到本会汪王会银壹两壹钱整，言定每年秋成壹脚谷壹斗壹升，不得短少升合。如有短少，愿将石头旮旯分受（授）自己名下地亦（一）并作抵，任随会首扯地耕安填还。治熏不得异言。"①

(6)《光绪十五年（1889）冯发魁立出当明秋田文字》："为因空乏使用，只得亲请凭中出当与汪兴灿名下为业，地名小山秧田乙（壹）块。当价时市银叁两叁钱整。当席亲手领名（明）应用。出当与三年名下为业。日后有银起续（取赎），无银任随兴灿永远耕安。"②

(7)《民国三年石载动立当明秋田文契》："为因乏用，只得亲请凭中上门，将祖父遗留秋田贰块，坐落地名和尚庵背后沟边上下贰块，凭中出当与胡秀春名下为业。原日三面定当价玖伍银拾伍两整。当主领明应用，并未托（拖）欠分厘。即日定论叁年取赎，无银任随胡姓永远耕安，石姓不得异言。如有此情，自干（甘）重咎。"③

"安"有"种植"之意。章炳南等《锤万财起家》第一场："人家庄稼安上，都细细法法照管。人家闹粪锄草，有的就锄下四五遍。可是你的庄稼种上，甚也不管啦。"④再如周立波《牛》："他做掌柜的，那你就不去给他安庄稼了。"⑤可见"耕安"当即"耕种"之义。故"永远耕安"当即"永远耕种"。"管业耕安"即"管业耕种"。"住坐"即"居住"，故"住坐耕安"即"居住耕种"。"填还"意为"偿还"，故"耕安填还"即"耕种偿还"。"安"的本字可能是"埯"，挖坑播种，陕北方言有"埯瓜种豆""埯种"的说法，就是播种、耕种的意思。

《吉》中"耕种"一词多见。通过对比"耕种"与"耕安"用例，可以进一步确证"耕安"即"耕种"。试举"耕种"数例如下。

(8)《宣统元年（1909）田云廷立当明秋田文契》："为因空乏

---

① 孙兆霞：《吉昌契约文书汇编》，社会科学文献出版社2010年版，第410页。
② 同上书，第282页。
③ 同上书，第286页。
④ 张庚：《秧歌剧选》，人民文学出版社1977年版，第103页。
⑤ 周立波：《周立波小说选》，湖南文艺出版社2009年版，第42页。

无银应用，只得亲身上，愿将祖父遗留分授自己名下秋田壹块，坐落地名和尚庵，凭中上门出当与堂弟田庆昌名下耕种。原日三面议定当价九逞（成）银色伍两五钱整。当主当席亲手领明应用，并无货物准折，亦非托（拖）欠分厘。当日言定三□□体。三年已满，有银取赎，无银任随田庆昌耕安。"①

（9）《民国二年众姓首人立当明秋田文契》："原日三面议定当价玖陆银伍拾贰两整。众姓人等当席亲手领明应用，并未托（拖）欠分厘。自当之后，任随田姓永远耕种。……日后有银赎取，无银任随田姓耕安。"②

（10）《民国二十一年田盛廷立出当明陆地文契》："立出当明陆地文契人田盛廷。为因乏用，愿将祖父遗留分授自［己］名下陆地贰厢，坐落地名石硐口，……亲请凭中出当与石明先名下耕种。言（原）日三面议定当价正板洋银伍拾壹元整。田盛廷亲手领银应用。至（自）当之后，言定伍年，有银取赎，无银任随石明先耕安。取赎只（之）日十当十赎，不得短少角仙。田盛廷不得异言。特立当契为据。"③

（11）《民国二十九年冯云奎立当明陆地文契》："立当明陆地文契人冯云奎。为因乏用，只得亲请凭中，将到祖父遗留分授本己名下陆地大小三块，坐落地名团山背后，……请凭中出当以（与）马起贤名下耕种，当价法洋壹佰元整。云奎亲手领明应用，并未托（拖）欠角仙。当日言定其地准当三年，期满有银取赎，无银任随当主耕安。自当之后，云奎弟兄亲支人等不得争论异言。"④

例（8）—（11）均是"耕种"与"耕安"同现。例（8）田云廷将秋田出当与堂弟田庆昌名下耕种，双方约定"三年已满，有银取赎，无银任随庆昌耕安"。对比前后语境可以确定"耕安"即"耕种"。例（9）先是"自当之后，任随田姓永远耕种"，继而"其田不及（拘）远近取赎，日后有银赎取，无银任随田姓耕安"，对比可证"耕安"即"耕

---

① 孙兆霞：《吉昌契约文书汇编》，社会科学文献出版社2010年版，第285页。
② 同上书，第289页。
③ 同上书，第315页。
④ 同上书，第321页。

种"。例（10）既然"亲请凭中出当与石明先名下耕种"，那么"无银任随石明先耕安"中的"耕安"应当就是"耕种"。例（11）因为约定将陆地出当与马起贤耕种，所以当冯云奎无银赎取陆地时，自然仍是由马起贤来耕种。可见"无银任随当主耕安"中的"耕安"即"耕种"。这里的"当主"指"马起贤"。

【空乏】缺少，缺乏。

在《吉》中共有"空乏"一词计22例。试举几例：

（1）《咸丰十年（1860）冯朝立、兴让等立卖明科田文契》："为因空乏。只得亲请凭中上门，将到冯姓买明会田叁块，坐落炉柴坝，……又壹块小田坐落门前河，……二处四至分明。随田科米仓斗仓升壹斗贰升捌合加增在内，情愿出卖与马朝琏名下为业。"①

（2）《光绪二十二年（1896）马冯氏立卖明菜陆地文契》："为因空乏，手中无银应用。只得亲请凭中上门，原（愿）将祖父遗留分授自己名下蔡（菜）陆地壹团，坐落地名吴家地，……凭中出卖与凌成高名下为业。"②

（3）《光绪二十五年（1899）马朝云立卖明水田陆地文契》："为因饥馑空乏，无处出办。只得亲请凭中上门，将祖父遗留分授本己名下水田壹坵、阴阳陆地壹厢，坐落地名吴家地关上，……田地四至分明有界。今凭中出卖与族侄马开成、马开文弟兄二人名下管业。"③

（4）《同治二年（1863）冯士才等立卖明菜地文契》："为因空乏使用，只得亲身上门，将祖父遗留蔡（菜）地壹团。东抵本族地，南抵买主地，西抵汪姓地，北抵买主地，四至分明。凭中出卖与冯士龙名下。"④

（5）《光绪二十四年（1898）邹泗盛等立卖明菜园陆地文契》："为因空乏使用，只得亲请凭中上门，将祖父遗留自己名下菜园叁团，坐落地名小寺（柿）园，……四至分明为界，请凭中出卖与田

---

① 孙兆霞：《吉昌契约文书汇编》，社会科学文献出版社2010年版，第23页。
② 同上书，第157页。
③ 同上书，第107页。
④ 同上书，第215页。

庆廷名下为业。"①

（6）《光绪二十五年（1899）冯兴焕立出卖明菜地文契》："为因空乏使用，无处出辨（办）。只得亲请凭中上门，将本已名下菜地壹块，坐落地名汪家同，……出卖与汪兴灿名下为业。即日三面议定卖价时银叁两整。"②

（7）《道光二十八年（1848）汪张氏同子立卖明地基文契》："为因空乏使用，只得亲身请凭中上门，将祖父遗留分授自己名下地基壹段，地名坐落大天井，……寸土钱（拳）石壹并在内。情愿亲请凭中上门，出卖与胞叔汪起宋名下为业。言（原）日［三面］议定卖价足色纹银壹两贰钱半整。"③

（8）《光绪十五年（1889）冯发魁立出当明秋田文字》："为因空乏使用，只得亲请凭中出当与汪兴灿名下为业，地名小山秋田乙（壹）块。当价时市银叁两叁钱整。当席亲手领名（明）应用。出当与三年名下为业。日后有银起续（取赎），无银任随兴灿永远耕安。"④

"空乏"作"困穷；贫穷"解，早已有之。例如，《孟子·告子下》："故天将降大任于是人也，必先苦其心志，劳其筋骨，饿其体肤，空乏其身。"赵岐注："使其身乏资绝粮。"⑤根据契文文意，例（1）—（3）中的"空乏"均可以释作"困穷；贫穷"。然"困穷；贫穷"义显然于例（4）—（8）的语境不合。"空乏"由"困穷；贫穷"义引申，可释作"空缺、缺额"。例如，清刘大櫆《焚书辨》："高祖败而遁逃，亡军失众，而萧何悉发关中老弱，补其空乏。"⑥而将"空缺、缺额"义验之于例（4）—（8），亦与语境不合。"空乏"的"内容空洞"义，更是难以疏通例（4）—（8）的文意。显然，例（4）—（8）中的"空乏"当另有其义。

---

① 孙兆霞：《吉昌契约文书汇编》，社会科学文献出版社 2010 年版，第 219 页。
② 同上书，第 220 页。
③ 同上书，第 263 页。
④ 同上书，第 282 页。
⑤ 杨伯峻注：《孟子译注》，中华书局 2008 年版，第 258 页。
⑥ （清）刘大櫆：《刘大櫆集》，上海古籍出版社 1990 年版，第 109 页。

第一章　贵州契约文书疑难词语、俗语汇释　　39

在《吉》中另见有"乏用""缺用"等表达。例如：

（9）《乾隆五十九年（1794）汪朝有立卖水田文契》："为因乏用，请凭中上门，将祖父分授分内水田壹坵，坐落地名小山背后，……出卖与胞叔子重名下为业。原日三面议定田价纹玖各半银壹拾叁两伍钱。朝有亲手领明应用。"①

（10）《民国三十四年许谨策立杜卖明水田文契》："为因乏用，只得亲请凭中上门，将祖父遗留分授本己名下水田壹块。座（坐）落地名和尚庵背后，……凭中上门出卖与石廷选、石廷礼名下为业。原日三面议定卖价法币洋柒万陆仟捌佰元整。"②

（11）《雍正十一年（1733）立卖明房地基文契人汪尔重》："为因缺用，无处出办。情愿将祖遗自置房屋地基贰间、天井牛椿（圈）壹个、东厮壹个，墙围在内，……凭中出卖与族侄汪世荣名下住坐管业。三面议定卖价纹银捌两肆钱、九三银玖两壹钱，共银壹拾柒两零伍钱整。"③

（12）《乾隆二年（1737）程国珍立卖明水田文契》："为因缺用，无处出办。情愿将祖父遗下科田贰块，地名坐落坟底下，……凭中出卖与汪世荣名下耕种管业。三面议定卖价纹银肆拾伍两整。"④

（13）《光绪六年（1880）石秉福立卖明科田文契》："为因缺用，亲请凭中上门，将祖父遗留分授自己名下科田半块，坐落地名仡佬井，……请凭中上门出卖与胞兄石秉机名下为业。原日三面议定卖价时市银叁拾肆两整。"⑤

将"空乏使用""乏用""缺用"诸例进行比对，不难发现"空乏使用"与"乏用""缺用"义同。根据契文文意，"乏用""缺用"实即"缺乏金钱使用"。故"空乏使用"亦即"缺乏金钱使用"。可见"空乏"实为"缺少，缺乏"之意。

---

① 孙兆霞：《吉昌契约文书汇编》，社会科学文献出版社2010年版，第102页。
② 同上书，第122页。
③ 同上书，第228页。
④ 同上书，第2页。
⑤ 同上书，第38页。

《大词典》"空乏"条未见"缺少,缺乏"义项,当可增补之。
【拣盖】修理;维修。

(1)《石焕奎立佃约字》:"立佃约字人石焕奎,今佃到堂兄石润三、石润和、侄玉书名下房屋三间,后园在内。现在房屋上漏,原日议定焕奎愿出银拣盖,任其居住伍年,伍年以外,每年焕奎愿出净银叁两以作佃价,不得短少分厘。其有二三年之内若作众事,焕奎虽拣盖亦愿搬出居住,不得异议。恐口无凭,立字为据。"①

"拣"有"选择;挑选"之意。《逸周书·酆保》:"十败……五,比党不拣。"孔晁注:"不拣,不知所择也。"②

根据文意,现在房屋上面有漏洞,损坏了,焕奎愿意拿出银两来"拣盖"。可见这里的"拣盖"实即"修理;维修"之意。而这种"维修"应当是"选择性"的,即挑选房屋有漏洞损坏了的地方加以"维修"。修补好漏洞之处,以便于更好地居住。

【寸土拳石】"一寸大小的土地和拳头大小的石块",引申指"极其微小的资产"。

在贵州契约文书中,见有"寸土拳石"一词,该词或写作"寸土全石""寸土钱石"。例如:

(1)《光绪九年(1883)陈照文立杜卖明山场陆地文契》:"此地老契与门前山地牵连,系陈处执掌。阴阳二地大小树木、寸土拳石一并在内。代字原笔批。"③

(2)《民国十四年汪金安立卖明房屋地基周围墙垣文契》:"后批:房屋四至,东抵张姓墙垣,南抵路,西抵买主房屋,北抵买主地基。门窗户壁、寸土全石乙(一)并在内。"④

(3)《道光二十八年(1848)汪张氏同子立卖明地基文契》:"为因空乏使用,只得亲身请凭中上门,将祖父遗留分授自己名下地

---

① 孙兆霞:《吉昌契约文书汇编》,社会科学文献出版社2010年版,第339页。
② (晋)孙晁注:《逸周书》,商务印书馆1937年版,第51页。
③ 孙兆霞:《吉昌契约文书汇编》,社会科学文献出版社2010年版,第151页。
④ 同上书,第246页。

基壹段,地名坐落大天井,……寸土钱石壹并在内。情愿亲请凭中上门,出卖与胞叔汪起宋名下为业。言(原)曰[三面]议定卖价足色纹银壹两贰钱半整。"①

"寸土"指"一寸大小的土地"。"拳石"指"拳头大小的石块"。在契文中,从表面看"寸土拳石"的意思为"一寸大小的土地和拳头大小的石块",实际引申意指"极其微小的资产"。

【寸木拳石】"一寸长短的树木和拳头大小的石块",引申指"极其微小的资产"。

在贵州契约文书中,见有"寸木拳石"一词,该词或写作"寸木全石""寸木券石"。例如:

(1)《咸丰二年(1852)田方德等立合卖明房屋地基》:"为因田武乏事,托(拖)欠账务遗留门户。人众公议,今将公业出卖与当门户,正房壹间、厢房空地壹间、后园蔡(菜)地壹股、粪塘天井、寸木拳石、门窗户壁亦(一)并在内。请凭中出卖与田相廷、田瑞廷弟兄名下为业起造。"②

(2)《同治元年(1862)马尚达立卖明房屋地基墙院文契》:"自卖之后,□□瓦片、行方柱□□板永澄、门窗户壁、墙院、房内所有寸木拳石一并在内。任随冯姓子孙永远住坐管业,马姓亲支房族以及异姓人等不得前来争论异言。"③

(3)《光绪十七年(1891)石维沅立卖明阴阳陆地文契》:"为因遗移业就业,只得亲请凭中上门,将祖父遗留分授自己名下陆地壹股,坐落地名石洞(硐)□,……当凭中出卖与汪兴灿名下为业。……其有寸木拳石亦(一)并在内。"④

(4)《民国十四冯发云立卖明房屋地基文契》:"为因乏[用],只得亲身请凭中上门,将祖父遗留分授自己名下正房间半、牛槛半个、东厮乙(壹)个,寸木拳石一并在内。今凭中出卖与胞弟冯发

---

① 孙兆霞:《吉昌契约文书汇编》,社会科学文献出版社2010年版,第263页。
② 同上书,第234页。
③ 同上书,第236页。
④ 同上书,第154页。

(5)《民国三十年石玉川等立杜卖明房屋地基文契》:"为因追荐祖先道场法事一供无洋应用,叔侄商妥,将四叔祖考石维锦所遗之正房三间、厢房二间,下连地基、房后园子、墙院周围天井,寸木拳石一并在内。经凭中出卖与石以昌、石和武二人名下管业居住。"②

(6)《光绪十三年(1887)辜德全立卖明房屋文契》:"为因移业置业,亲请凭中上门,将祖父遗留分授自己名下正房叁间、厢房贰间、天井壹个、周围墙堰(垣)、寸木全石在内,凭中出卖与堂兄德才名下为业。"③

(7)《民国三十六年立卖明房屋地基文契》:"为因乏用,知(只)得亲请凭中上门,愿将自己祖父遗留分受(授)本己明(名)下房屋一间,出卖与族兄冯云山明(名)下管业。……其有路照股(古)天井有分,楼屋窗格,寸木全石一并在内。"④

(8)《张卫氏等立卖明房屋地基字》:"今将祖父遗留分授自己名下正房壹间,寸木券石,小昌壹个,门窗户壁、房园瓦片壹并在内,其路由长门出入,……请凭中出卖与汪仲才名下为业。"⑤

(9)《民国三十年田华清立卖明房子地基墙垣文契》:"立卖明房子地基墙垣文契人田华清,为因乏用,只得亲请凭中上门,愿本己置名下房子地基墙垣一共□间,寸木钱石乙(一)并在内,……当凭证出卖石廷李名下为业。原日三面议定卖价纸洋乙(一)佰九十二元整。"⑥

"寸木"指"一寸长短的树木"。"拳石"指"拳头大小的石块"。从契文看,"寸木拳石"字面指称"一寸长短的树木和拳头大小的石块",实则引申指称"极其微小的资产"。

将"寸土拳石"写作"寸土钱石",将"寸木拳石"写作"寸木券

---

① 孙兆霞:《吉昌契约文书汇编》,社会科学文献出版社2010年版,第248页。
② 同上书,第255页。
③ 同上书,第239页。
④ 同上书,第258页。
⑤ 同上。
⑥ 同上书,第254页。

石""寸木钱石",应当是方言音变的结果。将"拳"写作"券"当是声调中"阳平"与"去声"混同的表现。将"拳"写作"钱"应是韵母"üan"与"ian"合流的反映。在贵州契约文书中,"üan"与"ian"混同的例子还有"异言"写作"异元""原业主"写作"言业主"等。例如:

(10)《民国二十七年田治臣立出永无后患字》:"言曰三面议定生价小洋银壹拾伍元整。至(自)嫁之后,不得反回(悔)异元(言)。如有此请(情),法(罚)大洋五十元以作公众。"①

(11)《一九五一年张卫氏同孙仲昌立卖明房屋地基字》:"今将祖父遗留分授自己名下正房壹间,寸术券(拳)石,小昌壹个,门窗户壁、房园瓦片壹并在内,其路由长门出入。……请凭中出卖与汪仲才名下为业。……后批:老契香年(相连)未接。言(原)业主:冯发云。"②

对比"寸土拳石"与"寸木拳石"诸例,可以发现其实二者表意相同。

【寸木石土】"一寸大小的树木石块土地",引申指"极其微小的资产"。

(1)《张仲昌立出卖房屋地基字》:"立出卖房屋地基字人张仲昌。为因生活困难,只得将祖父遗留之左正房壹间,此正房前面有厕所壹个,坐落地名吉昌屯陈家巷,东抵张仲莲堂屋,但这间房子所出入的路要从张仲莲的堂屋中走路,……出人大路天井一个,买主占三分之二,张仲莲占三分之一,门窗户壁、寸木石土,上抵青天,下抵黄泥,亦(一)并在内,四至分明,毫无紊乱。"③

根据契文文意,"寸木石土"即"一寸大小的树木石块土地",实则亦是指称"极其微小的资产"。可见"寸木石土"亦即"寸土拳石""寸木拳石"。

【套哄】引诱欺骗。

---

① 孙兆霞:《吉昌契约文书汇编》,社会科学文献出版社 2010 年版,第 401 页。
② 同上书,第 259 页。
③ 同上书,第 260 页。

在《吉》中有"套哄"一词共计38例，试举数例如下：

(1)《道光二十一年（1841）田士同侄田官清立杜卖明阴阳陆地文契》："原日议定卖价玖捌纹银叁两捌钱整。卖主叔侄亲手领明，画字交清。自卖之后，任随相廷、瑞廷永远管业耕安，日后田士叔侄以及房族异姓人等不得争兢异言。如有此情，自任套哄掣骗之咎。"①

(2)《乾隆二十八年（1763）□□□立杜卖明地基文契》："卖明之后，随子舜弟兄修理住坐永远为业，房族亲支人等不得□□□□。如有此弊，执契赴公理论，子孝自任套哄重罪。"②

(3)《乾隆四十九年（1784）汪子富立卖明水田文契》："言（原）日议定卖价足色纹银贰拾壹两整。子富亲手领明应用。此系实银实契，并无货物准拆（折），亦无逼迫成交，二彼情愿，子富房族人等不得异言。如有异言，自忍（认）套哄之罪。"③

(4)《道光十四年（1834）汪起明、汪起元立卖明科田文契》："言日三面议定卖价纹玖各半，共银贰拾柒两伍钱整。起明弟兄亲手领明应用。其粮随田科米仓升伍升壹合伍勺。自卖之后，任随起云弟兄子孙永远管业，起明弟兄族间远支人等不得前来争论。如有此情，自任套哄之咎。当日系是实银实契，并无货物准拆（折），亦非逼迫成交，此是二彼情愿。"④

(5)《道光三十年（1850）汪廷槛立杜卖明科田文契》："原日三面议定得受卖价足色纹银叁拾肆两整。此系实银实契，并无货物准拆（折），亦非逼勒等情。其有老契，卖主并无，日后播（翻）出系是故纸。自卖之后，廷槛亲支以及异姓人等不得前来争论。倘有此情，廷槛自愿套哄之咎。"⑤

(6)《同治元年（1862）马尚达立卖明房屋地基墙院文契》："自卖之后，□□瓦片、行方柱□□□板永澄、门窗户壁、墙院房内，所有寸木拳石一并在内，任随冯姓子孙永远住坐管业，马姓亲支

---

① 孙兆霞：《吉昌契约文书汇编》，社会科学文献出版社2010年版，第138页。
② 同上书，第261页。
③ 同上书，第5页。
④ 同上书，第11页。
⑤ 同上书，第18页。

第一章　贵州契约文书疑难词语、俗语汇释

房族以及异姓人等不得前来争论异言。如有此情，认（任）凭冯姓将纸赴公理论，马尚达自认套哄重咎。"①

（7）《道光二十八年（1848）汪张氏同子立卖明地基文契》："言日［三面］议定卖价足色纹银壹两贰钱半整。张氏母子当席亲手领明应用。并非逼勒存（成）交、套哄情由。自卖之后，任随胞叔子孙永远管业，张氏母子不得争论异言。"②

（8）《同治二年（1863）胡增洪立杜绝卖明陆地文契》："原日叁面议定［卖价足］色纹艮（银）柒两壹钱整。即日堂叔过付清白，堂侄亲手领明应用。□□□□自卖之后，任随秉兰子孙永远管业。增洪自认套哄，干（甘）当重咎。"③

（9）《同治七年（1868）汪郑氏同子立杜绝卖明房屋地基文契》："自卖之后，凭田氏住坐永远管业，汪郑氏母子不得幡（翻）悔。如有套哄，郑氏母子自认重咎。"④

（10）《光绪十五年（1889）李风勇立卖明房子文契》："原日三面议定卖价时市银壹拾玖两六钱整。李风勇当席亲手领明应用。自卖之后，□□□□业。此系二彼情愿，实银实契，并无［货物］准折，并未拖欠分厘。倘有此情，自认套哄，系是李风勇一面承担。"⑤

（11）《光绪二十五年（1899）石宗法立卖明山场阴阳陆地文契》："原日三面议定价银拾陆两整。卖主当席亲手领明应用，酒水画字亦（一）便（并）交清，并无货物准折，亦非逼迫等。此是银实契真，系是二比情愿，并无套哄之言。自卖之后，任随堂叔子孙永远管业，以及卖主房族人等不得前来争论异言。如有此情，自任重咎。"⑥

"套哄"《大词典》等大型辞书未见收录。试作解释如下。

（12）《新刻类辑故事通考旁训》："'英雄入彀'，《摭言》：唐太

---

① 孙兆霞：《吉昌契约文书汇编》，社会科学文献出版社2010年版，第236页。
② 同上书，第263页。
③ 同上书，第143页。
④ 同上书，第237页。
⑤ 同上书，第240页。
⑥ 同上书，第158页。

宗正观中私幸端门，见进士缀行而出，喜曰：'天下英雄入吾彀中矣。'时人语曰：'太宗皇帝真长策，赚得英雄尽白头。'"①

《新刻类辑故事通考旁训》作者于"赚得"旁注曰："犹俗言套哄也。"可见"赚得"当与"套哄"义近。而"赚得"有"骗取"之意。例如，唐吴融《王母庙》诗："鸾龙一夜降昆丘，遗庙千年枕碧流。赚得武皇心力尽，忍看烟草茂陵秋。"②故"套哄"亦当与"骗取"意近。

"套"有"设计谋诱引或赚取"之意。例如，《红楼梦》第一〇一回："（凤姐）便命小红进去，装做无心的样子细细打听着，用话套出原委来。"③"哄"有"欺骗"之意。例如，《醒世恒言·十五贯钱戏言成巧祸》："我的父亲昨日明明把十五贯钱与他驮来作本，养赡妻小，他岂有哄你说是典来身价之理？"④故所谓"套哄"当即"引诱欺骗"。

从上述契文可以看出，人们的契约交易活动是在双方情愿的前提下展开的，即"二比情愿""无逼迫成交"。作为卖方应当确保其所出卖的水田、地基等标的物的产权是明晰的，保证不会有"亲支房族以及异姓人等争论异言"的情况发生。如果出现类似的情况，就意味着卖方在交易过程中存在"引诱欺骗"等情况。而针对此类不诚信行为，契约条文明确约定，卖方要承担法律后果，即"自认套哄""甘当重咎"。

可见"并无套哄之言"即"并无引诱欺骗之类的言语"；"自认套哄重罪""自认套哄之罪""自任套哄之咎""自恁套哄之咎"等即"自己承担引诱欺骗之类不诚信行为所造成的重大罪责"。

"套哄"又有"勾引子弟"之意。例如：

(13)《临县志》："勾引子弟曰套哄，又曰捉鳖。"⑤

【骗害】欺骗损害。

在《吉》中有"骗害"一词与"套哄"用法相类。例如：

---

① （明）佚名：《新刻类辑故事通考旁训》卷4，明万历重刊本，第288页。
② （清）彭定求等编：《全唐诗》，中华书局1960年版，第7874页。
③ （清）曹雪芹：《红楼梦》，人民文学出版社1996年版，第1378页。
④ （明）冯梦龙：《醒世恒言》，中华书局2009年版，第487页。
⑤ 胡宗虞：民国《临县志》卷13，民国六年铅印本，第365页。

第一章　贵州契约文书疑难词语、俗语汇释　　47

（1）《乾隆四十五年（1780）汪子龙立卖明水田文契》："原日三面议定卖价玖捌纹银拾两零伍钱整。卖主领明应用。此系实银实契，二比（彼）情愿，亦无货物准拆（折），并无逼勒情弊。自卖之后，不许房族弟男人等后来争论异言，如有此情，干（甘）当套哄骗害，自任重究，任随买主执纸赴公理论。"①

（2）《同治四年（1865）汪郑氏母子立杜卖明科田文契》："原日三面议定卖价足色纹银叁两壹钱整。即日母子当席亲手领明应用。酒水画字一并交清，并未拖欠分厘，亦无货物准折。自卖之后，任随田氏子孙永远管业。日后郑氏子侄以及异姓人等不得前来妄生找补、争论异言。如有此情，任凭田氏执纸赴公理论，卖主自认套哄骗害之咎。"②

（3）《同治四年（1865）汪郑氏母子立杜卖明科田文契》："原日三面议定卖价足色纹银壹拾壹两伍钱整。即日母子当席亲手领明应用。此系实银实契，并无货物准折。二彼情愿，亦非逼勒等情。酒水画字一并开清，并未拖欠分厘。自卖之后，任随田氏子孙永远管业。日后郑氏予侄以及异姓人等不得前来妄生找补、争论异言。如有此情，任凭田氏执纸赴公理论，郑氏母子自认套哄骗害之咎。"③

（4）《乾隆五十九年（1794）汪朝有立卖水田文契》："原日三面议定田价纹玖各半银壹拾叁两伍钱。朝有亲手领明应用。自卖之后，不得另行找补，房族人等亦不得妄生异言。如有此情，系朝有一面承当，自任骗害之咎。"④

（5）《咸丰十一年（1861）汪郑氏同子汪兴学立卖明科田文契》："原日三面议定价值足色纹银伍拾叁两叁钱整。堂侄子母即日当席亲手领明应用，并未短欠分厘，亦无货物准拆（折）。自卖之后，任随伯母子孙永远管业，堂侄不得前来找补、争论异言。如有此情，将纸赴公理论，堂侄自［认］骗害之咎。"⑤

（6）《乾隆肆年（1739）汪尔重立卖明房地基文契》："乾隆肆

---

① 孙兆霞：《吉昌契约文书汇编》，社会科学文献出版社2010年版，第4页。
② 同上书，第29页。
③ 同上书，第30页。
④ 同上书，第102页。
⑤ 同上书，第26页。

年五月二十四日,汪尔重因房地地价不符,请人理讲公处,后补银贰两伍钱整。尔重凭中亲手领回。日后不得异言。如有异言,将纸赴官,自认骗害之罪。"①

(7)《嘉庆四年(1799)汪朝有立永无后患字约》:"立永无后患字约人汪朝有,为因祖遗山林□□□□自己名下九呈(成)银伍两整,亲手领明。日后凡田产地业房□屋□□树木各管各业。朝有不得借端图骗,朝理亦不得借端滋事。倘有此情,将字赴公,自认骗害之罪。"②

对比可见,例(4)—(7)中的"骗害"与"套哄"之例(2)—(6)中"套哄"的用法很相似。由此可以推断"套哄"之意当与"骗害"之意相近。"骗害"即"欺骗损害",而"套哄"的"引诱欺骗"之意恰与"欺骗损害"之意相近,可资印证上文笔者关于"套哄"的训释应是符合事实的。在例(1)—(3)中"套哄骗害"可释为"引诱欺骗损害"。故"干(甘)当套哄骗害,自任重究"与"自认套哄骗害之咎",皆可解作"卖方甘愿承担引诱欺骗损害买方利益而造成的法律罪责"。

【掣骗】逼迫欺骗。

在《吉》中又有"掣骗"一词,如"套哄"之例(1)。"掣骗"又写作"彻骗",如例(1)。

(1)《乾隆九年(1744)冯宗尧立卖明菜园文约》:"彼时三面议定卖价纹银捌两整。宗尧亲手领回应用。一无货物准哲(折)。二无逼迫情(成)交。自卖之后,并不得房族人等、弟男子侄后来毋得诤(争)论。如有此等,将纸赴公理让,卖主自认彻骗之罪。"③

例(1)中的"掣骗"一词,查《大词典》未见收录。"掣",《释名·释姿容》曰:"掣,制也,制顿之使顺己也。"④ 即"掣"有"控制;

---

① 孙兆霞:《吉昌契约文书汇编》,社会科学文献出版社2010年版,第228页。
② 同上书,第396页。
③ 同上书,第210页。
④ (汉)刘熙:《释名疏证补》,中华书局2008年版,第83页。

逼迫"之意。故"掣骗"应为"逼迫欺骗"之意。结合契文语境，所谓的"掣骗"即"卖方在契约交易活动中违背自愿诚信原则，采用逼迫欺骗买主的方式实现一己之利"。针对这种不正当的行为，契约明文约定卖方要对自己的行为承担法律罪责。将例（1）与"套哄"之例（2）—（6）及"骗害"之例（4）—（7）进行比对，可以判定"彻骗""套哄""骗害"三者意义应当是基本相同的。可证将"掣骗"释作"逼迫欺骗"应是妥当的。

【住坐】①谋生，生活。②居住。

在贵州契约文书中，"住坐"一词多见。例如：

（1）《雍正十一年（1733）汪尔重立卖明房地基文契》："立卖明房地基文契人汪尔重。为因缺用，无处出办，情愿将祖遗自置房屋地基贰间、天井牛椿（圈）壹个、东厢壹个，墙围在内，……凭中出卖与族侄汪世荣名下住坐管业。……自卖之后，任随族侄汪世荣子孙永远管业住坐，不许亲族人等争论异言。"①

（2）《乾隆九年（1744）冯宗尧立卖明菜园文约》："立卖明菜园文约人冯宗尧。为因缺用，无处出办，只得将祖遗下菜园壹边到底，……请凭中出卖与汪世荣名下住坐。"②

（3）《道光廿年（1840）姜绞生卖木契》："立卖山场杉木姜绞生。无地基起屋，自愿将到祖遗山场杉木一块，地名卧要（腰），田坎下，界止（至）：……又一块地名抱中，保与甲内姜朝□、姜光禹众人所共之山场，绞生本名占之地股当卖；又一块先年亲手栽杉木，地主姜相清之山，地主栽手分为五股，地主占三股，栽手占贰股。其杉木界止：……今将三处山场栽手杉木出卖与姜绍熊、绍齐兄弟二人名下承买为业。兄弟二人相义（议），自愿将风梨水沟下屋地二间，巧分与姜绞生起屋住坐，二比白愿巧分，不得异言。"③

（4）《民国元年田庆龙弟兄二人立卖明房屋地基墙苑文契》："立卖明房屋地基墙苑文契人田庆龙、田寅春。……只得亲请凭中上门，

---

① 孙兆霞：《吉昌契约文书汇编》，社会科学文献出版社2010年版，第228页。
② 同上书，第210页。
③ 陈金全、杜万华：《贵州文斗寨苗族契约法律文书汇编——姜元泽家藏契约文书》，人民出版社2008年版，第356页。

情愿将祖父遗留分授自己名下房屋地基、正房楼，……堂屋壹半有二押，正房路由田姓一押厅□出入，天井壹半有二押。照面房壹间，东北墙在内，水滴下阴沟，南边水南厢房滴下，天井西边路由田姓走廊过。朝门路壹半有二押，天上无有其有正房，山头后廊墙一并在内。山头房其（齐）那点墙，其（齐）那点后廊墙，壹半水滴下，南边阴沟路照古，四至分明为界。请凭中出卖与胡福昌名下为业修造居坐。……自卖之后，任随胡姓永远管业修造住坐，田姓房族以及外姓人等不得前来争论、妄生异言、过角找补。并无货物准折、逼迫承（成）交，此乃二彼情愿。"①

"东厮"即"厕所"。例（1）出卖的"房屋地基贰间、天井牛椿（圈）壹个、东厮壹个"等皆是生活之资，故该例的"住坐"释为"谋生，生活"较为妥帖。例（2）中菜园是出产生活原料的场所，故亦当释为"谋生，生活"。例（3）"起屋"即"建造房屋"，"建造房屋"当然是为了"居住"，故这里的"住坐"释作"居住"更为妥当。例（4）胡福昌"修造住坐"的对象是田庆龙弟兄二人出卖的"房屋地基、正房楼"等物，故这里的"住坐"应解释为"居住"。

"住坐"在贵州契约文书中，或写作"住座""柱坐"。例如：

（5）《民国三十年龙正和立当山土竹木字》："立当山土竹木字人龙正和。……自愿将到得买张玉林、张玉贵绱寨大路外边竹林半台，……请中上门出当与雷士江名下开挖修造起屋。乙（一）当八春。……自当之后，恁由钱主修屋住座永远发达。"②

（6）《光绪十五年（1889）李风勇立卖明房子文契》："立卖明房子文契人［李］风勇。为因空［乏］，只得愿将祖父遗留分授自己名下厢房壹间、正房半间，……请凭中亲身上门出卖与李风强名下为业柱坐。"③

将"住坐"写作"住座""柱坐"，应是书写时同音替代的结果。根

---

① 孙兆霞：《吉昌契约文书汇编》，社会科学文献出版社2010年版，第242页。
② 张新民：《天柱文书》，江苏人民出版社2014年版，第1/63页。
③ 孙兆霞：《吉昌契约文书汇编》，社会科学文献出版社2010年版，第240页。

据契文文意，例（5）、例（6）中的"住坐"皆应释作"居住"方为妥帖。

【居坐】居住。

"住坐"之例（4）中有"居坐"一词，对比前后契文可以断定"修造居坐"当即"修造住坐"，"居坐"当同于"住坐"，故"居坐"亦应释作"居住"。"居坐"又见于《苗》中。例如：

(1)《民国五年杂契》："后伊自知情亏，则休无闻矣。伊等狡诈见字即变。如见我老契系得买伊族之业，伊定以数家共山，岂以一人出卖，伊卖伊股，我等无名，必然钻进无休矣。殊知彼以共山罩进，我即以伊四抵地名不符，概然离开，彼此无干。伊不能进步，窃我卖主与有智公雍龙间葬坟居坐于斯，禁有风水木，大者数围，你等先祖岂能容耶。"①

根据契文语境，例（1）中的"居坐"亦当释作"居住"。"居坐"一词《大词典》未见收录。

【勤耕苦种】辛勤耕耘播种。

(1)《民国十年马起义立出分关字》："立出分关字人马起义。为因弟兄成人，今将祖父遗留田地均分三股，凭神拈阄，未存偏见。……此系心悦诚服，亦非逼迫等情。自分之后，各管各业，须要勤耕苦种，利胜陶朱，万代富贵矣。"②

(2)《民国十年马起昌立出分关字》："立出分关字人马起昌。为因弟兄成人，今将祖父遗留田地均分三股，凭神拈阄，未存偏见。……此系心悦诚服，亦非逼迫等情。自分之后，各管各业，务须勤耕苦种，利胜陶朱，万代富贵矣。"③

(3)《（年代不详）陶柏香立出分关字》："今因年老力衰，难以督理家务，继子陶炳章、长女云妹年以（已）长成，故特请亲族议定，老喜小喜共六庄，计其后约费正板洋银壹千元。……并非逼迫等

---

① 唐立、杨有赓、武内房司：《贵州苗族林业契约文书汇编》卷3，东京外国语大学2003年版，第3/F/40页。

② 孙兆霞：《吉昌契约文书汇编》，社会科学文献出版社2010年版，第359页。

③ 同上书，第360页。

情，系是二彼心诚情悦。领此产业，分离老小之后，务须勤耕苦种，利胜陶朱，万代富贵矣。"①

从词语结构看，"勤耕苦种"实为偏正式动词性联合短语，"勤"即"辛勤，勤奋"，"苦"亦有"辛勤"之意，故"勤耕苦种"即"辛勤耕耘播种"。"须要勤耕苦种"与"务须勤耕苦种"义同，话语间饱含了人们真挚的劝勉深情。

【利胜陶朱】"陶朱"即"陶朱公"，后泛指大富者。"利胜陶朱"指"所获利润胜过陶朱公"，即"富过陶朱公"之意。

上述三例中均出现了"利胜陶朱"，此语在《吉》中或写作"利剩陶朱""富过陶朱"，例如：

(4)《民国二十六年马开臣立出分关字》："立出分关字人马开臣。为因年老力衰，难以管理家事，诸子已皆长成。只得将祖遗田产什物均分三股，当日对众凭神拈阄，未存偏见。……自分之后，各管各业，务须勤耕□种，利剩（胜）陶朱，万代富贵矣。"②

(5)《民国七年陈增荣立分关字》："立分关字人陈增荣，为因年已六旬，子女业已成人，今凭本族均分四股，此系凭神拈阄，并无偏见。……自分之后，愿尔等富过陶朱，子孙发达，方遂生平之愿百世流芳矣。"③

(6)《民国十年马陈氏立分关字》："立分关字人马陈氏，为因先夫亡故，子女业已婚配，今凭亲族将屯中房屋地基均分叁股，此系凭神拈阄，并无偏见。……自分之后，各管各业，毫无紊乱，不得翻悔异言。如有此情，神灵洞鉴。愿尔等富过陶朱，子孙发达。"④

将"利胜陶朱"写作"利剩陶朱"当是同音替代的结果。"陶朱"即"陶朱公"，后泛指大富者。《韩非子·解老》："夫弃道理而妄举动者，虽上有天子诸侯之势尊，而下有猗顿、陶朱、卜祝之富，犹失其民人而亡

---

① 孙兆霞：《吉昌契约文书汇编》，社会科学文献出版社2010年版，第379页。
② 同上书，第371页。
③ 同上书，第358页。
④ 同上书，第361页。

其财资也。"① "利胜陶朱"指"所获利润胜过陶朱公",即"富过陶朱公"之意。无论是"利胜陶朱,万代富贵",还是"富过陶朱,子孙发达"均是父母对子女的真诚祝愿,其中尽是浓浓的亲情爱意。

【罗】量词,主要用来指称田地出产的"谷""花"等粮食作物。"罗"或写作"萝""箩"。

(1)《同治十年(1871)刘克佑立卖田契》:"父子商议自己将到土名柳塘桥头田一截,收谷五罗。……载税柒分,要行出卖。"②

(2)《光绪十一年(1885)杨宗道立卖田契》:"自己将到面分土名柿子树皆水田一坵,中涧壹岭,收谷三罗。……又并奄堂坡右边右边水田一岭,收谷三罗。……四至分明。要行出卖。"③

量词"罗"或写作"萝""箩"等。例如:

(3)《同治十二年(1873)周长春卖水田契》:"夫妻商议情愿将到土名新当背水田大小三坵,收谷二十六萝。载税乙(一)亩五分正(整)。"④

(4)《宣统二年(1910)蒋秀茂卖田契》:"父子商议将到土名潘□洞田一网。……其田收花捌拾萝,载税四亩正(整)。"⑤

(5)《民国二十五年陈代卿卖田契》:"父子商议情愿将到己分土名各水□水田一间(涧),收谷二十三箩,……四抵分明。要行出卖。"⑥

从上述契例可以看出,量词"罗"主要用来指称田地出产的"谷""花"等粮食作物。

【嶺】量词,主要用来计量"山""山场""杉木""山场杉木""水

---

① (清)王先慎:《韩非子集解》,团结出版社1999年版,第107页。
② 张新民:《天柱文书》,江苏人民出版社2014年版,第9/37页。
③ 同上书,第6/213页。
④ 同上书,第1/30页。
⑤ 同上书,第1/103页。
⑥ 同上书,第1/24页。

田"等。

贵州契约文书中有一量词"嶺"。例如：

（1）《乾隆四十九年（1784）姜国儒、姜佐兴、姜甫元具清单》："今文堵卖山场一嶺，土名眼皆什，与加池寨众等管业。草木尽卖，寸土不留。"①

（2）《嘉庆五年（1800）姜思贤、周老六立分合同》："因先年栽到族内姜有明山一插嶺，土名冉威多。"②

（3）《嘉庆十三年（1808）姜包井立断卖山场杉木约》："先年得买姜领保杉山一股，地名冉番世又。……此山上四插嶺，中一大嶺，四至分明。"③

（4）《嘉庆二十三年（1818）范起明、范起荣兄弟立断卖山场杉木约》："自愿将到坐落土名故多皆也□山场一嶺，……"④

（5）《嘉庆二十四年（1819）彭相虞母子立断卖杉木山场约》："自应将到坐落土名污查溪化董山场杉木一大嶺，……四至分明。"⑤

（6）《道光元年（1821）彭治邦、彭相虞立断卖杉木约》："自愿将到坐落土名卧古杉木一嶺，……四至分明。"⑥

（7）《道光十一年（1831）彭治邦、彭相虞立断卖杉木约》："自己请中将到土名冉周亚家山场杉木一嶺，……"⑦

（8）《光绪十一年（1885）杨宗道立卖田契》："自己将到面分土名柿子树皆水田一坵，中润壹玲，……又并奄堂坡右边右边水田一玲，……"⑧

（9）《光绪十六年（1890）彭开泰立断卖山场杉木地土字》：

---

① 张应强、王宗勋：《清水江文书》第3辑第6册，广西师范大学出版社2011年版，第3/6/3页。

② 张应强、王宗勋：《清水江文书》第3辑第1册，广西师范大学出版社2011年版，第3/1/116页。

③ 同上书，第3/1/117页。

④ 同上书，第3/1/84页。

⑤ 同上书，第3/1/85页。

⑥ 同上书，第3/1/87页。

⑦ 同上书，第3/1/92页。

⑧ 张新民：《天柱文书》，江苏人民出版社2014年版，第6/213页。

"自愿将到先年叔侄二人共买得瑶光姜姓之山一嶺,坐落地名堵纣山。"①

"嶺"或写作"玲",如例(8)。

从契约用例可以看出,量词"嶺"主要用来计量"山""山场""杉木""山场杉木""水田"等。

【涧】量词,作为量词"涧"可以指称"地基",如"屋场地基""仓楼地基"等;可以指称"田",如"水田""屋场田""荒田"等;可以指称"园",如"小园""晒禾场园""蔴园"等。"涧"或写作"间"。

在贵州契约文书中有一量词"涧"。例如:

(1)《民国十年胡贤义、胡贤涌、胡英厚等五人卖屋场地基契》:"父子兄弟商议情愿将到志高祖遗后裔土名梅子坡老堂屋天井右边地基正屋一涧半,又并仓楼地基一涧半。"②

(2)《民国十年吴祖树卖田契》:"母子商议自愿将到土名芳田白坳冲脚水田一连七坵零一涧,计谷十六运,载税柒分乙(一)厘正(整)。"③

(3)《民国十一年吴门蒋氏爱春卖田山场等项契》:"自愿将到土名悬冲水田一连,共十六坵零一涧。"④

(4)《民国十五年杨昌锦卖田契》:"父子商议自愿将到土名高枧脚水田一涧,收谷四运。"⑤

(5)《民国十六年蒋氏杨妹侄景孝立合同再派地基田土字》:"景孝叔侄等自愿将大门角小园一涧,连屋场田右边内一涧,任凭杨氏母子日后竖造。各管各业。"⑥

(6)《民国十八年蒋景耀、蒋景瀛立分关字人》:"今因祖父所遗

---

① 张应强、王宗勋:《清水江文书》第3辑第1册,广西师范大学出版社2011年版,第3/1/98页。
② 张新民:《天柱文书》,江苏人民出版社2014年版,第8/226页。
③ 同上书,第8/308页。
④ 同上书,第8/25页。
⑤ 同上书,第9/62页。
⑥ 同上书,第8/33页。

荒田左边过路秧田一坵，收谷四运。长子分落右边田一洞，收谷一石。次子分落左边田一洞，收谷二石。"①

(7)《民国二十二年游义方、游义儒、游义和兄弟分关合同》："义方分落屋场地基第五排左边外一截，……又并晒禾场园右边园一洞。"②

(8)《民国二十七年吴梁氏伯贞、吴德全、吴德益母子除帖推单》："母子兄弟商议自愿将到己面分土名老虎皮洞田一洞，下小田二坵，共计谷五运，载税二分。"③

(9)《民国二十七年吴梁氏伯贞、吴德全、吴德益母子除帖推单》："今因推倒蒋景耀得买我土名老虎皮一连一洞二小坵。"④

(10)《民国二十七年吴梁氏伯贞、吴德全、吴德益母子全领字》："今因领到荒田蒋景耀得买老虎皮一连一洞二小坵之价洋贰拾陆元四角八仙正（整）。其洋凭中亲自照数领足入手，不欠毫厘。"⑤

(11)《民国三十年杨德汉立契卖田字》："夫妻父子商议自愿将己面土名月光坵水田一洞。"⑥

(12)《民国三十二年刘宜坤典园圃油山字》："兄弟商议自愿将到土名瓦窑江寨边内二墱，并麻园二洞，……壹共三处，要行出典。"⑦

(13)《（年代不详）胡贤换、胡贤华卖屋场地基契》："兄弟商议自愿将到土名老华塘屋场地基三洞，……"⑧

量词"洞"，又有写作"间"者。例如：

(14)《光绪三十一年（1905）蒋开贵卖田契》："自愿将到己分

---

① 张新民：《天柱文书》，江苏人民出版社2014年版，第8/35页。
② 同上书，第8/190页。
③ 同上书，第8/58页。
④ 同上书，第8/59页。
⑤ 同上书，第8/60页。
⑥ 同上书，第9/103页。
⑦ 同上书，第9/114页。
⑧ 同上书，第8/244页。

第一章　贵州契约文书疑难词语、俗语汇释　　57

土名各水□田一坵，又并坎脚田一间，收谷七十六箩。"①

（15）《民国二十六年陈廷凤、杨胜贵清白卖买田土字》："情因先年得典胞弟陈廷章土名新当背水田一间，计谷十箩。续后廷章要钱使用，将此田卖与杨胜贵名下承买。"②

（16）《民国三十五年杨求富典田契》："夫妻商议情愿将到己分土名白头江水田一间。实收计谷十四箩。"③

从上述契例可以看出，量词"间"可以指称"地基"，如"屋场地基""仓楼地基"等；可以指称"田"，如"水田""屋场田""荒田"等；可以指称"园"，如"小园""晒禾场园""蔴园"等。

【箩】量词，主要用来指称田地产量。

在贵州契约文书中有一量词"箩"，例如：

（1）《乾隆三十三年（1768）姜老六卖田契》："自愿将祖业田一坵，坐落土名眼鸠坡，收禾八十一箩，请中问到上寨姜求番名下承买为业。"④

（2）《嘉庆三年（1798）姜文甫典田契》："外批：其田元（原）主耕种，见十大朝多收一箩，二股均分。"⑤

（3）《嘉庆六年（1801）姜含宗兄弟立断田约》："情愿将自己祖遗先年得买共合田大小三坵，坐落土名凉停（亭），约计禾七十箩，逐年应纳条银四厘九毛，请中出断卖与姜文裕名下承买为业。当日凭中面议断价银二十六两五钱正，亲手领回家应用。"⑥

（4）《嘉庆二十年（1815）收禾确认文书》："宗玉收世熟田三

---

① 张新民：《天柱文书》，江苏人民出版社2014年版，第1/21页。
② 同上书，第1/115页。
③ 同上书，第1/82页。
④ 陈金全、杜万华：《贵州文斗寨苗族契约法律文书汇编——姜元泽家藏契约文书》，人民出版社2008年版，第12页。
⑤ 同上书，第59页。
⑥ 唐立、杨有赓、武内房司：《贵州苗族林业契约文书汇编》卷3，东京外国语大学2003年版，第3/D/3页。

坵，禾三把五𦂇。"①

（5）《道光九年（1829）姜国召弟兄立断卖田约》："自愿将到田一坵，坐落土名冲尧，约禾四十𦂇，代纳条丁二厘五［毛］。今将请中问到与姜启辉名下，议定价银四两整，入手领回应用。"②

（6）《道光十三年（1833）立断田契人姜治宏》："自己情愿将到顽你田一坵，其田约禾六十𦂇，应纳条丁四厘二毛，请中出断与姜炳、庙生弟兄名下承买为业。当日议定价色银四十二两八钱，亲手领回应用。"③

例中量词"𦂇"主要用来指称田地产量。"𦂇"，唐智燕以为："具体表示两手所握持的禾的量，即禾两手为一𦂇，每𦂇为5斤或6斤不等。"④

【鼎】量词，"鼎"作为量词在贵州契约文书中用来指称"地基"。

【垦】量词，"垦"作为量词在贵州契约文书中用来指称"园基""土地"。

【堂】量词，"堂"作为量词在贵州契约文书中用来指称"地基"。

在贵州契约文书中见有"鼎""垦""堂"三个量词。例如：

（1）《光绪十五年（1889）姜映祥等分地基合同》："然江流曾有各派，树大岂无分枝。于是父子相议革故鼎新，而我子孙众多，难于约束，今将始祖富宇公所遗地基定为三鼎，各自修造。映祥公占上一幅，映魁公占中一幅，映辉公占右边一幅。以后各存一纸，永远发达存照。"⑤

（2）《光绪三十三年（1907）龙兴让与兴顺屋基拨换契》："立拨换字人龙兴让。为因不成方圆。自己亲□与族兄兴顺商议。先年得

---

① 陈金全、杜万华：《贵州文斗寨苗族契约法律文书汇编——姜元泽家藏契约文书》，人民出版社2008年版，第551页。

② 唐立、杨有赓、武内房司：《贵州苗族林业契约文书汇编》卷3，东京外国语大学2003年版，第3/D/6页。

③ 同上书，第3/D/11页。

④ 唐智燕：《清水江文书中特殊计量单位词考源》，《原生态民族文化学刊》2018年第4期。

⑤ 陈金全、杜万华：《贵州文斗寨苗族契约法律文书汇编——姜元泽家藏契约文书》，人民出版社2008年版，第472页。

第一章　贵州契约文书疑难词语、俗语汇释　　　59

买龙兴怀坐屋壹间,与兴顺得岑以坎园基三垦,二比自愿拨换龙兴顺名下管业。拨主不得异言。"①

(3)《民国十四年龙兴桃立拨换字》:"今将祖父遗下之业,地名洞头虾蟆形顶头一垦,深二丈,宽四丈正(整)。"②

(4)《民国三十一年石美堂立卖明地基字契》:"立卖明地基字契人石美堂。为因需用,亲请凭中上门,将本己之地基一堂,坐落地名新门楼……凭中出卖与冯发云名下为业。"③

"鼎"的量词用法,早已有之。例如,《管子·轻重乙》:"其有亲戚者,必遗之酒四石,肉四鼎。"④ 在例(1)中"鼎"作为量词用来指称"地基"。"垦"作为量词在例(2)、例(3)中用来指称"园基""土地"。"堂"在例(4)中作为量词用来指称"地基"。"园基"实亦是地基的一种。作为量词,"鼎""堂""基"的相同之处在于均能够用来指称"地基"。

【呼】量词,主要用来指称"酒"。

(1)《道光十九年(1839)稿邦分银文书》:"道光十九年七月廿二日分稿邦之银单:东道牛肉五斤,酒七呼,米六件;付四件南休请商公牛肉二斤,猪肉一斤,酒四呼;补柳容走之木,各食猪肉叁斤,党加补开儒之木洒二呼……"⑤

(2)《去酒米记》:"世学兆徂去酒十呼。"⑥

从已有的材料看,"呼"作为量词主要用来指称"酒"。"呼"的量词用法《大词典》未见。

---

① 高聪、谭洪沛:《贵州清水江流域明清土司契约文书——九南篇》,民族出版社 2013 年版,第 403 页。
② 同上书,第 415 页。
③ 孙兆霞:《吉昌契约文书汇编》,社会科学文献出版社 2010 年版,第 256 页。
④ (春秋)管仲著,姚晓娟注:《管子》,中州古籍出版社 2010 年版,第 355 页。
⑤ 陈金全、杜万华:《贵州文斗寨苗族契约法律文书汇编——姜元泽家藏契约文书》,人民出版社 2008 年版,第 560 页。
⑥ 张应强、王宗勋:《清水江文书》第 1 辑第 1 册,广西师范大学出版社 2007 年版,第 1/1/420 页。

【押】量词，量词"押"可以指称的对象很多，诸如"秧田""堂屋""厅口""天井""大天井空地""厢房地基""陆地"等。

(1)《道光二十七年（1847）汪起春立卖明地基文契》："立卖明地基人胞弟汪起春。为因缺少使用，请凭中上门，将祖遗留分受（授）名下地基壹间、大天井空地乙（一）押，……情愿出卖与胞兄起宋名下为业。即日得受卖价纹银壹两整。胞弟亲手领明应用。"①

(2)《同治元年（1862）汪起宋立卖明地基文契》："立卖明地基文契人汪起宋同侄兴。为因乏用，叔侄商议，起宋只得将到自己买明名下大天井正房地基壹间、厢房地基贰押，兴有只得将列自己名下厢房地基壹押，……亲请凭中上门，出卖与汪田氏名下为业。"②

(3)《民国元年田庆龙弟兄立卖明房屋地基墙苑文契》："立卖明房屋地基墙苑文契人田庆龙、田寅春。弟兄二人商议，为因乏用，无处出辨（办）。只得亲请凭中上门，情愿将祖父遗留分授自己名下房屋地基、正房楼，上抵前瓜柱地，下抵前二柱脚。堂屋壹半有二押，……天井壹半有二押，……朝门路壹半有二押，……请凭中出卖与胡福昌名下为业修造居坐。"③

(4)《民国十四年石钟余立卖明秧田文契》："立卖明秧田文契人石钟余。为因移业置业，今将祖父遗留分授自己名下秧田壹押，坐落地名老豹河，请凭中出卖与胞兄石钟林名下为业。即日三面议定大洋元伍拾贰元整，随田科米仓升陆合贰勺伍。"④

(5)《民国二十二年马开成立出分关字据》："立出分关字据人马开成。所生三子各有家室，弟兄商议，今凭族长亲谊上前，将祖父遗留房屋田产地业一概均分。次子起贤得授（受）照面正房二间，后园地基一并在内；搭水井田乙（壹）块，团山上茶叶地乙（壹）厢，叫鸡坡陆地乙（壹）股，团山上陆地乙（壹）股，树林西边一押。日后各授各业。……当日添老瘦地陆地乙（壹）押。"⑤

---

① 孙兆霞：《吉昌契约文书汇编》，社会科学文献出版社 2010 年版，第 262 页。
② 同上书，第 264 页。
③ 同上书，第 242 页。
④ 同上书，第 76 页。
⑤ 同上书，第 367 页。

(6)《民国三十五年胡张氏立出左约字》:"立出左约字人胡张氏。为因遗(移)置,只得将祖父所遗分授之核桃园新造之堂屋一押、东边之地基一间,与胞弟胡仲先左明老房一间,……凭中公议左与胞嫂胡张氏名下为业。"①

通过契约用例可以看出,量词"押"可以指称的对象很多,诸如"秧田""堂屋""厅口""天井""大天井空地""厢房地基""陆地"等。"押"的量词用法于《大词典》中未见。

【厢】量词,"厢"作为量词可以指称的对象丰富,如"地(包括大地、菜地、陆地、阴阳陆地、茶叶地等)""菜园""茶山""园基""田"等。"厢"或写作"箱""相"。

(1)《同治六年(1867)汪田氏立遗嘱分单》:"立遗嘱分单人汪田氏。……次子兴明拈得傍阶正房地基二间,……汪家水井名子地乙(壹)块、傍后坎地乙(壹)厢,……"②

(2)《光绪十三年(1887)汪□氏同男祖贵、三贵立卖明后园菜地文契》:"立卖明后园菜地文契人汪□氏同男祖贵、三贵。……将祖父遗留分授自己名下菜地壹厢,坐落地名后园,……凭中出卖与冯贵林名下为业。"③

(3)《光绪二十三年(1897)孙铭动收执分关契》:"念予得受先业,惟冯家门楼大田半块、冯家水井田一块、岩底下秧田一块、张洞田二块、大地一厢、石洞(硐)□大地一厢、荷业坡地一块。……计开:……吴家地山林土一段,当中间土地龙滩地一厢,……"④

(4)《光绪二十四年(1898)起端执掌文契》:"分占老屋三间,并门楼在内。又塘边园基二厢。"⑤

---

① 孙兆霞:《吉昌契约文书汇编》,社会科学文献出版社2010年版,第389页。
② 同上书,第348页。
③ 同上书,第217页。
④ 同上书,第350页。
⑤ 高聪、谭洪沛:《贵州清水江流域明清土司契约文书——亮寨篇》,民族出版社2014年版,第234页。

(5)《光绪二十五年（1899）马朝云立卖明水田陆地文契》："将祖父遗留分授本己名下水田壹坵、阴阳陆地壹厢，坐落地名吴家地关上，……今凭中出卖与族侄马开成、马开文弟兄二人名下管业。"①

(6)《光绪三十二年（1906）马陈氏立出分关字》："后批：东边青岗林二厢，又下西边茶子地壹厢抵路，又东边水竹树木壹股。"②

量词"厢"或写作"箱""相"。例如：

(7)《道光二十九年（1849）汪兴贵同弟兴有立卖明菜园文契》："将祖父遗留分受（授）分内名下菜园一箱……坐落地明（名）汪家园，请凭中上门，出卖与堂叔汪起云名下耕种为业。"③

(8)《民国三十五年胡伯先等弟兄四人立出分关字》："今将房屋地基菜园四股均分，均请族中老幼上前，张氏将新房右边半间、堂屋楼一半，掉仲先老房牛桊（圈）一间、门口菜地一箱。"④

(9)《同治九年（1870）杨正学同侄收据》："今收到陆风元钱玖佰文整。先年世明所得正成之谷，写在德洞坡头三合店田以坎茶山一相。"⑤

(10)《光绪十七年（1891）汪兴贤立卖明陆地文契》："将祖父遗留分授本己名下阴阳陆地贰相，……当凭出卖与胞弟汪兴灿名下为业。"⑥

(11)《民国十四年陈宋氏同子老大、重福立当陆地文契》："将祖父遗留陆地壹股，坐落地名团山背后，其地系是贰相，茶叶壹并在内，请凭证出当与胡云楷名下为业。"⑦

---

① 孙兆霞：《吉昌契约文书汇编》，社会科学文献出版社2010年版，第107页。
② 同上书，第352页。
③ 同上书，第213页。
④ 同上书，第359页。
⑤ 高聪、谭洪沛：《贵州清水江流域明清土司契约文书——九南篇》，民族出版社2013年版，第461页。
⑥ 孙兆霞：《吉昌契约文书汇编》，社会科学文献出版社2010年版，第107页。
⑦ 同上书，第311页。

（12）《民国十七年龙景洋立断卖园基字》："自己愿将受分祖父之业坐落地名下头湾园基一厢，……四至分明，要行出卖。"①

（13）《民国二十九年冯继先立当诸谷字》："将诸谷出当与[明]清名下。当日言定当[价]洋乙（一）百四十元整。每年秋成上诸谷，不得短少升合。如少，继先应将和上（尚）田二相作抵，每年不少升合。"②

从上述契例可以看出，"厢"作为量词可以指称的对象丰富，如"地（包括大地、菜地、陆地、阴阳陆地、茶叶地等）""菜园""茶山""园基""田"等。"厢"的量词用法未见于《大词典》，而"箱"指"成箱的东西"的量词用法，也明显与上述契例中的用法有别。

【耕管】当是"耕种管业"的缩略语，意为"耕种管理产业"。

（1）《乾隆二十四年（1759）姜文华卖田契》："请中问到六房姜永相名下承愿祖田二块，坐落地名乌鸠，土名是楼，承愿卖与永相为业。当日凭中议定价银贰拾陆两整，文华亲手领回任用。其田信凭永相父子耕管为业。"③

（2）《乾隆五十一年（1786）唐故领叔、唐尚明立断田约》："外批：……俱断与四两一钱之内，恁凭耕管。"④

（3）《嘉庆十六年（1811）姜应科兄弟三人立卖杉木并地字》："自愿将到先年得买姜启福、姜乔勇二人木地二股，地名岩板坡污皆追，……请中卖与堂弟映林名下承买业。……其木地恁从买主耕管为业。"⑤

（4）《道光十年（1830）姜氏卧白香同孙世祥立断卖山场字》：

---

① 高聪、谭洪沛：《贵州清水江流域明清土司契约文书——九南篇》，民族出版社2013年版，第425页。
② 同上书，第336页。
③ 陈金全、杜万华：《贵州文斗寨苗族契约法律文书汇编——姜元泽家藏契约文书》，人民出版社2008年版，第5页。
④ 唐立、杨有赓、武内房司：《贵州苗族林业契约文书汇编》卷3，东京外国语大学2003年版，第3/D/2页。
⑤ 唐立、杨有赓、武内房司：《贵州苗族林业契约文书汇编》卷1，东京外国语大学2001年版，第1/A/84页。

"自愿将到祖遗山场一块,土名坐落半坡党路,……此山分为四小股,今将有位一小股出卖与本房姜绍韬大爷名下承买为业。……其山自卖之后,恁从买主耕管为业,卖主不得言番(翻)悔。"①

(5)《道光二十年(1840)李正明、姜连寿卖木契》:"佃种下房姜运亨、子壬午父子之山,地名冉卑,大小三块,……今正明一股出补卖与姜连寿名下承买修理为业。……其杉木任凭连寿修理耕管,正明父子日后不得番(翻)悔异言。"②

(6)《民国二十九年杨龙氏小妹立卖杉木山字》:"母子兄弟相议,先年夫杨希贤得买茅坪杨东林之杉山木,地名小黄上坡三湾三岭。……请中出卖与王偷信名下耕管。"③

在贵州契约文书中,"耕种管业"一语亦多见。例如:

(7)《乾隆二年(1737)程国珍同子朝圣立卖明水田文契》:"情愿将祖父遗下科田贰块,地名坐落坟底下……随田科米仓升原粮肆升,连加增共仓升柒升柒合整,凭中出卖与汪世荣名下耕种管业。"④

(8)《乾隆三十五年(1770)姜应保卖田契》:"亲自同中问到出情愿将名下受分祖遗水田壹块坐落土名格眼翁,并上下左右田角荒坪在内,出断与上寨中房姜义勳兄名下承断为业。……自卖之后,任从买主世代子孙永远耕种管业。"⑤

(9)《乾隆三十八年(1773)姜纹三卖田契》:"自己愿将祖父遗田大小七坵,坐落土名眼翁,出断卖与加十寨姜起高名下承买为业。……其田自断之后,任从买主下田耕种管业,后日而卖主弟兄房

---

① 唐立、杨有赓、武内房司:《贵州苗族林业契约文书汇编》卷1,东京外国语大学2001年版,第1/A/165页。

② 陈金全、杜万华:《贵州文斗寨苗族契约法律文书汇编——姜元泽家藏契约文书》,人民出版社2008年版,第355页。

③ 唐立、杨有赓、武内房司:《贵州苗族林业契约文书汇编》卷3,东京外国语大学2003年版,第3/G/6页。

④ 孙兆霞:《吉昌契约文书汇编》,社会科学文献出版社2010年版,第2页。

⑤ 陈金全、杜万华:《贵州文斗寨苗族契约法律文书汇编——姜元泽家藏契约文书》,人民出版社2008年版,第15页。

族外人不得异言争论。"①

（10）《乾隆五十年（1785）姜举周立卖田契》："自愿将到祖遗田一块，坐落土名北斗，出卖与族内姜佐周、姜朝瑾叔侄二人名下，承买为业。……其田自卖之后，恁凭买主耕种管业，卖主不得翻悔异言。"②

（11）《嘉庆六年（1801）姜佥宗兄弟五人立断田约》："情愿将自己祖遗先年得买共合田大小三坵，坐落土名凉停（亭），……请中出断卖与姜文裕名下承买为业。……其田自断之后，恁凭买主耕种管业，卖主不得翻悔。"③

（12）《同治三年（1864）陈思畴立杜卖明科田文契》："亲请凭[中] 上门，将 [祖父遗留] 分授自己名下大田壹坵，坐落地名吴家地，……出卖与田荣名下耕种管业。"④

将"耕管"与"耕种管业"进行比对，可知"耕管"当是"耕种管业"的缩略语，可释为"耕种管理产业"。据此可以帮助我们判断有的文书中的衍文情况，如例（13）：

（13）《道光廿四年（1844）姜相儒卖田契》："自愿将到祖遗田大小贰块，坐落土名堂庙，……今清中出卖与姜绍熊、绍齐，侄钟泰叔侄三人承买为业。……其田任凭买主耕管管业，卖主房族兄弟不得异言。"⑤

"耕管"即"耕种管业"，而例（13）"耕管"之后又有"管业"，可知此"管业"二字当为衍文。

---

① 陈金全、杜万华：《贵州文斗寨苗族契约法律文书汇编——姜元泽家藏契约文书》，人民出版社2008年版，第19页。
② 唐立、杨有赓、武内房司：《贵州苗族林业契约文书汇编》卷1，东京外国语大学2001年版，第1/A/30页。
③ 唐立、杨有赓、武内房司：《贵州苗族林业契约文书汇编》卷3，东京外国语大学2003年版，第3/D/3页。
④ 孙兆霞：《吉昌契约文书汇编》，社会科学文献出版社2010年版，第28页。
⑤ 陈金全、杜万华：《贵州文斗寨苗族契约法律文书汇编——姜元泽家藏契约文书》，人民出版社2008年版，第397页。

【移业置业】【移业治业】【遗业置业】【遗业治业】【移业就业】通过转移出卖已有产业获取资金以购置新的产业。

【移业置业】

（1）《同治元年（1862）邹梦兰同侄邹炳信立杜卖明陆地文契》："立杜卖明陆地文契人邹梦兰。同侄邹炳信，为因移业置业，请凭中上门，将祖父遗留分授本己名下地壹块，坐落地名石铜口岔路边，大地壹块共四股，除贰股半在外，内股半凭中出卖与田洪名下为业。……即日三面议定得受卖价足色纹银贰拾陆两伍钱整。亲手领明。"①

（2）《民国三十六年胡树德立卖明水田文契》："立卖明水田文契人胡树德。为因移业置业，将到祖父遗留分授自己名下田壹块，坐落地名吴家地，……请凭中上门，出卖与马锦恒名下为业。原日三面议定卖价市用国币壹佰零陆万元整。卖主当席亲手领明应用，并无托（拖）欠角仙。"②

【移业治业】

（1）《光绪三十二年（1906）田应宽立卖明阴阳陆地文契》："立卖明阴阳陆地文契人田应宽。为因移业治业，只得将祖父遗留分授白己名下陆地□块，坐落地名□门前，……凭中上门出卖与胞伯子明名下为业。原日议定卖价玖捌银伍两贰钱整。应宽当席亲手领明应用，并未托（拖）欠分厘。"③

【遗业置业】

（1）《光绪十九年（1893）冯发魁立卖明科田文契》："立卖明科田文契人冯发魁。为因遗业置业，无处出辨（办）。得亲请凭中上门，将祖父遗留分授本己名下老业田壹块，坐落地名小山，……随田

---

① 孙兆霞：《吉昌契约文书汇编》，社会科学文献出版社 2010 年版，第 142 页。
② 同上书，第 125 页。
③ 同上书，第 160 页。

第一章　贵州契约文书疑难词语、俗语汇释　　67

载米仓合伍合加增在内，出卖与汪兴灿名下为业。言（原）日三面议定卖价玖捌银玖两伍钱整。发魁当席清（亲）手领明应用。"①

（2）《宣统元年（1909）冯发魁立卖明科田文契》："立卖明科田文契人冯发魁。为因遗业置业，无处出辨（办）。只得亲请凭中上门，将祖父遗留分授本己名下老业壹块，坐落地名小山，……出卖与汪兴灿名下为业。言（原）日三面议定卖价银壹两伍钱整。冯发魁当席清（亲）手领明应用。"②

【遗业治业】

（1）《民国三十年田双福立卖明陆地文契》："立卖名（明）陆地文契人田双福。为因遗业治业，只得亲请凭中上门，今将祖父遗留分授自己名下坐落地名弯（湾）山凹东边地半块，……请凭中出卖与叔公田法廷名下为业。言（原）日三面议定卖价法币卷洋肆佰玖拾贰元捌角整。卖主当席亲手领银应用，并未托（拖）欠角仙。"③

【移业就业】

（1）《光绪十二年（1886）冯兴哉立卖明科田文契》："立卖明科田文契人冯兴哉。为因移业就业，无处出辨（办）。只得亲请凭中上门，将自己置明科田壹块，坐落地名大菁（箐）门口，……随田科米壹升加增在内，当中水路辜□□□，出卖与马朝元名下为业。原日议定价银七两伍钱整。卖主当席亲手领明应用，并非下欠分厘，亦非逼勒等情，并无货物准折。"④

（2）《民国六年田庆成立卖明科田文契》："立卖明科田文契人田庆成。为因移业就业，只得请凭中上门，愿将祖父遗留分授自己名下科田乙（壹）块，坐洛（落）地名大粪堆脚下，……随田科米八升加增在内，今请凭中出卖与田庆昌名下为业。原日三面议定价银玖成

---

① 孙兆霞：《吉昌契约文书汇编》，社会科学文献出版社 2010 年版，第 51 页。
② 同上书，第 60 页。
③ 同上书，第 183 页。
④ 同上书，第 42 页。

捌□两零叁钱。庆成当席亲手领明应用，并未下欠分厘，酒水画字乙（一）并交清。系是实银实契，并无货物准折。"①

对比上述契文，可以推知"移业置业""移业治业""遗业置业""遗业治业""移业就业"表达的语义应该是相同的，即"通过转移出卖已有产业获取资金以购置新的产业"。

【移置】【遗置】"移置"同于"遗置"，即"移业置业、遗业置业"的缩略语，即"通过转移出卖已有产业获取资金以购置新的产业"。

【移置】

(1)《光绪元年（1875）王廷邦立杜卖明水田文契》："立杜卖明水田文契人王廷邦。为因移置，亲请凭中上门，将祖父遗留分授自己名下老豹河秧田半坵、狮子山膀田肆坵，载明科米仓升柒升肆合；义狮子山脚小田壹坵、阿朗寨门首高田贰坵，载明秋米壹斗壹升柒合壹勺伍抄，二共柒坵有零。……请凭中出卖与石维阁名下为业。言（原）日三面议定卖价实值银拾捌两壹钱整。卖主当席亲手领明，并无短欠及债折势逼等情。"②

(2)《民国十二年石顺清立卖明秋田文契》："立卖明秋田文契人石顺清。为因移置，只得亲请凭中上门，将到自己置明秋田乙（壹）块，坐落地名和尚庵背后，……随田载秋米仓升乙（壹）斗伍升加增在内，请凭证出卖与许伯义、许仲义名下。原日三面议定卖价洋银伍拾陆元整。石姓当席领明应用，并未托（拖）欠毫仙。"③

【遗置】

(1)《民国二十七年胡志清同子仲奎立卖明房屋地基文契》："立卖明房屋地基文契人胡志清。同子仲奎，为因遗置，只得将祖父所遗分授之相（厢）房一间、东□一个，……请凭中上门出卖与堂弟胡德先名下为业。即日三面议定买价中洋捌拾伍元二角整。志清父子当

---

① 孙兆霞：《吉昌契约文书汇编》，社会科学文献出版社2010年版，第68页。
② 同上书，第35页。
③ 同上书，第99页。

席亲手领明应用,并未下欠角仙。德先当即兑面交清,毫无货物拆(折)。"①

(2)《民国三十五年胡张氏立出左约字》:"立出左约字人胡张氏。为因遗置,只得将祖父所遗分授之核桃园新造之堂屋一押、东边之地基一间,与胞弟胡仲先左明。老房一间,……凭凭中公议左与胞嫂胡张氏名下为业。三面议定胡张氏补出法币洋九万五仟元整。胞弟仲先当席领洋应用,并未拖欠角仙,胞嫂亦即兑(对)面交清,毫无货物准拆(折)。"②

对比"移业置业、遗业置业"等诸例,可知"移置""遗置"当即"移业置业、遗业置业"的缩略。故"移置""遗置"亦为"通过转移出卖已有产业获取资金以购置新的产业"之意。

【过清】指"在交易活动中,一方通过中间人之手将钱款分文不欠的交付给另一方"。

(1)《光绪十二年(1886)田盛廷立卖明陆地文契》:"为因乏用,只得亲请凭中上门。愿将自己分授名卜陆地半块,坐落地名石硐口,……请凭中出卖与包(胞)弟田法廷名下为业耕种。吉(即)日三面议定时世(市)银拾肆两整。法廷酒水画字乙(一)并过清,盛廷当席清(亲)手领明应用。"③

在贵州契约文书中见有多例"过付清白"和"过付交清"。例如:

(2)《同治二年(1863)胡增洪立杜绝卖明陆地文契》:"为因乏用,无处出办,只得亲身请凭中上门,将祖父造留分授自己名下陆地壹段,坐落地名偏岩,……[今]请凭中上门,出卖与亲堂叔胡秉兰名下耕种管业。原日叁面议定[卖价足]色纹艮(银)柒两壹钱整。即日堂叔过付清白,堂侄亲手领明应用。"④

---

① 孙兆霞:《吉昌契约文书汇编》,社会科学文献出版社2010年版,第251页。
② 同上书,第389页。
③ 同上书,第152页。
④ 同上书,第143页。

(3)《同治二年（1863）石为新立当明陆地文契》："为因乏用，只得今请凭中上门，将祖父遗留分授自己名下陆地壹块，坐落地名小山凹，今凭中出当与族中堂叔石秉富名下耕种为业。原日叁面议定当价足色纹银贰两整。即日当席过付清白。为新亲手领明应用。"①

(4)《光绪元年（1875）胡茂基立卖明陆地文契》："为因被贼所害，无处出辩（办）。只得亲请凭中上门，今将父亲在日买明陆地壹股，……茂基亲身上门，今凭中出卖与本族中堂叔胡秉元名下为业。原日三面议定卖价足色纹银拾捌两陆钱整。卖主即日将地价收清，买主当席过付清白。"②

(5)《光绪三年（1877）石秀清立杜卖明秋田文契》："[为]因乏用，只得今将卖明秋田大小三块，……今凭亲族上门，出卖与亲堂叔[公]石秉荣名下管业。原日三面议定卖价时世（市）银陆两壹钱整。即日叔公□价银过付清白，侄孙当席亲手领明。"③

(6)《光绪十七年（1891）汪兴贤立卖明陆地文契》："为因乏用，无处出办，只得亲请凭中上门，将祖父遗留分授本己名下阴阳陆地贰相（厢），坐落地名汪家水井，……当凭出卖与胞弟汪兴灿名下为业。即日三面议定卖价时市银伍拾捌两整。兴贤当席亲手领明应用，兴灿即日过付交清，并非下欠分厘。"④

(7)《光绪三十年（1904）汪兴贤父子立卖明地基文契》："为因乏用，只得亲请凭中上门，将祖父遗留地基间半，……当凭出卖与胞弟汪兴灿名下为业。即日叁面议定卖价时市银壹拾捌两伍钱整。卖主当席亲手领明应用。即日过付交清，并非下欠分厘。"⑤

"清白"即"清楚明白"，文中指"将钱款结清"。"交清"即"交付完毕"。可见在上述契文中"清白"实与"交清"意同。"过付"指"双方交易，由中人经手交付钱或货物"。可见"过付清白"即"过付交清"，指"买方通过中人之手将钱款分文不欠的交付给卖主"。

---

① 孙兆霞：《吉昌契约文书汇编》，社会科学文献出版社 2010 年版，第 300 页。
② 同上书，第 147 页。
③ 同上书，第 93 页。
④ 同上书，第 153 页。
⑤ 同上书，第 266 页。

第一章　贵州契约文书疑难词语、俗语汇释

将"过清"例与"过付清白""过付交清"诸例加以比较，可以断定所谓"过清"当即"过付清白""过付交清"，指"买方通过中人之手将钱款分文不欠的交付给卖主"。

【悔言】【番言】因后悔持有异议。

在贵州契约文书中见有"悔言"与"番言"。例如：

（1）《乾隆四十三年（1778）姜朝佐立断卖杉木并地契》："自愿将到祖业山场一块，坐落土名纲晚山，三大股均分，朝佐弟兄书下占一股。今将朝佐半股杉木并地出卖与本房内兴周叔爷名下承愿存买为业。当日议定断价纹银七两整，入手领回应用。其杉木〔自卖〕之后，恁从买主子孙世代永远管业，而卖主不得悔言。如有翻悔言者，拘（俱）在卖主理落。"①

（2）《民国二十一年邹道宣、邹道宏弟兄二人立出校议合约》："日后弟兄之话，以（一）清百明。若有番言，有孟传钦执言时（实）行。不得奉言。"②

"番言"即"翻言"。在贵州契约文书中，"翻悔"的"翻"字多有写作"番"者。例如：

（3）《嘉庆六年（1801）龙美保卖木契》："自愿将到杉木一块，坐落土名南堵，……凭中出卖与下寨姜映辉名下承买为业，凭中议定价银四两六钱整，杉木凭从修理，不得番悔。其有日后木长大发卖，地归原主。"③

（4）《嘉庆十五年（1810）陈老祥卖木契》："当日凭中三面议定价银贰拾两壹钱五分整，亲手领回收用。任凭买主修理管业，木大发卖，不得番悔。如有番悔，俱在卖主理落，不与买主之事。"④

---

① 唐立、杨有赓、武内房司：《贵州苗族林业契约文书汇编》卷1，东京外国语大学2001年版，第1/A/17页。
② 汪文学：《道真契约文书汇编》，中央编译出版社2014年版，第426页。
③ 陈金全、杜万华：《贵州文斗寨苗族契约法律文书汇编——姜元泽家藏契约文书》，人民出版社2008年版，第66页。
④ 同上书，第111页。

(5)《光绪三十二年（1906）马陈氏立出分关字》："此是凭神拈得，各管各业，科米照契所领，日后不得番悔。若有番悔，神灵鉴察。自分之后，百子千孙万代富贵矣。"①

在贵州契约文书中"翻悔异言""异言翻悔"多见。例如：

(6)《乾隆三十二年（1767）姜云彩等立卖山场约》："其山自卖之后，恁从买主修理管业，卖主叔侄不得翻悔异言。如有十股之内来历不明，卖主尚前理落，不干买主之事。"②

(7)《嘉庆二十五年（1820）龙廷彩、廷振立断卖山场约》："其山自断之后，任从买主栽杉蓄禁修理管业，卖主不得翻悔异言。如有不清，俱在卖主理落。不与买主相干。"③

(8)《同治六年（1867）汪田氏立遗嘱分单》："此系凭神拈阄，日后不得翻悔异言。如有异言，祖宗不佑。"④

(9)《乾隆二十八年（1763）姜保该、启才卖田契》："其田自卖之后，任从买主子孙永远耕管为业，卖主房族弟兄不得异言翻悔。如有来路不明，俱在卖主理落，不与买主何干。"⑤

(10)《乾隆三十二年（1767）姜应保卖田契》："自卖之后，凭从买主子孙管业，卖主兄弟以并外人亦不得异言翻悔。如有来历不清，俱在卖主尚（上）前理落，不干买主之事。"⑥

(11)《咸丰二年（1852）姜通粹立断卖山场杉木契》："自卖之后，恁凭买主蓄禁栽修为业，卖主等一概卖尽，不得异言翻悔，借故

---

① 孙兆霞：《吉昌契约文书汇编》，社会科学文献出版社2010年版，第352页。
② 唐立、杨有赓、武内房司：《贵州苗族林业契约文书汇编》卷1，东京外国语大学2001年版，第1/A/8页。
③ 陈金全、杜万华：《贵州文斗寨苗族契约法律文书汇编——姜元泽家藏契约文书》，人民出版社2008年版，第192页。
④ 孙兆霞：《吉昌契约文书汇编》，社会科学文献出版社2010年版，第348页。
⑤ 陈金全、杜万华：《贵州文斗寨苗族契约法律文书汇编——姜元泽家藏契约文书》，人民出版社2008年版，第8页。
⑥ 同上书，第10页。

混争丝毫。如有此情，纸上有名，一面承当，不与买主相干。"①

"异言翻悔"即"翻悔异言"。将"悔言、翻言"二例与"翻悔异言、异言翻悔"诸例进行比对，可以判定"悔言、翻言"当即"翻悔异言"的缩略。"翻悔"即"因后悔而推翻曾经允诺的事或说过的话"。"异言"契文中指"持异议"。"翻悔异言"即"因后悔持有异议"。故"悔言、翻言"当即"因后悔持有异议"。

【土栽】1. 地主栽手。2. 地主栽手所占有的股份。

在贵州契约文书中，"土栽"一语多见，试举7例：

(1)《道光十二年（1832）姜光照立断卖山场杉木字》："外批：皆粟地主分为四股，光绪、［光］照二人名下占二股，连木并地卖在内。白号一块，地主栽手分为五股，地主运亨占地主三股，本名占栽手二股出卖。培拜一块，土栽分为五股，本名占土主三股，并地在内。"②

(2)《咸丰二年（1852）姜连寿立佃字》："今佃到姜东英、姜东盛之杉山一幅，地名冉学诗。……其山因别人荒无（芜）不成，今自愿努力修理。日后股数土栽五股均分，地主占三股，栽手占二股。此栽手二股，土主自占一股，本名占一股。自佃之后，如不努力修理，致误山场者，本名无分。"③

(3)《光绪十一年（1885）潘大本等立佃山字》："今佃到平鳌寨海治叔侄并姜海闻之山以（一）块，……其山土栽作五股分，土主占三股，栽手占二股。限至三年成林，五年排行。日后倘有栽股出卖，不问到山主者，栽手无分。"④

(4)《光绪十二年（1886）姜东寅等分山分林分银合同》："报格大山一块，内除一幅。……又土埂上亦卖一小幅，约木五十根在

---

① 唐立、杨有赓、武内房司：《贵州苗族林业契约文书汇编》卷1，东京外国语大学2001年版，第1/A/214页。

② 唐立、杨有赓、武内房司：《贵州苗族林业契约文书汇编》卷2，东京外国语大学2002年版，第2/B/101页。

③ 同上书，第2/B/276页。

④ 同上书，第2/C/74页。

内。总共土栽卖价银九十四两八钱,地主占三股,栽手占二股。栽手客自兑。"①

(5)《光绪三十年(1904)姜世臣、姜凤文等主佃分成合同》:"为因先年佃到文斗下寨竹园边姜世臣等兄弟□人之山,地名冉牛,另名铺见,……此山土栽分为五股,地主占叁股,栽手占贰股。木已成林,二比特立合同各执,日后坎(砍)伐下河照依合同均分,不得生端异言。"②

(6)《(时间不详)翻要青山分木文书》:"计买翻要青山一块,当中喊定价足银四拾贰两八钱正。土栽五股分派,土占银廿五两一钱,栽占银一十七两一钱。地主三股作三大股派,每股□占足银捌两五钱六分。"③

(7)《民国六年吴秀培父子名下立佃字合同字》:"情因佃到平略上牌龙绍清、龙彦贤父子二人所共洞头上边从兜大冲之私土一块,……但所栽之杉木,嗣后长大砍伐下河,三比面议,土栽自愿四六层(成)均分,栽主占六层(成),土主占四层(成)。以后二比不得争论之理。盖待所栽大小之木一律伐尽,合同仍还原主。二盖吴姓再栽,双方另写合同。"④

上述7例"土栽"中的"土"指"土主",文契例(3)例(7)可为证明。而"土主"实即"地主",契文例(1)、例(2)、例(4)—(6)是为证据。文意表明"栽"乃指"栽手"("栽主"同于指人的"栽手",详见本书第三章第一节)。据上下文文意可知"土栽"实为"地主栽手"的缩略语。

"土栽"除指称人,即"地主栽手"之外,又可用以指称"地主栽手所占有的股份"。如例(8)、例(9)。

---

① 唐立、杨有赓、武内房司:《贵州苗族林业契约文书汇编》卷3,东京外国语大学2003年版,第3/E/59页。
② 陈金全、杜万华:《贵州文斗寨苗族契约法律文书汇编——姜元泽家藏契约文书》,人民出版社2008年版,第495页。
③ 同上书,第584页。
④ 唐立、杨有赓、武内房司:《贵州苗族林业契约文书汇编》卷3,东京外国语大学2003年版,第3/G/14页。

(8)《光绪二十五年(1899)姜开荣母子立卖山场杉木字》:"立卖山场杉木字人姜开荣母子。为因缺少钱用,无处得出。自愿将到祖遗山场一幅,坐落地名皆板培希,……其山股数,地主作三大股,又分为六小股,本名实占一股。今将凭中出卖与姜为召名下承买为业。……此契于民国二十七年四月二十一日,子姜宣伟自愿将父亲得买姜开荣此山土栽一并转与姜为耀、为皇二人承买为业。"①

(9)《光绪三十三年(1907)姜登程等立分土栽合约字》:"立分土栽合约字人本房亲支姜登程、姜之岐、姜登廷、姜德明、姜运宗、姜盛斌、姜德顺、姜志格、姜绍银等。今有祖遗祖山一幅,……情因光绪三十二年十二月,将此山之木发卖,平铺龙海舒雕山,只准砍木一百七十根,砍伐下河。所有山内未砍之木,仰得买栽手之人盛达、盛齐、志寅叔侄三人藉修蓄禁长大。"②

例(8)中的"土栽"指"地主和栽手所占有的股份"。例(9)中姜登程等人立合约分配的"土栽"亦是指"地主和栽手所占有的股份"。

【纹玖】【文九】"纹玖"同于"文九",当为"纹银九成色银"的缩略语。"纹银"是清代通行的一种标准银两,成色较高,以大条银或碎银制成,形似马蹄,表面有皱纹。在贵州契约文书中"纹银"有"足色纹银""玖捌纹银""九九纹银"等多种,统称"纹银"。"九成色银"指"纯银含量为90%的银"。

贵州契约文书中有"纹玖""文九"等表述。例如:

(1)《乾隆五十九年(1794)汪朝有立卖水田文契》:"将祖父分授分内水田壹坵,坐落地名小山背后,……出卖与胞叔子重名下为业。原日三面议定田价纹玖各半银壹拾叁伍钱。"③

(2)《嘉庆四年(1799)汪朝有立卖明坐基房屋》:"情愿请凭中将祖父遗留与名下坐房贰间,厢房牛桊(圈)在内。出卖与堂弟

---

① 唐立、杨有赓、武内房司:《贵州苗族林业契约文书汇编》卷2,东京外国语大学2002年版,第2/B/265页。

② 同上。

③ 孙兆霞:《吉昌契约文书汇编》,社会科学文献出版社2010年版,第102页。

汪朝礼名下居住。原日议定卖价纹玖各半，共银贰拾伍两。"①

(3)《道光十四年（1834）汪起明、汪起元立卖明科田文契》："将祖父遗留分授弟兄名下科田壹块，坐落坟底下，……凭中出卖与堂弟汪起云、汪起桂名下为业。言（原）日三面议定卖价纹玖各半，共银贰拾柒两伍钱整。"②

(4)《乾隆五十五年（1790）汪子高立卖明田地文契人》："只得将自己分授分内名下田贰块地，壹块坐落地名汪家水井，……出卖与族兄子仲名下耕种。原日议定卖价文九各半陆两整。"③

(5)《嘉庆十三年（1808）罗士元立卖明水田文契》："请凭中上门，将小龙潭半块出卖与石于德名下为业。原日三面议定卖价文九□□贰拾两整。[罗]处亲手领明应用，并无货物准折，亦非逼迫等情，系是二比（彼）情愿。"④

对比"文九"与"纹玖"诸例，可以断定"文九"当即"纹玖"。根据契文可知"纹玖"应是指"银两"的"成色"，而"纹玖"究竟为何种银两成色呢？

贵州契约文书中多见有"纹银"和"九成银"。例如：

(6)《嘉庆二十二年（1817）汪朝德立卖明科田文契》："只得将祖父遗留田壹坵，地名坐落坟底下，……请凭中上门，出卖与汪朝礼名下耕种。三面议定卖价纹银贰拾捌两、九呈银叁两肆钱，二共银叁拾壹两肆钱整。"⑤

(7)《道光三十年（1850）汪起宋等四人立卖明陆地文契》："叔侄商议，只得请凭中上门，将祖父遗留二人名下陆地壹股，坐落地名大坡背后，……情愿请凭中上门出卖与堂弟汪起云名下为业。即日三面议定时价纹银贰两壹钱、玖呈银贰两壹钱，二共银四两贰

---

① 孙兆霞：《吉昌契约文书汇编》，社会科学文献出版社 2010 年版，第 233 页。
② 同上书，第 11 页。
③ 同上书，第 101 页。
④ 同上书，第 103 页。
⑤ 同上书，第 8 页。

钱整。"①

"九呈银、玖呈银"实即"九成银",将"成"写作"呈"乃是书写时同音替代的结果。"九成银"实为"九成色银"的缩略语。"九成银"指"纯银含量为90%的银两"。

将"纹玖"与"纹银""九成银"诸例进行比对,不难发现"纹玖"当为"纹银九成色银"的缩略语。

"纹银"是清代通行的一种标准银两,成色较高,以大条银或碎银制成,形似马蹄,表面有皱纹。在贵州契约文书中"纹银"有"足色纹银""玖捌纹银""九九纹银"等多种,统称"纹银"。例如:

(8)《乾隆二年(1737)程国珍同子朝圣立卖明水田文契》:"情愿将祖父遗下科田贰块,地名坐落坟底下,……凭中出卖与汪世荣名下耕种管业。三面议定卖价纹银肆拾伍两整。"②

(9)《乾隆十二年(1747)汪再昆同弟朝昆、荣昆立卖田文约》:"凭中将分内田壹块,坐落地名小山,……情愿出卖与汪世荣名下管业耕种。得受卖价足色纹银壹拾捌两整。"③

(10)《嘉庆三年(1798)胡汪氏同子胡廷有、廷赞立杜卖明科田文契》:"只得请凭本族上门,将祖遗留下科田壹块,坐落仡佬井下边,……母子情愿出卖与石彦名下管业。言(原)日三面议定卖价足[色]纹银贰拾伍两、玖捌纹银贰拾伍两,共银伍拾两整。"④

(11)《光绪三十五年(1909)鲍谨斋立卖明阴阳陆地文契》:"今将自己置明陆地乙(壹)股,坐落地名院落,……亲请凭中上门,出卖与杨春和名下为业。原日三面议定时价九九纹银贰拾叁两六钱整。"⑤

综上所述,"纹玖"即"纹银九成色银"的缩略。因为"纹银"种

---

① 孙兆霞:《吉昌契约文书汇编》,社会科学文献出版社2010年版,第140页。
② 同上书,第2页。
③ 同上书,第3页。
④ 同上书,第7页。
⑤ 同上书,第159页。

类繁多,故"纹玖"的具体释义,应根据交易中"纹银"的实际情况而定,不能一概而论。

【心平】当即"心平意愿"的缩略,可释作"心甘情愿"。

(1)《光绪二十一年(1895)杨秀辉立换字》:"立换字人杨秀辉。先年与二叔所换之田未清,二比争论。请中理讲。蒙中劝解秀文补出钱二千三百文与兄秀辉领清。其有地名庆枝之田换与秀文为业。弟秀文将冲交之田换与秀辉为业。二比心平,日后不得争论。"①

这里的"心平"既不宜解释为"要求不高",亦难以用"心里平静"来疏通。当另作它解。

在贵州契约文书中"心平意愿"多见,试举例如例(2)—(6):

(2)《嘉庆十五年(1810)罗维才立佃字人》:"当日凭中面议,限至五年内栽齐杉木成林,二比书立合同,作五股均分,地主占三股,栽手占二股。此山自佃之后,务照界内挖种栽杉,不得厌瘠喜腴,荒芜山场。亦不得停留面生可疑之人,以致牵连主家。如有此情,自愿将本名册内条定银之田作当此山,不敢滋事。二比心平意愿,异日照佃字股数均分。"②

(3)《道光元年(1821)姜启辉、傅德万立分合约》:"兹木植成林,凭中书立合约。议作二大股均分,地主姜之谟、姜之正、姜启文、姜启姬等占一大股;栽手傅德万、姜启辉共占一大股。二比心平意愿。其山自书合约之后,仍仰栽手逐年修理,不得间年荒芜。"③

(4)《道光二十七年(1847)立分合约字人姜东贤、姜东佐弟兄》:"立分合约字人姜东贤、姜东佐弟兄。因有山场一幅,坐落地名从讲。为因与启略、启松相争界限,请中理讲,二比自甘和息,凭

---

① 张应强、王宗勋:《清水江文书》第3辑第1册,广西师范大学出版社2011年版,第3/1/8页。

② 唐立、杨有赓、武内房司:《贵州苗族林业契约文书汇编》卷2,东京外国语大学2002年版,第2/C/15页。

③ 同上书,第2/C/34页。

中埋岩定界。……二比心平意愿，各照合约管业，异日不得越界相争。"①

(5)《同治四年（1865）吴正才、吴正旺弟兄等立掉换山场字》："立掉换山场字人吴正才、正旺弟兄等。今将山场一副（幅），地名眼补沙，……今将掉换东英、东盛山场一块，地名南堵，……二比心平意愿掉换，以便栽种，日后不得翻悔异言。今恐无凭，立此掉换字为据。"②

(6)《光绪二十二年（1896）杨胜全立换字》："立换字人叔杨胜全。自愿将先年得买杨通举地基三间二坨换与侄秀文为业。秀文将坐屋壹间，又外边与叔所共地基一幅，秀文得买左边乙（一）节，乙（一）共二坨换与叔为业。二比心平意愿，日后二比不得翻悔争论。"③

将"心平"例与"心平意愿"诸例进行比对，不难发现"心平"当即"心平意愿"的缩略。"心平意愿"同于"心甘情愿"（详见本书第二章第三节）。故"心平"可释作"心甘情愿"。

【远近】当即"年限远近"的缩略语，指的是"时间上的远近"，而非"距离上的远近"，通俗的讲就是"时间长短"之意。

在贵州契约文书中，"不拘远近"一语多见，这一表达亦常常写作"不惧远近""不俱远近""不居远近""不及远近"等。例如：

(1)《乾隆五十六年（1791）姜发元借当契》："自己借到姜仕朝、映辉二人名下实借过银叁两伍钱整，照月加叁行息，不拘远近相还。自愿将到分下先年得买田一坵坐落地名也丹抵当。日后本利交还，如有不归，仰当头发卖。"④

---

① 唐立、杨有赓、武内房司：《贵州苗族林业契约文书汇编》卷3，东京外国语大学2003年版，第3/E/28页。

② 同上书，第3/F/24页。

③ 张应强、王宗勋：《清水江文书》第3辑第1册，广西师范大学出版社2011年版，第3/1/9页。

④ 陈金全、杜万华：《贵州文斗寨苗族契约法律文书汇编——姜元泽家藏契约文书》，人民出版社2008年版，第45页。

(2)《嘉庆七年（1802）龙香蔼典田契》："情愿将到土名鸠周田一坵，在姜士昌之坎下，凭中出典与邓大朝兄名下承典为业。当日凭中议定典价银五两七钱正。亲手收回应用。其田凭从典主招人耕种管业，香蔼不得异言。不拘远近，价到赎回。"①

(3)《嘉庆十三年（1808）范述尧、绍正兄弟典田契》："自愿将到土名皆垒秧田壹坵，凭中出典与姜氏福香名卜承典为业。凭中言定典价银贰抬五两整，……此田自典之后任从典主耕种管业，日后不拘远近，银到赎田，田归原主。"②

(4)《道光三十年（1850）汪起春立当明水田文契》："将祖父遗留分受（授）分内名下水田大小叁块，坐落地明（名）坟底下，请凭中上门，转当与堂兄起云名下为业。……自当之后，日后有银赎取，无银任随堂兄永远耕种。其田不拘远近相赎，起春不得异言。"③

(5)《光绪三十四年（1908）石润山等三人立出抵当字据》："自当之后，不拘远近，弟兄叔侄不拘何人，银到田回。恐口无凭，抵当字为据。"④

(6)《嘉庆十五年（1810）阳通显当契》："自愿将到土名党加、鸣冉、培格、皆粟四处四股，自愿将到屋一间出当与姜绍熊、姜绍华名下承借本银十两六钱，亲手领回应用。其银照月加三行息，不惧远近归还，不得有误。"⑤

(7)《光绪贰拾柒年（1901）姜贞祥弟兄立典田字》："自愿将到我弟兄受分祖遗之田壹坛，地名岩板坡，约谷贰担半，……今凭中出典一与上寨朱家坦名下承典为业。……自典之后，任凭银主上田分花三年。我弟兄并房族人等不得异言。如过三年之外，不俱远近价到赎回，二比不得异言。"⑥

---

① 陈金全、杜万华：《贵州文斗寨苗族契约法律文书汇编——姜元泽家藏契约文书》，人民出版社2008年版，第70页。
② 同上书，第97页。
③ 孙兆霞：《吉昌契约文书汇编》，社会科学文献出版社2010年版，第287页。
④ 同上书，第333页。
⑤ 陈金全、杜万华：《贵州文斗寨苗族契约法律文书汇编——姜元泽家藏契约文书》，人民出版社2008年版，第111页。
⑥ 同上书，第493页。

(8)《光绪三十二年（1906）姜世官立典田字》："自己将到祖遗之田一坵，地名衣费，约谷四担，……今将凭中出典与上寨朱家振名下承典为业。……其田自典之后，任凭银主下田耕种管业，我典主弟兄父子以及外人不异言。限至三年收花之后，不俱远近价到赎回。"①

(9)《民国九年姜登廷借契》："自愿借到下房姜永乡之本足银一两零二钱整。照月加五行利。不居远近本利归还，银字两交。"②

(10)《光绪十八年（1892）石廷贵立当明陆地文契》："亲身请凭中上门，将祖父遗留分授自己名下陆地一股，坐落地名岩底下，凭中出当与堂伯石维阁名下耕种为业。……自当之后，……其地堂侄有银不及远近取续（赎），无银堂伯永远耕种。"③

(11)《民国十一年陈增梓立转当陆地字》："自当之后，任随马开云耕种，范姓取赎不及远近。范姓取赎不及远近，准当五年，陈姓有银赎取，言定七月送传，八月取赎。范陈二姓不得异言。自干（甘）重咎。"④

"不拘远近"一语中的"远近"当如何解释？"不拘远近"当为何意？

"不拘远近"这一表达亦多见于明清福建地区的契约文书中。例如：

(12)《康熙五十九年（1720）侯官县叶尔健典田契》："言约不拘年限远近，□日照契面银两取赎。其田的系自己物业，与别房伯叔兄弟无涉，并未重张典挂他人财物，以及来历不明。如有此情，系叶出头支当，与典主无涉。"⑤

(13)《雍正五年（1727）侯官县郑常睿典田契》："其田自典之

---

① 陈金全、杜万华：《贵州文斗寨苗族契约法律文书汇编——姜元泽家藏契约文书》，人民出版社2008年版，第499页。
② 同上书，第529页。
③ 孙兆霞：《吉昌契约文书汇编》，社会科学文献出版社2010年版，第304页。
④ 同上书，第310页。
⑤ 福建师大历史系编：《明清福建经济契约文书选辑》，人民出版社1997年版，第01852页。

后，不拘远近，言约肆年，限满听从佺备银照契面赎回，叔不敢执留。"①

（14）《雍正七年（1729）侯官县而坦卖田契》："此田系自己物业．与房内伯叔兄弟无干。并未曾重张典挂他人财物。如有不明，系弟出头抵当，不涉兄之事。俟有力之日，不拘远近，备银取赎，兄不得阻挡。"②

（15）《雍正八年（1730）侯官县陈氏林门等典田契》："此业未曾重张典挂他人财物。□阄分父在日分内己业，与别房伯叔弟侄无干。年不拘远近，对期银两照契面取赎，陈家不得执留。"③

（16）《雍正十一年（1733）侯官县刘常谦卖田契》："此系自己物业，与房内伯叔弟侄无干，并未曾重典他人财物。如有来历不明，系谦之事，与买主无涉。俟有力之日，不拘年限，照备价谷取赎。"④

（17）《雍正十二年（1734）闽清县尔鼎卖田契》："其田自买之后，……其年限不拘远近，照契面银面取赎，此田系自己阄分己业，与亲房伯叔兄弟无干。并未重张典挂他人。如有来历不明，系卖主出头抵当，不涉银主之事。"⑤

（18）《乾隆二十年（1755）侯官县郑门金氏典田契》："此田系氏自己物业，与别房无干。并无重张典当情弊。如有来历不明，系氏之事。面约不拘年限，听氏备价取赎。二家允愿，各无反悔。"⑥

（19）《乾隆二十四年（1759）闽清县阜修典田契》："此田系己业，与亲房兄弟侄无干。并未曾重典他人财物，倘有来历不明，系侄之事，与叔无涉。言约年限不拘远近，听侄有力之日备价照契两钱文取赎，叔不得执留。如不赎，仍旧管业。"⑦

（20）《乾隆四十一年（1776）福州明为卖田契》："此根系自己

---

① 福建师大历史系编：《明清福建经济契约文书选辑》，人民出版社1997年版，第01470页。
② 同上书，第04471页。
③ 同上。
④ 同上书，第01474页。
⑤ 同上书，第01925页。
⑥ 同上书，第04705页。
⑦ 同上书，第02036页。

物业，与亲房兄弟侄无干。亦未曾重张典当他人财物。以及来历不明，系侄出头抵当，不涉叔之事。面约年限不拘远近，听从侄备价照缴契面钱谷对期取赎，不得执留。如不赎，仍旧耕作。"①

（21）《嘉庆二十四年（1819）闽清县许尔琼典田契》："其年限面约陆年为限。俟限满之日，听许备价照典契面银两钱文对期取赎，黄不得执留。……原主取赎不拘年限，为照。"②

（22）《道光三十年（1850）福州吴长道典田契》："但此田系道自己阄分物业，与别房伯叔兄弟侄无干，并未重典他人财物等情。倘有来历不明，系道出头承当，不涉众之事。面约不拘远近，听道备价照典契面钱文依期取赎，众不得执留。"③

（23）《道光十五年（1835）侯官县宗珠典田契》："自典之后，面约不拘年限，听侄备价照契面银两依期取赎。赎回之日，每两银折钱捌百五拾文算，叔不得执留。"④

观察上述福建地区的契约文书，可以很清楚的发现："不拘远近"应当就是"不拘年限""年不拘远近""年限不拘远近""不拘年限远近"。可见"远近"当为"年限远近"的缩略语。将贵州契约文书与福建契约文书诸例进行比对，不难发现贵州契约文书中的"不拘远近"亦同于福建契约文书中的"不拘远近"。"远近"指的是"时间上的远近"，而非"距离上的远近"，通俗的讲就是"时间长短"之意。"不拘远近"当即"不拘年限远近"之意，通俗的讲就是"不限时间长短"。

【足色纹银】【足纹银】【足色银】【足纹】【足文】【足色】【足银】"纹银"是清代通行的一种标准银两，以大条银或碎银制成，形似马蹄，表面有皱纹。清代法定作为交易核算的标准的纹银成色为93.5374%，又称"足色纹银"。"足纹银""足色银""足纹""足文""足色""足银"皆为"足色纹银"的缩略语。

【足色纹银】

---

① 福建师大历史系编：《明清福建经济契约文书选辑》，人民出版社1997年版，第00409页。

② 同上书，第04841页。

③ 同上书，第02018页。

④ 同上书，第04370页。

（1）《乾隆十二年（1747）汪再昆同弟朝昆、荣昆立卖田文约》："凭中将分内田壹块，坐落名小山，……其随田科米仓升壹升四合一勺，情愿出卖与汪世荣名下管业耕种。得受卖价足色纹银壹拾捌两整。"①

（2）《乾隆十七年（1752）姜老井立卖杉山约》："情愿将自己受分杉山二块。土名引滚牛坡，……请中问到本寨姜天云名下承买为业。当日凭中议定价银足色纹银三两八钱整，亲手领回应用。"②

（3）《乾隆四十九年（1784）汪子富立卖明水田文契》："只得请凭中上门，将父留明水田乙（壹）块、地乙（壹）块，……出卖明与族兄子重名下为业。言（原）日议定卖价足色纹银贰拾壹两整。子富亲手领明应用。"③

"纹银"是清代通行的一种标准银两，以大条银或碎银制成，形似马蹄，表面有皱纹。清代法定作为交易核算的标准的纹银成色为93.5374%，又称"足色纹银"。"足色纹银"又有写作"足色纹艮""足色文艮"者，如：

（4）《同治四年（1865）汪老二、汪小狗立卖明地基文契》："只得将到自己祖父遗留分受（授）分内名下地基间半，坐落地名大天井，……亲请凭中上门，出卖与汪田氏名下为业。原日三面议定卖价足色纹艮（银）壹拾壹两整。弟兄即日当席亲手领明应用，并未短欠分厘。"④

（5）《同治三年（1864）石连玉立借银约》："立借艮（银）约人石连玉，今借到汪王会上足色纹艮（银）五两整，言定每月每两行利二卜（分），不得短少分厘。"⑤

（6）《咸丰二年（1852）汪起春立卖明水田文契》："只得请凭

---

① 孙兆霞：《吉昌契约文书汇编》，社会科学文献出版社2010年版，第3页。
② 唐立、杨有赓、武内房司：《贵州苗族林业契约文书汇编》卷1，东京外国语大学2001年版，第1/A/2页。
③ 孙兆霞：《吉昌契约文书汇编》，社会科学文献出版社2010年版，第5页。
④ 同上书，第265页。
⑤ 同上书，第406页。

第一章　贵州契约文书疑难词语、俗语汇释　　　　85

巾上门,将祖父遗留分授自已名下科田大小三块,出卖与汪起云名下为业。……原日得授(受)卖价足色文艮(纹银)六两整。起春亲手领明应用。"①

在贵州契约文书中,"足色纹银"在书写时又常常进行缩略,写作"足纹银""足色银""足纹""足文""足色""足银"等。例如:

【足纹银】

(7)《光绪叁拾贰年(1906)姜世□卖田契》:"自愿将到分落名下之田,地名乌休田贰块,上块贰间以(与)下壹块连,……今将出断卖与姜恩临先生名下承买为业。当面凭中议定价足纹银壹拾两贰钱捌分,亲手收回应用。"②

【足色银】

(8)《光绪十七年(1891)姜有文等分山分林分银合同》:"光绪十七辛卯年六月二十一日,卖冉度敢外幅山与本寨客人姜克荣、[姜]玉发等坎下河,价纹银二十一两四钱八分。三六申水扣银七钱七分三厘。净兑足色银二两零七钱〇六厘七毛二丝。"③

【足纹】

(9)《光绪十七年(1891)姜有文等分山分林分银合同》:"光绪十七年五月二十六日卖冉度敢山里幅,议价纹银三十一两六钱八分。三六申,净兑足纹三十两零五钱三分九厘五毛二丝。"④

---

① 孙兆霞:《吉昌契约文书汇编》,社会科学文献出版社2010年版,第19页。
② 陈金全、杜万华:《贵州文斗寨苗族契约法律文书汇编——姜元泽家藏契约文书》,人民出版社2008年版,第498页。
③ 唐立、杨有赓、武内房司:《贵州苗族林业契约文书汇编》卷3,东京外国语大学2003年版,第3/E/39页。
④ 同上书,第3/E/60页。

【足文】

(10)《光绪贰拾陆年（1900）姜登高立断卖田字》："凭中自愿将到分落胞弟名下之田，地名丢了，……今将出断卖与姜世美族叔名下承买为业。当面凭中议定足文拾叁两二钱八分，亲手收足应用，不欠分文。"①

【足色】

(11)《道光二十年（1840）艾明祥立卖明果园文契》："将自己名下与叔母贤明果园上下贰段，……今凭中上门出卖与石廷德名下耕种。言（原）日三面议定卖价足色贰两陆钱。当日卖主艾明祥领银应用，并［未］少分囗。"②

【足银】

(12)《光绪十七年（1891）姜作梅等立断卖山场字》："自愿将到叔母先年得买之山一块，坐落地名皆在汪严，……其山股数，叔母名下所占多寡，今将出卖与姜老宝、吉春二人名下承买为业。当日凭中议定价足银二两四钱八分，收足开修应用。"③

(13)《光绪二十六年（1900）姜恩清立断卖塘字》："自愿将到先年买得姜天吉之塘一眼，……今将出卖与本房姜恩顺名下承买为业。当日凭中议［定］断价足银四两三钱八分。亲手领回应用，未欠分厘。"④

---

① 陈金全、杜万华：《贵州文斗寨苗族契约法律文书汇编——姜元泽家藏契约文书》，人民出版社 2008 年版，第 492 页。
② 孙兆霞：《吉昌契约文书汇编》，社会科学文献出版社 2010 年版，第 209 页。
③ 唐立、杨有赓、武内房司：《贵州苗族林业契约文书汇编》卷 1，东京外国语大学 2001 年版，第 1/A/247 页。
④ 唐立、杨有赓、武内房司：《贵州苗族林业契约文书汇编》卷 3，东京外国语大学 2003 年版，第 3/F/15 页。

据文意可知，上述各例"足纹银""足色银""足纹""足文""足色""足银"皆为"足色纹银"的缩略语。

【座管】当即"住座管业"的缩略语，而"住座管业"实即"住坐管业"，也就是"居住管理产业"。

在贵州契约文书中有"座管"一语。例如：

（1）《光绪三十一年（1905）龙怀碧立断卖屋字》："愿先年受分祖业座屋外前屋二间，猪牛圈再（在）内。要行出卖亲口问到堂叔龙道烈名下承买为业。其屋自卖之后，任凭买主座管修理，卖主不得异言。"①

在贵州契约文书中"住坐管业"一语多见。"住坐管业"或写作"住座管业"，如例（3）。

（2）《雍正十一年（1733）汪尔重立卖明房地基文契》："情愿将祖遗自置房屋地基贰间、天井牛椿（圈）壹个、东厮壹个，墙围在内，……凭中出卖与族侄汪世荣名下住坐管业。……自卖之后，任随族侄汪世荣子孙永远管业住坐，不许亲族人等争论言。"②

（3）《咸丰十年（1860）杨通谟立典房屋约》："立典房屋约人杨通谟。同侄光泰与龙庆远所共先年龙用英房屋一间，……要行出典。请中上门问到本寨龙兴魁名下承典为业。……其屋自典之后，任凭银主住座管业，典主不得异言。"③

（4）《同治元年（1862）马尚达立卖明房屋地基墙院文契》："立卖明房屋地基墙院文契人马尚达。……凭中上门，出卖与冯朝荣名下住坐。……自卖之后，……任随冯姓子孙永远住坐管业，马姓亲支房族以及异姓人等不得前来争论异言。"④

---

① 高聪、谭洪沛：《贵州清水江流域明清土司契约文书——九南篇》，民族出版社2013年版，第399页。
② 孙兆霞：《吉昌契约文书汇编》，社会科学文献出版社2010年版，第228页。
③ 高聪、谭洪沛：《贵州清水江流域明清土司契约文书——九南篇》，民族出版社2013年版，第305页。
④ 孙兆霞：《吉昌契约文书汇编》，社会科学文献出版社2010年版，第236页。

(5)《民国八年龙道先大井湾房屋断卖契》:"自己愿将坐屋大井湾大路坎下左边山头房屋一间。……自己请中问到堂侄运春名下承买为业。……其屋自卖之后,任凭堂侄住坐管业,堂叔子侄不得异言。"①

将例(1)之"座管"与诸例"住坐管业""住座管业"进行比对,可知"座管"当即"住座管业"的缩略语,而"住座管业"实即"住坐管业"。故"座管"即"住坐管业"。在上述诸例中"坐"即"居住"之意,所以"住坐管业"亦即"住居管业"。"住居管业"也就是"居住管业"。

贵州契约文书中见有"住居管业",如例(6)。将例(6)"住居管业"与上述诸例"住坐管业""座管"进行比对,可以进一步确证"座管"即"居住管业"。

(6)《民国六年龙道金大井湾屋地基断卖契》:"自己愿将本名得买道海之屋地基出卖一间,……自己请中上门问到族弟龙道烈名下承买为业。……其屋至(自)卖之后,任凭买[主]修整住居管业。其业不清,俱在卖主理落。"②

第二节 贵州契约文书俗语汇释

契约文书是民间文书之一,作为百姓口语的俗语,在契约文书中必然有不同程度的体现。贵州契约文书也是如此,目前所能见到的俗语尽管数量有限,但我们还是可窥其状。这些俗语的恰当使用,为略显枯燥的契约文书语言增添了灵动的色彩。本节就贵州契约文书中所见俗语,略举数例,以示一斑。请看例证。

【努力山成玉,用心土变金】努力栽种,青山会成为璞玉;用心耕耘,土地会变作黄金。比喻用心勤奋努力工作终将获得丰厚回报。

---

① 高聪、谭洪沛:《贵州清水江流域明清土司契约文书——九南篇》,民族出版社2013年版,第408页。

② 同上书,第406页。

（1）《道光二十五年（1845）王正明立合同地土字》："今有山地两处，落坐土名客烈柳利两处。其中付与本寨王乔盛名下允承栽播。言定五载，二比同耨修理。木植日后木长发卖，地主二股，栽手乙（一）股，不得异言。自是努力山成玉，用心土变金。今恐人心不古，特立合同各执一张存照。"①

"努力山成玉，用心土变金"，实为劝勉人们勤奋努力的箴言。努力栽种，青山会成为璞玉；用心耕耘，土地会变作黄金。比喻用心勤奋努力工作终将获得丰厚回报。

【橘子有瓣，核桃有间】橘子的果肉分成许多瓣，瓣与瓣之间彼此分别清楚。核桃的果肉彼此之间有间隔，区分得很明白。人们借"橘子有瓣，核桃有间"意在说明事物之间相互区别得很清楚。

（1）《光绪二十八年（1902）杂契》："协干先生几下如面。昨接琅函，为我等汪度库之山木，费尽精心，曷胜感戴。但其中情弊，不缕晰剖陈，则直以为我等真是广钱好讼、强霸害穷、造孽丧德矣。夫此方山场，姜启华原有三团，一团系得买番皎之业，转卖与姜启璜，其界址：上凭姜五十山，下抵盘路，左凭傅德万山，右凭姜文忠等七人会山，其股数全占。又一团系与姜老远所共之业，其界址：上登顶，下抵古盘路，左凭姜五十山，右凭姜启姬山，其股数二大股，姜老远占一大股，卖与姜文忠等七人会上，启华占一大股，卖与姜文浩。右一团系我先祖云字派五公等于乾隆前得买姜桂枝之业，其界址：上凭姜之正与土坎，下抵盘路，左凭姜启璜、怀傑山，右凭姜启姬、怀礼山。其股数，五公五股平占。橘子有瓣，核桃有间。各契朗然。"②

橘子的果肉分成许多瓣，瓣与瓣之间彼此分别清楚。核桃的果肉彼此之间有间隔，区分得很明白。人们借"橘子有瓣，核桃有间"意在说明

---

① 张应强、王宗勋：《清水江文书》第2辑第2册，广西师范大学出版社2009年版，第2/6/30页。

② 唐立、杨有赓、武内房司：《贵州苗族林业契约文书汇编》卷3，东京外国语大学2003年版，第3/F/37页。

事物之间相互区别得很清楚。文中意在表明"各契朗然",即各份契约都记载得很清楚,区别得很明白。

【无树不能留鸟】鸟儿依树而居。既然可以依靠生活的树没有了,那么就不能够再强迫鸟儿留下。

(1)《民国三十六年潘树光弟媳龙根翠改嫁舒培恩杜后患分书》:"今因胞弟在民国三十三年被征出外,遗下弟媳龙氏根翠孤守数年,迄今查无音信。意决(觉)殉国属实。自念无树不能留鸟,只有依法任伊择配。于[是]凭媒双方说合另嫁与舒培恩为室。"①

鸟儿依树而居。既然可以依靠生活的树没有了,那么就不能够再强迫鸟儿留下。契文用树和鸟来比喻夫妇关系,丈夫就像那可以依靠的大树,妻子是那以树为居的鸟儿。丈夫从军殉国了,妻子如同没有了大树可依的鸟儿,夫家再也不能强迫她留下来孤苦寡守终老一生。"无树不能留鸟"实属无奈,却也充满了人性关怀。

【高峰种菜,两下无缘】将蔬菜种植在高高的山峰之上,其结果势必难有收获。"高峰种菜,两下无缘",实为歇后语,可释为"双方没有缘分"。

(1)《某某卖童养媳契》:"立断卖童媳嫁婚字人某处某姓某,各兹因先年凭媒订到某某处某姓名之女为媳,过门抚养多载,尚未与儿圆婚,欲思异日利期完成,谁料儿、媳二运,六命弗合,刑克有碍,奈因高峰种菜,两下无缘。况吾子之亡,鸳鸯拆散,万难得已。"②

将蔬菜种植在高高的山峰之上,其结果势必难有收获。文中借此比喻来说明"儿、媳二运,六命弗合,刑克有碍",双方没有缘分。可见"高峰种菜,两下无缘",实为歇后语,可释为"双方没有缘分"。

【树大则枝开,人多必家分】树木粗大,就会分出许多枝芽;人口众多的门庭,必定要分家生活。

---

① 张新民:《天柱文书》,江苏人民出版社 2014 年版,第 1/166 页。
② 陈金全、杜万华:《贵州文斗寨苗族契约法律文书汇编——姜元泽家藏契约文书》,人民出版社 2008 年版,第 543 页。

(1)《民国十八年杨胜贵分关拈阄合同》："今奉父命,人众事繁,难以理料。切思树大则枝开,人多必家分,古之道也。是以弟兄商议请凭亲族合村人等,将父己置之业田产沙坡器物动用品答均分,拈阄为定。"①

树木粗大,就会分出许多枝芽;人口众多的门庭,必定要分家生活。"树大则枝开,人多必家分"是古之道,是自然与社会发展规律的必然。

【水深而分流派,树大而别枝桠】水深了就会分出支流,树大了便会长出枝杈。

(1)《民国二年王甫强弟兄二人立分关字》："立出分关字人,弟兄从无嫌隙。古云'水深而分流派,树大而别枝桠'。因之,兄弟商议自请族宗寨老均分到二兄甫强名下。是日愿受祖遗之业坐落地名坡更田一坵,把栽田下边一坵,把坎田一坵,交怀田一坵。二人共分隔近坡更之边。经凭族宗寨老均分之后,各管各业,兄无霸占弟之业,弟亦无霸占兄之业。二比情愿,不得反悔异言。"②

水深了就会分出支流,树大了便会长出枝杈。文中用"水深而分流派,树大而别枝桠"来说明兄弟分家的合理性和必然性。此语与上文"树大则枝开,人多必家分"表意相近。

【滚水下滩,永不复流;如花落地,永不复枝】滚滚流水冲下沙滩,永远不会再流回;花朵坠落大地,永远不能再长回枝头。

(1)《道光二十六年(1846)吴立贤盘圳领冲田断卖契》："如业不清,在于卖主理落。买主上田耕种管业,卖主不德议(得异)言。一卖一了,父卖子休。滚水下滩,永不服(复)流;如花落地,永不服(复)枝。"③

---

① 张新民:《天柱文书》,江苏人民出版社 2014 年版,第 1/106 页。
② 汪文学:《道真契约文书汇编》,中央编译出版社 2014 年版,第 375 页。
③ 高聪、谭洪沛:《贵州清水江流域明清土司契约文书——九南篇》,民族出版社 2013 年版,第 121 页。

"服流""服枝"当即"复流""复枝"。滚滚流水冲下沙滩,永远不会再流回;花朵坠落大地,永远不能再长回枝头。契文用形象生动的比喻,意在说明此次出卖活动一经完成,即意味着永远出卖,卖主再也无权赎回所卖之田。如果是父亲出卖的,子女亦将永远失去对所出卖标的物的所有权。此即为"一卖一了,父卖子休"。

【高坡滚石,永不归宗;水流东海,再不复转】【高坡滚石,永不回头;似水归海,再不复转】石头从高坡上滚落,永远再也不能回到原来的位置;流水归向大海,再也不能重复流转。

(1)《康熙二十二年(1683)龙国祥立断约》:"父子商议自愿将祖业水田,请中问到本寨杨传富承断。先整房族,无人承买。凭中出断与杨处为业。……其田自断之后,恁从买主开挖管业,二家不许异言番悔。如有翻悔者,买主照约理论,卖主干罪无辞。恐后有房族外人争论,卖主一面承当,不干买主之事。似高坡滚石,永不归宗;水流东海,再不复转。上凭青天,下凭鬼神。"①

(2)《乾隆五十四年(1789)龙宗玉立永远断卖田契约》:"情愿将自己面祖业,……土名洞头溪边冲水田大小五坵,……连荒坪在内,要行出断。先佭本房无人承受,然后请中问到本寨龙大儒、龙大权二人兄弟承断为业。……其田自卖之后,恁从买主下田耕种开垦,子孙世代照约管业,不许房族内外人等弟兄相干。其田倘有来路不明,在于卖主向前理落,不与买主之事。此系二比愿买愿卖。当日凭有酒席画字。一卖一了,二卖子休。如高坡滚[石],永不回头;似水归海,在(再)不复转。日后子孙纵有黄金,不得归赎。"②

在民间交易活动中,"卖"有"活卖"和"绝卖"之分。"活卖"指标的物卖后双方约定可以回赎之卖。"绝卖"指标的物卖后双方约定永远不可以赎回之卖。"绝卖"又称"杜卖""断卖"。

---

① 高聪、谭洪沛:《贵州清水江流域明清土司契约文书——亮寨篇》,民族出版社 2014 年版,第 67 页。

② 高聪、谭洪沛:《贵州清水江流域明清土司契约文书——九南篇》,民族出版社 2013 年版,第 103 页。

对比例（1）、例（2）可知："高坡滚石，永不归宗；水流东海，再不复转"当即"高坡滚[石]，永不回头；似水归海，在（再）不复转"。石头从高坡上滚落，再也不能回到原来的位置；流水归向大海，再也不能重复流转。契文以此俗语为喻，意在说明此次出卖意味着永远出卖。就像例（2）所言，纵使日后卖主有了多余的钱财，也不能够再赎回田地。

第二章

贵州契约文书几组同义词语考察

契约文书是起证明作用的文字凭证，这就要求其在语言文字的表达上做到准确、清楚。契约文书作为一种特定的应用文体，功能古今一致，其构成要素严谨固定。例如，土地等买卖契约文书大抵是按照这样的基本内容、行文顺序进行表达的：立契的买主或卖主的姓名，土地的来源或性质，出卖土地的原因、态度（自愿），所卖土地的名称、面积及坐落界限，议定交易价格，交付土地、钱款等的方式，卖主声明交易没有任何纠葛，违约的处罚措施，其他附带情况的说明，信誉凭证的表述，立契人、见证人、担保人、书写人姓名及签字画押，有的契约还附有相关材料，等等。基本固定的构成要素促使表达的句式结构也趋于固定化。

清楚了契约严谨固定的格式之后，我们便会发现千差万别的契文内容，其实只是不同形式的语词在同样的框架格式中的重新组合而已。所以，当我们以契约固有的格式为依据，去认识理解每一份契约时，就能够从中发掘出丰富的同义词语，进而形成各种语义类别的同义词语系统。对贵州契约文书进行词汇研究，"同义类聚"的方法无疑是非常有效的。

"同义类聚"的"类"是指语义类属，即"语义场"。居于同一语义场中的词语常常来源于同样的语境，即从言语链的相同的环节中提炼、聚合而得。上文提到，契约文书的结构彼此极为相似，我们不妨把这些结构上相似度非常高的契约视作一条条活的言语链，从这些链条相似的环节里提取出一个又一个的独立的词语，然后把他们聚合在一起，就可以形成一个又一个具有某一意义类属的语义场。语义场中每个词语成员的意义和功能都大致相当。在语义场中我们可能会遇到一些陌生的词语，但没有关系，通过熟悉的词语的"引荐"，陌生者终将会被认知[1]。

---

[1] 张小艳：《敦煌书仪语言研究》，博士学位论文，浙江大学，2004 年。

"由于契约文书数量极其丰富，在对契约文书词义的考索中，针对材料的特殊性，充分利用其语义表达及句式结构特点，通过相互对照比较，就能够得到一个或一组词语意义的解释。"[①]

在贵州契约文书中，具有某一意义类属的语义场的数量众多。透过这些同义词语系统，可以管窥贵州契约文书在表情达意时语言丰富性之一斑。这里我们使用"同义类聚"的方法，对贵州契约文书中的几类同义词语系统进行了探究，希望这一尝试能够有利于发掘出更多的同义词语系统，能够为词义的考释提供可能与条件。

第一节 "到达"类词语研究

以《吉》《姜元泽》《九南》《苗》《天柱》五种契约文书资料为研究对象，依据贵州契约文书的固定格式，采用"同义类聚"的方法，对贵州契约文书中表达"到达"意义的词语进行研究，可知贵州契约文书在表达"到达"这一意义时，使用了丰富多样的词语。有单音节的，如"至""抵""凭""登""依""着""到""已""顶"；有二字结构的，如"至凭""抵凭""至抵"等词语。试作分析如下。

【至】

（1）《乾隆二年（1737）程国珍同子朝圣立卖明水田文契》："情愿将祖父遗下科田贰块，地名坐落坟底下，东至沟，南至田家田，西至田家田，北至冯家田，四至分明。"[②]

（2）《道光廿年（1840）姜庚西卖木契》："又对面溪一块，上抵路，下至溪，左右凭张姓之木为界，四至分明。"[③]

（3）《同治元年（1862）范本顺等分山合同》："界：东至范本性之田角，西至河，左抵姜世模山，右抵四公共之山，四趾分明。"[④]

[①] 黑维强、高岩：《清朝契约文书之"比日"考》，《汉语史研究集刊》2015年第19辑。

[②] 孙兆霞：《吉昌契约文书汇编》，社会科学文献出版社2010年版，第2页。

[③] 陈金全、杜万华：《贵州文斗寨苗族契约法律文书汇编——姜元泽家藏契约文书》，人民出版社2008年版，第359页。

[④] 同上书，第444页。

(4)《光绪七年（1881）姜老条卖木契》："其田界限：左凭地主之山，右凭田角以毫（壕）沟为界，上抵沟，下至溪。"①

(5)《光绪三十四年（1908）姜世美父子借当契》："地名保中抱，界至：上凭山，下抵仓平，左右凭坡，四抵分清。"②

例（1）在表达田块四方界限时使用的动词均是"至"，而在例（2）—（5）中除了"至"，又使用到了"抵""凭"。通过对比，可以断定"抵""凭"当与"至"义同，即均为"到达"之意。

【抵】

(6)《嘉庆二年（1797）姜廷望等分山合同》："其界：上抵顶，下抵大溪，左凭姜廷盛冲，右凭姜明岭。"③

(7)《嘉庆六年（1801）龙美保卖木契》："其界左抵光显之木，右抵保生之木，上凭保二之木，下凭路，四至分明，并不错杂。"④

(8)《道光九年（1829）姜士模卖鱼塘契》："自愿将到中寨大塝坎下鱼塘一口，内抵沟，外抵坎，左抵水沟，右抵菜园与路，四至分明。"⑤

(9)《同治三年（1864）陈思畴立杜卖明科田文契》："坐落地名吴家地，东抵沟与冯姓田，南抵买主田，西抵沟，北抵陈冯二姓田，四至分明。"⑥

(10)《民国三年姜登选卖园基契》："界限：上凭三老家之共山，下抵买主，左凭三老家，右凭买主屋，四抵分清。"⑦

"抵"又写作"低""底"等。例如：

---

① 陈金全、杜万华：《贵州文斗寨苗族契约法律文书汇编——姜元泽家藏契约文书》，人民出版社2008年版，第463页。
② 同上书，第507页。
③ 同上书，第58页。
④ 同上书，第68页。
⑤ 同上书，第259页。
⑥ 孙兆霞：《吉昌契约文书汇编》，社会科学文献出版社2010年版，第28页。
⑦ 陈金全、杜万华：《贵州文斗寨苗族契约法律文书汇编——姜元泽家藏契约文书》，人民出版社2008年版，第520页。

(11)《光绪三十二年（1906）冯李氏同子法贵立卖明菜园文契》："今将祖父遗留分授本己名下菜园乙（一）厢，坐落名汪家园路坎上边，其地四至：东低田姓地，南低买主地，西低马姓地，北低路，四至分明为界。"①

(12)《嘉庆二十二年（1817）汪朝德立卖明科田文契》："为因乏用，只得请凭中上门，将祖父遗留自己明（名）下田壹块，地明（名）坐落坟底下，东至南至北至一概抵冯姓田，西底石姓田，四至分明。"②

例（8）、例（9）、例（11）在表达四方界限时使用的动词均是"抵"，而例（6）、例（7）、例（10）、例（12）中除"抵"外，还有"凭""至"。对比可知"抵"当与"凭""至"义同，即均为"到达"之意。

【凭】

(13)《嘉庆七年（1802）姜映辉、老四招龙光地佃种契》："其山界至：上凭顶，下凭胞瑾之山，左凭岭，右凭冲，四至分明。"③

(14)《道光十二年（1832）姜壁彰佃契》："其山界限：上凭水沟，下抵溪，左凭绍周，右凭溪，四至分明。"④

(15)《道光十四年（1834）姜氏香娇母子卖田契》："其田上凭廷映之田，下抵绍恒之田，左抵水沟，右抵载渭之田。"⑤

(16)《咸丰九年（1859）范炳贤、炳璨、炳文兄弟佃契》："地名四里塘，界至：上凭顶，下抵河边，左凭世德之山，右凭岩湾四公山为界，四至分清。"⑥

(17)《同治十年（1871）张益孟佃契》："其山界趾：上凭埂

---

① 孙兆霞：《吉昌契约文书汇编》，社会科学文献出版社2010年版，第222页。
② 同上书，第9页。
③ 陈金全、杜万华：《贵州文斗寨苗族契约法律文书汇编——姜元泽家藏契约文书》，人民出版社2008年版，第69页。
④ 同上书，第290页。
⑤ 同上书，第311页。
⑥ 同上书，第434页。

路,下凭小盘路抵世俊之共山,左凭冲以黄冈之山为界,右凭冲,四抵分清。"①

"凭"又写作"坪""平"等。

(18)《道光五年(1825)杨孝经对门荒坡断卖契》:"自己愿将祖业坐落土名对门坊坡一块,上坪正用茶山为界,右坪龙怀山边为界,左坪水毫为界,下坪显朝田坎上为界。四至分明,要行出断。"②

(19)《道光十一年(1831)杨正朝冲归神茶山断卖契》:"上平正坤地脚为界,下平杉山地,左平岭为界,右平熊姓山头破领为界。四至分明,要行出断。……"③

例(13)、例(18)、例(19)在表达四方界限时使用的动词均是"凭",而例(14)—(17)中除用"凭"外,还有"抵"。对比可知"抵"当与"凭"义同。

【登】

(20)《乾隆五十二年(1787)姜老兰同弟应祖立卖杉木山场契》:"自愿将祖遗杉山,……上登顶,下至犁嘴半坡,左凭国彰,右凭冲,四至分明。"④

(21)《嘉庆四年(1799)姜起琏立卖杉木并地约》:"其山界至:上登岭,下抵溪,左凭廷举山分界,右凭廷英山分界,四至分明。"⑤

(22)《嘉庆二十四年(1819)姜绍祖卖木契》:"其山界:左平

---

① 陈金全、杜万华:《贵州文斗寨苗族契约法律文书汇编——姜元泽家藏契约文书》,人民出版社2008年版,第459页。
② 高聪、谭洪沛:《贵州清水江流域明清土司契约文书——九南篇》,民族出版社2013年版,第15页。
③ 同上书,第23页。
④ 唐立、杨有赓、武内房司:《贵州苗族林业契约文书汇编》卷1,东京外国语大学2001年版,第1/A/37页。
⑤ 同上书,第1/A/58页。

（凭）木洪路，右平（凭）溪，上登岩梁过盘路，下至岩梁抵小溪为界，四至分明。"①

（23）《道光十三年（1833）龙文品、龙光渭佃契》："界至：上登顶，下抵田沟，左凭冲，右凭岭下以浪沟为界。"②

（24）《道光二十九年（1849）姜祖送、生春弟兄立卖杉木山场约》："其山界限：上登凹，下至油山为界，左凭领（岭）与启儒所栽为界，右凭冲，四至分明。"③

例（20）、例（22）、例（24）在表达四方界限时均使用了动词"登""至""凭"，例（21）、例（23）在表达四方界限时均使用了动词"登""抵""凭"，故可断定"登"当与"抵""凭""至"义同，即"登"亦有"到达"之意。

【依】

（25）《乾隆三十九年（1774）姜国才立断卖杉山约》："呼眼对岳：左凭冲，右凭岭，上依界至，下凭木路。"④

（26）《道光二十二年（1842）姚玉榜立卖墦土》："自愿将到土名大客墦土一团，上依古路为界，下［依］田坎为界，左依坟山为界，右依龙朝鳌杉木为界，四至分明。"⑤

（27）《道光二十五年（1845）姚上朝卖墦土契》："自愿将到土名冲重墦土一冲，上依买主土为界，下依舍光土为界，左依岭为界，右依龙茂锦柴山为界，四至［分］明。"⑥

（28）《光绪二年（1876）姜神赖立卖山场字》："其山界限：上至二小脑以凹冲凭东佐山为界，下凭凹路依冲至宗海荒坪为界，左凭

---

① 陈金全、杜万华：《贵州文斗寨苗族契约法律文书汇编——姜元泽家藏契约文书》，人民出版社2008年版，第175页。

② 同上书，第304页。

③ 唐立、杨有赓、武内房司：《贵州苗族林业契约文书汇编》卷1，东京外国语大学2001年版，第1/A/209页。

④ 同上书，第1/A/13页。

⑤ 张新民：《天柱文书》，江苏人民出版社2014年版，第11/32页。

⑥ 同上书，第11/33页。

海珑鸠敖田角，右凭克顺里党田角小冲为界，四至分明。"①

（29）《光绪八年（1882）姜发在弟兄二人立断卖山场杉木约》："界限：上登顶以小坳为界，下抵唐姓久乌深加田，左凭冲，右依松衣田坎下冲至溪为界，四至分明。"②

例（26）、例（27）在表达四方界限时使用的动词均是"依"，而例（25）、例（28）、例（29）中除"依"外，还有"凭""抵""登""至"。对比可知"依"当与"凭""抵""登""至"义同，即亦有"到达"之意。

【着】

（30）《同治六年（1867）彭启发立卖山场杉木字》："其山界：上着刀尖，下凭盘路，左凭岭以四十户山为界，右凭坟山翻过以彭渭保之山为界，四至分明。"③

（31）《光绪二十八年（1902）姜海治等分山分林分银合同》："我等此山界限，上凭土恳抵着姜、杨二姓山，下抵路，左凭姜正荣等之山，又凭海治、为宏之山，四抵朗然。"④

（32）《嘉庆十六年（1811）姜老典立断卖山场约》："此山界限：上至刀尖以坪为界，下至乌思西溪，左凭文勋山以下凭岩嘴，右凭启姬山小冲为界。"⑤

（33）《道光二十七年（1847）唐老玉立卖山场杉木约》："坐落地名皆也冲斗，左凭国玉之山以冲为界，右凭必彰之杉木以冲为界，

---

① 唐立、杨有赓、武内房司：《贵州苗族林业契约文书汇编》卷2，东京外国语大学2002年版，第2/B/202页。

② 唐立、杨有赓、武内房司：《贵州苗族林业契约文书汇编》卷1，东京外国语大学2001年版，第1/A/239页。

③ 同上书，第1/A/226页。

④ 唐立、杨有赓、武内房司：《贵州苗族林业契约文书汇编》卷3，东京外国语大学2003年版，第3/E/70页。

⑤ 唐立、杨有赓、武内房司：《贵州苗族林业契约文书汇编》卷1，东京外国语大学2001年版，第1/A/86页。

上凭水沟与（以）田为界，下凭刀尖以与为界，四至分明。"①

（34）《道光二十九年（1849）姜普略立卖杉木并地约》："情愿将到杉山一块，坐落地名污荼溪眼打野，界限：上凭刀尖，下抵溪，左凭东兴与启书为界，右凭亦启书与启光为界，四至分明。"②

例（30）、例（31）在表达四方界限时除了使用"凭"与"抵"外，还使用了动词"着"，对比可知"着"当与"凭""抵"义同，即亦有"到达"之意。在例（32）—（34）中同样是表达到达"刀尖"这个界限，使用的动词则是"至""凭"，通过对比可进一步确认"着"亦可释作"到达"。

【到】

（35）《道光廿年（1840）姜庚西卖木契》："自愿将到地名污容溪口杉木壹块，界至：上凭龙涯云，下凭溪，左凭庸姓之木，右到刘福与之木。"③

例（35）中在表达四方界限时使用了动词"至""凭""到"。"到"与"至"皆为"到达"之意，故可知"凭"确有"到达"之意。

【已】

（36）《乾隆三拾五年（1770）姜士凤卖荒田契》："外批：此田之界至，上平（凭）坡，下至本田，左已领（岭），右已沟，四至分明。"④

例（36）四至界限表达除使用了"平"（"凭"）、"至"外，还用到了"已"，对比可知"已"当与"凭""至"义同，即"到达"之意。这

---

① 唐立、杨有赓、武内房司：《贵州苗族林业契约文书汇编》卷2，东京外国语大学2002年版，第2/B/147页。

② 同上书，第2/B/158页。

③ 陈金全、杜万华：《贵州文斗寨苗族契约法律文书汇编——姜元泽家藏契约文书》，人民出版社2008年版，第359页。

④ 同上书，第17页。

里的"已"当为"倚"或"依"的借音字。

【顶】

(37)《嘉庆十二年(1807)唐德身、张和位、李元高三人立分杉木合同约》:"上顶岭,下至半冲,左右凭冲,四至分明。凭中言定杉木二股均分,主家占一股,栽手三人占一股。"①

将"上顶岭"与"下至半冲""左右凭冲"进行比对,可知"顶"当与"至""凭"义同,均为"到达"之意。

【至凭】【抵凭】【至抵】

(38)《嘉庆五年(1800)陆登奇立断坡约》:"愿将自己祖业,……东至凭买主为界,南至凭陆万才火路为界,西抵凭买主为界,四至分明。"②

(39)《嘉庆八年(1803)龙永贵、龙德高二人立断卖柴山坡杉树核桃约》:"愿将祖业坐落土名对门坡背柴山杉树核桃一块,……东至平(凭)茶山地埂,南至平(凭)茶山地脚为界,西抵平(凭)进海山头为界,北至平(凭)冲边为界。"③

(40)《乾隆四十五年(1780)汪子龙立卖明水田文契》:"将祖父遗留分受(授)自己水田壹块,坐落地名军轮屯,东至抵本宅田,南至抵辜宅田,西至本主田,北至本宅田,四至分明界址。"④

(41)《道光二十九年(1849)汪兴贵同弟兴有立卖明菜园文契》:"将祖父遗留分受(授)分内名下菜园一箱(厢),其地四至:东至底田宅地,南至底路,西至底田汪姓地,北至底本宅地,四至分明。坐落地明(名)汪家园。"⑤

---

① 唐立、杨有赓、武内房司:《贵州苗族林业契约文书汇编》卷2,东京外国语大学2002年版,第2/C/12页。
② 高聪、谭洪沛:《贵州清水江流域明清土司契约文书——九南篇》,民族出版社2013年版,第3页。
③ 同上书,第4页。
④ 孙兆霞:《吉昌契约文书汇编》,社会科学文献出版社2010年版,第4页。
⑤ 同上书,第213页。

观察契文例（38）—（41）可见：例（38）"至凭"，或写作"至平"，如例（39）；例（38）"抵凭"，或写作"抵平"，如例（39）；例（40）"至抵"，或写作"至底"，如例（41）。皆同于"至"，均为"到达"之意。

综上，贵州契约文书在表达"到达"这一意义时，使用了丰富多样的词语。有单音节的，有二字结构的。这一方面因为贵州契约文书书成众手，容易将个人的或个人生活居住地的用词用语融入其中；另一方面，也与固定化的套语结构密切相关。有些词语的意义，尽管脱离语境，单纯比对，算不上真正的同义词，如"登"与"凭"，而一旦被用进固定化的套语结构中，便具有了义同的条件。如在上文"上凭……下抵……"这个套语结构中，有的书写人用"登"换下了"凭"，此种语境情形下再看"登"和"凭"，便有了义同的根据。

第二节 "任凭"类词语研究

以《苗》《清水江》《姜元泽》《吉》《天柱》《九南》《亮寨》《道真》八种契约文书资料为研究对象，依据贵州契约文书的固定格式，采用"同义类聚"的方法，对贵州契约文书表达"任凭"这一意义的词语进行研究，可知贵州契约文书表达"任凭"这一意义时，使用了丰富多样的词语。有单音节的，如"任""恁""凭""随"等；有二字结构的，如"任凭、恁凭、任从、恁从、凭从、应从、愿从、应凭、听凭、任由、恁由、信凭、愿凭、任随、恁随、凭随、随凭、凭凭、任恁、壹任、恁意"等；有三字结构的，如"恁随意"。试作分析如下。

【任】

（1）《嘉庆十九年（1814）姜英弟兄立卖山场杉木》："自卖之后，任叔照老契理，日后弟兄不得反悔异言。"[①]

（2）《道光十五年（1810）姜朝广立断卖山场杉木字》："其山

[①] 唐立、杨有赓、武内房司：《贵州苗族林业契约文书汇编》卷1，东京外国语大学2001年版，第1/A/102页。

场杉木自卖之后，任买主修理管业，卖主不得异言。"①

（3）《光绪九年（1883）姜宗祥母子立断卖山场杉木字》："其山自卖之后，其山或有阴地，恁凭买主取讨进葬，山场杉木任买主照契管业，卖主并付户人家等，不得异言。"②

（4）《民国五年石宝林、石庆林、使香林立卖明科田文契》："自卖之后，任祥林子孙永远管业，保林弟兄三人子孙不得争论异言，亦无找补等弊。"③

诸例"任"皆可释作"任凭"。在例（3）中"恁凭"与"任"同现，对比可证"恁凭"当与"任"义同，当可释作"任凭"。

【恁】

（5）《嘉庆四年（1799）姜宗海、姜老常兄弟立卖山场并杉木约》："当即议定价银一两六钱，入手收用。自今卖后，恁买主管业，卖主不得妄言。"④

（6）《道光二十六年（1846）起规立断卖屋基字》："其屋自卖之后，恁叔管业，侄不得异言。"⑤

（7）《同治七年（1868）姜凌云弟兄叔侄等立清白字》："自此之后，恁凭买主照契管业，卖主叔侄等不得异言。倘有日后借故生端翻（反）覆，恁买主执此清白字赴官，自干不便。"⑥

（8）《民国七年姜交贤断卖山场杉木字》："自卖之后，恁买主修

---

① 唐立、杨有赓、武内房司：《贵州苗族林业契约文书汇编》卷1，东京外国语大学2001年版，第1/A/177页。
② 陈金全、杜万华：《贵州文斗寨苗族契约法律文书汇编——姜元泽家藏契约文书》，人民出版社2008年版，第9页。
③ 孙兆霞：《吉昌契约文书汇编》，社会科学文献出版社2010年版，第67页。
④ 张应强、王宗勋：《清水江文书》第2辑共10册，广西师范大学出版社2009年版，第2/1/19页。
⑤ 高聪、谭洪沛：《贵州清水江流域明清土司契约文书——亮寨篇》，民族出版社2014年版，第255页。
⑥ 唐立、杨有赓、武内房司：《贵州苗族林业契约文书汇编》卷3，东京外国语大学2003年版，第3/F/34页。

理管业，卖主不得异言。"①

（9）《民国十一年姜戎清断卖田字》："自卖之后，恁买主耕种管业，卖主日后不得翻悔异言。"②

对比诸例"任"，可知各例"恁"皆与"任"义同，"任"即"任凭"，故"恁"亦可释作"任凭"。例（7）中"恁凭"与"恁"同现，可证"恁"当同于"恁凭"，实即"任凭"之意。

【随】

（10）《道光十二年（1832）范锡龄立卖栽手杉木字》："自卖之后，随在主家修理管业，卖主一切不得异言。"③

（11）《道光十八年（1838）龙玉宏等立分合同字》："至于客榖存在境内，随客所喜，伸众交存，以免失遗客榖数目。"④

（12）《咸丰六年（1856）姜大兴佃契》："自佃之后，随佃户耕种。"⑤

根据文意，将三例中之"随"换作"任凭"的"任"，文意亦通。可知以上诸例"随"皆可释作"任凭"。

【凭】

（13）《嘉庆十九年（1814）禾香借当契》："自己问到文斗下寨姜映辉名下借本银十伍两正，入手收用。自愿将到地名南丢也党田一坵，作当其银。将田内之谷每年以四百斤作利，其银无利钱。十五两

---

① 张应强、王宗勋：《清水江文书》第 1 辑共 13 册，广西师范大学出版社 2007 年版，第 1/13/184 页。

② 同上书，第 1/13/192 页。

③ 唐立、杨有赓、武内房司：《贵州苗族林业契约文书汇编》卷 2，东京外国语大学 2002 年版，第 2/B/97 页。

④ 唐立、杨有赓、武内房司：《贵州苗族林业契约文书汇编》卷 3，东京外国语大学 2003 年版，第 3/F/44 页。

⑤ 陈金全、杜万华：《贵州文斗寨苗族契约法律文书汇编——姜元泽家藏契约文书》，人民出版社 2008 年版，第 427 页。

现在，利不可短少。如有短少，凭银主下田耕种管业。"①

（14）《道光元年（1821）立补田约人姜启翠》："其田凭银主耕种管业。其有条丁照老契完纳。"②

根据文意，不难判定两例中的"凭"即"任凭"之意。所谓"凭银主"即"任凭银主"，"其田凭银主耕种管业"即"其田任凭银主耕种管业"，"凭银主下田耕种管业"即"任凭银主下田耕种管业"。

【任凭】

（15）《乾隆三十年（1765）姜老岩卖仓廒契》："其仓自卖之后，任凭买主管业，卖主不得异言。"③

（16）《道光元年（1821）姜起翠立断卖田约》："其田自卖后，任凭买主管业，卖主不得异言。"④

（17）《光绪十四年（1888）姜秉智、姜作梅卖山场杉木字》："自卖之后，任凭买主管业，卖主不得异言。"⑤

"任凭"或写作"任平、壬凭、忍凭"。例如：

（18）《嘉庆二十四年（1819）唐老福、姜国相二人立卖杉木约》："任平买主管业，卖主并无异言。"⑥

（19）《民国囗六年杨龙氏冲放核桃山断卖契》："其囗囗卖之后，壬

---

① 陈金全、杜万华：《贵州文斗寨苗族契约法律文书汇编——姜元泽家藏契约文书》，人民出版社 2008 年版，第 139 页。

② 唐立、杨有赓、武内房司：《贵州苗族林业契约文书汇编》卷 3，东京外国语大学 2003 年版，第 3/D/30 页。

③ 陈金全、杜万华：《贵州文斗寨苗族契约法律文书汇编——姜元泽家藏契约文书》，人民出版社 2008 年版，第 9 页。

④ 唐立、杨有赓、武内房司：《贵州苗族林业契约文书汇编》卷 3，东京外国语大学 2003 年版，第 3/D/5 页。

⑤ 张应强、王宗勋：《清水江文书》第 1 辑共 13 册，广西师范大学出版社 2007 年版，第 1/13/154 页。

⑥ 唐立、杨有赓、武内房司：《贵州苗族林业契约文书汇编》卷 2，东京外国语大学 2002 年版，第 2/B/58 页。

凭买□□管业，买主不清，居在卖□□落。不关买主之是（事）。"①

（20）《民国三十四年田断卖契》："自卖之后，忍凭买主下田写坎管业，卖主不得异言。"②

"平"与"凭"音同，"壬、忍"与"任"音近，可见将"任凭"写作"任平、壬凭、忍凭"应是借音作用的结果。

【恁凭】

（21）《乾隆三十一年（1766）姜保苟立卖山场杉木约》："其山场杉木自卖之后，恁凭买主修理管业，卖主不得异言。"③

（22）《嘉庆十八年（1813）陆在清立卖荒坡契约》："自断之后，恁凭银主管业，不得异言。"④

（23）《道光八年（1828）姜故蛮卖山场杉木字》："自卖之后，恁凭买主修理管业。"⑤

（24）《道光十九年（1839）姜显祖父子立断卖杉木字》："其杉木自卖之后，恁凭买主修理管业，卖主房族不得异言。"⑥

（25）《民国三十四年龙绍贤市梓笼坎上田断卖契》："此山自卖之后，恁凭买主耕种管业。"⑦

将诸例"恁凭"与"任凭"进行比对，可以判定"恁凭"的意义当

---

① 高聪、谭洪沛：《贵州清水江流域明清土司契约文书——九南篇》，民族出版社 2013 年版，第 84 页。
② 同上。
③ 唐立、杨有赓、武内房司：《贵州苗族林业契约文书汇编》卷 1，东京外国语大学 2001 年版，第 1/A/6 页。
④ 陈金全、杜万华：《贵州文斗寨苗族契约法律文书汇编——姜元泽家藏契约文书》，人民出版社 2008 年版，第 9 页。
⑤ 张应强、王宗勋：《清水江文书》第 1 辑共 13 册，广西师范大学出版社 2007 年版，第 1/13/146 页。
⑥ 唐立、杨有赓、武内房司：《贵州苗族林业契约文书汇编》卷 2，东京外国语大学 2002 年版，第 2/B/2 页。
⑦ 陈金全、杜万华：《贵州文斗寨苗族契约法律文书汇编——姜元泽家藏契约文书》，人民出版社 2008 年版，第 9 页。

与"任凭"相同。故"恁凭"当可释作"任凭"。

【恁从】

(26)《乾隆三十二年（1767）姜文进、姜文彬二人立卖杉木山地契》："其山木自卖之，恁从买主子孙永远蓄禁管业，而卖主房族人等不得异言。"①

(27)《嘉庆四年（1799）吴得友立典田约》："其田自典之后，恁从典主耕种管业。"②

(28)《嘉庆八年（1803）龙永贵、龙德高立断卖柴山坡杉树核桃约》："自断之后，恁从买主管业，不许外人争论。"③

(29)《道光九年（1829）姜国召弟兄立断卖田约》："其田自卖后，恁从买主管业，卖主不得异言。"④

(30)《道光二十六年（1846）范绍粹立断卖山场杉木字约》："其山场杉木自卖之后，恁从买主修理管业，卖主不得异言。"⑤

对比各例"恁从"与"任凭"，可以判定"恁从"当同于"任凭"。"恁从"亦可释作"任凭"。

【任从】

(31)《乾隆十三年（1748）姜善字、银花兄弟卖木契》："自卖之后，任从买主管业，卖主兄弟不得异［言］。"⑥

---

① 唐立、杨有赓、武内房司：《贵州苗族林业契约文书汇编》卷1，东京外国语大学2001年版，第1/A/7页。
② 高聪、谭洪沛：《贵州清水江流域明清土司契约文书——亮寨篇》，民族出版社2014年版，第187页。
③ 高聪、谭洪沛：《贵州清水江流域明清土司契约文书——九南篇》，民族出版社2013年版，第4页。
④ 唐立、杨有赓、武内房司：《贵州苗族林业契约文书汇编》卷3，东京外国语大学2003年版，第3/D/6页。
⑤ 唐立、杨有赓、武内房司：《贵州苗族林业契约文书汇编》卷2，东京外国语大学2002年版，第2/B/145页。
⑥ 陈金全、杜万华：《贵州文斗寨苗族契约法律文书汇编——姜元泽家藏契约文书》，人民出版社2008年版，第3页。

(32)《嘉庆十七年（1812）姜映林立佃栽杉木字》："倘不成林，任从众人管理抵当之木，不得异言。"①

(33)《道光三年（1823）姜本兴立断卖油山字》："其山自卖之后，任从堂叔众等修理管业，卖主不得异言。"②

(34)《光绪二十一年（1895）龙嗣举与龙兴爵立拨限钱字》："其业任从吴杨二姓发卖，父子不得异言。"③

(35)《民国三十八年刘修海等三人立契卖山场字》："自卖之后，任凭买主开基竖造安葬，卖主不得异言。任从买主子孙永远耕管。"④

将诸例"任凭"与"任从"进行比对，不难发现"任从"所表达的语义实与"任凭"相同。例（35）中"任凭"与"任从"同现，可为二者意义相同的确证。

【凭从】

(36)《乾隆三十二年（1767）姜应保卖田契》："自卖之后，凭从买主子孙管业，卖主兄弟以并外人亦不得异言翻悔。"⑤

(37)《乾隆五十八年（1793）姜廷料卖田契》："其田自卖之后，凭从买主耕种管业，卖主弟兄不得异言。"⑥

将两例"凭从"与诸例"任凭"进行比较，可以确定"凭从"实同于"任凭"。例（36)"凭从买主子孙管业"亦即"任凭买主子孙管业"。

---

① 唐立、杨有赓、武内房司：《贵州苗族林业契约文书汇编》卷2，东京外国语大学2002年版，第2/C/17页。

② 唐立、杨有赓、武内房司：《贵州苗族林业契约文书汇编》卷3，东京外国语大学2003年版，第3/F/1页。

③ 高聪、谭洪沛：《贵州清水江流域明清土司契约文书——亮寨篇》，民族出版社2014年版，第201页。

④ 张新民：《天柱文书》，江苏人民出版社2014年版，第8/281页。

⑤ 陈金全、杜万华：《贵州文斗寨苗族契约法律文书汇编——姜元泽家藏契约文书》，人民出版社2008年版，第10页。

⑥ 同上书，第48页。

【听凭】

(38)《光绪二十八年（1902）杂契（诉讼中之信件）》："我辈年老，管业之日无多，彼之情理计谋，如此恶毒，禀之递与不递，听凭汝等可也。"①

(39)《（时间不详）邹庆铭立出抵当文约》："情因弟兄将先人遗业分派成股，补拨均匀。凭中议定该补长房庆兰五人等之价值钱十千文整。……倘到期无钱，听凭长房上耕。"②

对比"任凭"诸例，可知"听凭"实亦与"任凭"义同。

【应凭】

(40)《乾隆三十四年（1769）姜引番立卖山场字》："出卖之后，应凭买主管业。"③

(41)《嘉庆十四年（1809）姜老样卖田契》："自卖之后，应凭买主耕种，卖主不得异言。"④

(42)《道光元年（1821）姜光儒立卖山场杉木字》："自卖之后，应凭买主管业修理，卖主不得异言。"⑤

将"应凭"例与"任凭"例进行比对，不难判定"应凭"当同于"任凭"。例(40)"应凭买主管业"实即例(15)、例(16)"任凭买主管业"。"应凭"或写作"应平"，如例(43)、例(44)。

(43)《道光十二年（1832）姜宏章卖山契》："其地土山自卖之

---

① 唐立、杨有赓、武内房司：《贵州苗族林业契约文书汇编》卷3，东京外国语大学2003年版，第3/F/38页。

② 汪文学：《道真契约文书汇编》，中央编译出版社2014年版，第281页。

③ 唐立、杨有赓、武内房司：《贵州苗族林业契约文书汇编》卷1，东京外国语大学2001年版，第1/A/11页。

④ 陈金全、杜万华：《贵州文斗寨苗族契约法律文书汇编——姜元泽家藏契约文书》，人民出版社2008年版，第108页。

⑤ 唐立、杨有赓、武内房司：《贵州苗族林业契约文书汇编》卷1，东京外国语大学2001年版，第1/A/138页。

后，应平买主管业，卖主不得异言。"①

（44）《嘉庆十年（1805）姜廷华断卖田约》："至卖之后，应平买主官（管）业。"②

【应从】

（45）《嘉庆二十一年（1816）姜保伍父子立断卖山场杉木契》："自卖之后，应从买主管业，卖主房族弟兄不得异言。"③

（46）《嘉庆廿四年（1819）姜映科等卖木契》："其山自卖之后，应从买主管业，卖主并房族日后不得异言。"④

（47）《道光元年（1821）姜本兴立卖山场杉木约》："自卖之后，应从堂兄管业，我不得异言。"⑤

（48）《道光十二年（1832）姜朝广、姜万兴兄弟卖田契》："其田自卖之后，应从买主下田耕种管业，卖主弟兄不得异言。"⑥

对比"应从"与"任凭"诸例，可知"应从"当同于"任凭"。"应从买主管业"实即"任凭买主管业"。

【任由】

（49）《嘉庆十五年（1810）姜昌太卖山契》："其山任由买主管

---

① 陈金全、杜万华：《贵州文斗寨苗族契约法律文书汇编——姜元泽家藏契约文书》，人民出版社 2008 年版，第 297 页。
② 张应强、王宗勋：《清水江文书》第 1 辑共 13 册，广西师范大学出版社 2007 年版，第 1/10/60 页。
③ 唐立、杨有赓、武内房司：《贵州苗族林业契约文书汇编》卷 1，东京外国语大学 2001 年版，第 1/A/114 页。
④ 陈金全、杜万华：《贵州文斗寨苗族契约法律文书汇编——姜元泽家藏契约文书》，人民出版社 2008 年版，第 180 页。
⑤ 唐立、杨有赓、武内房司：《贵州苗族林业契约文书汇编》卷 1，东京外国语大学 2001 年版，第 1/A/143 页。
⑥ 陈金全、杜万华：《贵州文斗寨苗族契约法律文书汇编——姜元泽家藏契约文书》，人民出版社 2008 年版，第 285 页。

业，卖主不得异言。"①

(50)《道光二十四年（1844）姜通义同侄光宗、承宗立断卖山场杉木约》："其山任由买主管业，日后合同一纸，以为日后柄照。"②

比对"任由"与"任凭"各例，可知"任由"当同于"任凭"。例（49）"任由买主管业"实为"任凭买主管业"。

【恁由】

(51)《民国二十三年吴兴让卖阴地契》："其阴地恁由杨姓子孙进葬，吴姓不得言说。祭扫永远发达，万代兴隆。安葬以后，有亲族言论，自有卖主向前里直（理直），不有买主相干。"③

(52)《民国三十年张玉林、张玉贵卖基地山土阴阳二宅桐茶五色杂木等契》："其山土基地恁由买主子孙开挖、刨兜、坎伐、后坐、耕种管业。卖主不得异言阻挡。"④

将2例"恁由"与诸例"任由""任凭"进行比对，可以确定"恁由"实与"任由、任凭"义同。所谓"恁由杨姓子孙进葬"即"任凭杨姓子孙进葬"。

【信凭】

(53)《乾隆二十四年（1759）姜文华卖田契》："其田信凭永相父子耕管为业。一卖一了，父卖子休。"⑤

"信"有"任意，听任"之意。例如，《荀子·哀公》："胡明主任计

---

① 陈金全、杜万华：《贵州文斗寨苗族契约法律文书汇编——姜元泽家藏契约文书》，人民出版社2008年版，第114页。
② 唐立、杨有赓、武内房司：《贵州苗族林业契约文书汇编》卷2，东京外国语大学2002年版，第2/B/138页。
③ 张新民：《天柱文书》，江苏人民出版社2014年版，第1/55页。
④ 同上书，第1/118页。
⑤ 陈金全、杜万华：《贵州文斗寨苗族契约法律文书汇编——姜元泽家藏契约文书》，人民出版社2008年版，第5页。

不信怒，闇主信怒不任计。"① 故可知"信凭"当即"任凭"。

【愿凭】

(54)《嘉庆九年（1804）龙香岩、绍成生保父子卖山契》："愿凭买主修理管业，木长大发卖。不得番（翻）悔异言。"②

(55)《嘉庆十年（1805）姜国英卖山契》："其油山自卖之后，愿凭买主管业，卖主房族弟兄不得异言。"③

(56)《嘉庆二十年（1815）龙俨更、[龙]起义立卖山场杉木约》："其山自卖之后，愿凭买主修理管业，而卖主弟兄不得异言。"④

将三例"愿凭"与"任凭"例进行比对，可以判定"愿凭"实同于"任凭"。

【愿从】

(57)《嘉庆十四年（1809）姜官皎断卖杉木约》："自卖之后，愿从买主耕修管业。日后不得异言。"⑤

将"愿从"例与"任凭"例进行比较，可知"愿从"亦同于"任凭"。故"愿从买主耕修管业"即"任凭买主耕修管业"。

【任随】

(58)《嘉庆三年（1798）胡汪氏同子胡廷有、廷赞立杜卖明科田文契》："任随石处子孙永远管业种耕，胡姓房族人等不得前来争

---

① （清）王先谦：《荀子集解》，中华书局1988年版，第545页。
② 陈金全、杜万华：《贵州文斗寨苗族契约法律文书汇编——姜元泽家藏契约文书》，人民出版社2008年版，第75页。
③ 同上书，第81页。
④ 唐立、杨有赓、武内房司：《贵州苗族林业契约文书汇编》卷1，东京外国语大学2001年版，第1/A/108页。
⑤ 张应强、王宗勋：《清水江文书》第1辑共13册，广西师范大学出版社2007年版，第1/10/91页。

论异言。"①

（59）《嘉庆二十二年（1817）汪朝德立卖明科田文契》："自卖之后，任随族兄朝礼永远管业，朝德弟兄人等不得异言。"②

（60）《道光十三年（1833）胡永清立卖明水田文契》："自卖之后，任随叔祖管业，永清房族人等不得争论异言。"③

（61）《同治四年（1865）汪郑氏同子兴学立杜卖明科田文契》："自卖之后，任随田氏子孙永远管业。日后郑氏子侄以及异姓人等不得前来妄生找补、争论异言。如有此情，任凭田氏执纸赴公理论，卖主自认套哄骗害之咎。"④

（62）《光绪二十九年（1903）姜生祥、弟玉珠等立卖栽手杉木字》："其栽手自卖之后，任随买主蓄禁修理管业，我卖者不得异言。"⑤

【恁随】

（63）《乾隆四十五年（1780）汪子龙立卖明水田文契》："自卖之后，不许房族弟男人等后来争论异言。如有此情，干（甘）当套哄骗害，自任重究。恁随买主执纸赴公理论。"⑥

（64）《道光十八年（1838）立卖明科田义契人堂侄汪起明》："自卖之后，恁随叔母子孙永远管业，起明房族子孙人等不得争论异言。"⑦

（65）《咸丰八年（1858）汪起贵立卖明科田文契》："自卖之后，恁随胞兄起云永远管业，起贵不得异言。"⑧

（66）《光绪三十九年（1912）田庆穰立卖明科田文约》："自卖

---

① 孙兆霞：《吉昌契约文书汇编》，社会科学文献出版社2010年版，第7页。
② 同上书，第9页。
③ 同上书，第10页。
④ 同上书，第29页。
⑤ 唐立、杨有赓、武内房司：《贵州苗族林业契约文书汇编》卷2，东京外国语大学2002年版，第2/B/269页。
⑥ 孙兆霞：《吉昌契约文书汇编》，社会科学文献出版社2010年版，第4页。
⑦ 同上书，第14页。
⑧ 同上书，第22页。

之后，恁随发廷子孙永远管业。"①

（67）《民国十年汪纯美同子兴弟立出卖明秧田文契》："自卖之后，恁随汪沈氏子孙永远耕种管业，纯美亲支人等不得前来妄生找补。"②

【认随】

（68）《乾隆二年（1737）程国珍同子朝圣立卖明水田文契》："自卖之后，认随汪处子孙永远管业。"③

（69）《光绪九年（1883）杨刘氏家族了结杨秀荣因瘨病跌死和息清白虑后字》："日后凡我杨姓人等不得藉此再生事端，倘有藉此复生端事，认随地方绅首人等公同送官禀究惩办。"④

"认"当为"任"的借音字。"认随"当即"任随"。

【凭随】

（70）《民国二十一年田胡氏□□立卖明陆地文契》："自卖之后，凭随买主子侄永远管业，卖主房族人等不得前来争论异言。"⑤

（71）《民国□□年立当□□文契人□□》："有银取赎，无银取赎凭随胡姓耕种，不得异言。"⑥

根据契文文意，比对"任凭"各例，可以判定"任随""恁随""认随""凭随"各词当同于"任凭"，皆可释作"任凭"。

【凭凭】

（72）《嘉庆六年（1801）姜光前断卖田约》："今因缺少银用，

---

① 孙兆霞：《吉昌契约文书汇编》，社会科学文献出版社2010年版，第57页。
② 同上书，第69页。
③ 同上书，第2页。
④ 张新民：《天柱文书》，江苏人民出版社2014年版，第2/179页。
⑤ 孙兆霞：《吉昌契约文书汇编》，社会科学文献出版社2010年版，第174页。
⑥ 同上书，第324页。

无出。自愿将到先年得买之田三坵,地名坐落也丹。请中度到家室斋姜保桥名下承买为业。凭凭买主耕种管业。"①

【随凭】

(73)《光绪二十二年(1896)周骆氏立出卖契文约》:"三家面议价值铜钱四十一千文整。彼时入手现交,卖主亲领明白去讫。并未少欠分文,……自卖之后,业内寸地未留。系是氏念在衣食维艰,心甘意悦。并非中证压逼,一卖永卖。即房族亦不得向业扰乱妄言生端。随凭邹姓子孙耕管,永作基业。"②

【任恁】

(74)《道光十六年(1836)姜成宗断卖田字》:"自卖之后,任恁买主耕种管业,卖主不得异言。"③

【壹任】

(75)《光绪三十年(1904)杨正举立卖杉木地土字》:"自卖之后,买主壹任前出照管,卖者不得异言。……上低(抵)买主路边,下低(抵)田路,左低(抵)买主山承照界碑,右低(抵)萧姓田团路,四至分明。"④

结合契文文意,将"凭凭、随凭、任恁、壹任"与"任凭"诸例进行对照,不难发现"凭凭、任恁、壹任"实与"任凭"义同,皆可释作

---

① 张应强、王宗勋:《清水江文书》第 1 辑共 13 册,广西师范大学出版社 2007 年版,第 1/10/26 页。

② 汪文学:《道真契约文书汇编》,中央编译出版社 2014 年版,第 277 页。

③ 张应强、王宗勋:《清水江文书》第 1 辑共 13 册,广西师范大学出版社 2007 年版,第 1/7/38 页。

④ 张应强、王宗勋:《清水江文书》第 3 辑共 10 册,广西师范大学出版社 2011 年版,第 3/1/351 页。

"任凭"。"凭凭买主耕种管业"即"任凭买主耕种管业"。"随凭邹姓子孙耕管"即"任凭邹姓子孙耕管"。"任恁买主耕种管业"即"任凭买主耕种管业"。"买主壹任前出照管"即"任凭买主前出照管"。

【恁意】

（76）《光绪二年（1876）周长流立出卖契足领全收文约》："自卖之后，恁意邹姓开作田圫，周姓不得异言。……其业内大小树木恁异邹姓赵（照）畜（蓄）砍伐。"①

在例（76）中"恁意"与"恁异"同现，对比可知"恁异"实即"恁意"。"恁意"多有写作"恁异"者，试再举两例。

（77）《同治十二年（1873）刘开级叔侄立出卖契文约》："自卖之后，恁随邹姓永远管理，茨草树木一并在内。恁异邹姓开挖梯（剃）蓄，刘姓子孙以（已）生未生，不得异言。"②

（78）《光绪二年（1876）周长流立出转当约》："立出转当约文字人周长流，今因无钱……自当以后，恁异邹姓承耕，房中老幼不得阻滞。"③

例（77）中的"恁异"即"恁意"，与"恁随"同现，对比可知"恁意"当与"恁随"义同，"恁随"同于"任凭"，故"恁意"亦可释作"任凭"。

【恁随意】

（79）《同治十一年（1872）李栋樑立出了心断心全足收领字》："自领之后子孙后代诸色人等再不得业内言及不清不楚之语。系是协同委员亲手收数，一一领收清爽。恁随意邹裘格世代永远管理充输。"④

---

① 汪文学：《道真契约文书汇编》，中央编译出版社2014年版，第195页。
② 同上书，第159页。
③ 同上书，第193页。
④ 同上书，第128页。

据文意可知,所谓"恁随意"即"恁随"或"恁意",实即"任凭"之意。

综上,贵州契约文书在表达"任凭"这一意义时,使用了丰富多样的词语。有单音节的,有二字结构的,有三字结构的。这一方面因为贵州契约文书书成众手,容易将个人的或个人生活居住地的用词用语融入其中;另一方面,也与固定化的套语结构密切相关。有些词语的意义,尽管脱离语境,单纯比对,算不上真正的同义词,如"应从"与"任凭",而一旦被用进固定化的套语结构中,便具有了义同的条件。如上文在"任凭买主管业"这个套语结构中,有的书写人用"应从"换下了"任凭",此种语境情形下再看"应从"和"任凭",便有了义同的根据。

第三节 "愿意"类词语研究

贵州契约文书在表达"愿意"这一意义时,用语丰富多样。有单音节的,如"愿";二字结构的,如"心愿""承愿""情愿""甘愿""意愿""悦服""心甘"等;有四字结构的,如"心甘情愿""心甘愿意""甘心愿意""心甘意愿""心安意愿""心甘意悦""心肝意悦""心口悦服""心肝悦服""心安悦腹""两情两愿""心平意愿""公同意愿""心同意愿""心悦诚服""两相情愿""心诚情悦""情干意愿""情想意愿""同心同意""同心合意"等;还有四字以上结构的,如"一愿二愿、二比情愿"等。试举例分析如下。

【愿】

(1)《乾隆二十八年(1763)姜保该、启才卖田契》:"为因要银使用,自己问到平鳌寨姜启爱名下,自愿将到祖田岩板坡田一块,出卖与启爱承买为业。"①

(2)《乾隆三十九年(1774)姜国才立断卖杉山约》:"自愿将

---

① 陈金全、杜万华:《贵州文斗寨苗族契约法律文书汇编——姜元泽家藏契约文书》,人民出版社2008年版,第8页。

名下得买眼悠一团,……请中断与会伙姜廷盛、廷英、国栋三人名下承受为业。"①

(3)《民国十四年马仲舒立当租谷子字》:"如少,愿将门前山陆地一并作抵。若少,任随范光廷扯拆抵业变卖培(赔)还。"②

文中之"愿",即"愿意",用为"动词"。"自愿"即"自己愿意"。
【心愿】

(4)《光绪十九年(1893)龙现金送龙氏月爱田字》:"今父子心愿送与子女龙氏子孙永远耕种为业,送字不悔。久后子孙后裔不得异言。"③

文中的"心愿"指"心里愿意",可释为"心甘情愿",用作动词。与《大词典》中的指"内心的愿望"的名词"心愿"不同。
【承愿】

(5)《乾隆十三年(1748)姜善宇、银花兄弟卖木契》:"为因家下要银使用,自己将到分□所栽杉木一块,土名白皓山,承愿将半股出卖与本房姜启才、富宇、祖保、长保四人名下承买为业。"④

(6)《乾隆四十三年(1778)姜朝佐立断卖杉木并地》:"为因家下缺少银用,无从出处。自愿将到祖业山场一块,坐落土名纲晚山,……朝佐弟兄名下占一股。今将朝佐半股杉木并地,出卖与本房内兴周叔爷名下承愿存买为业。"⑤

(7)《嘉庆五年(1800)姜宗圣等三人立卖山场杉木约》:

---

① 唐立、杨有赓、武内房司:《贵州苗族林业契约文书汇编》卷1,东京外国语大学2001年版,第1/A/13页。

② 孙兆霞:《吉昌契约文书汇编》,社会科学文献出版社2010年版,第334页。

③ 张新民:《天柱文书》,江苏人民出版社2014年版,第11/164页。

④ 陈金全、杜万华:《贵州文斗寨苗族契约法律文书汇编——姜元泽家藏契约文书》,人民出版社2008年版,第3页。

⑤ 唐立、杨有赓、武内房司:《贵州苗族林业契约文书汇编》卷1,东京外国语大学2001年版,第1/A/17页。

"为因家下缺少粮食,自愿将到有共(共有)杉山一块,坐落地名乌茶溪。……此山先日把与杨姓佃栽,叔侄俱以补清。承愿将所补栽手并地土所占之分,请中出卖与姜起基、姜起武、老成三人承买为业。"①

(8)《民国十八年龙应彪与龙金汉、龙云汉拨换屋地契》:"立拨换屋地契字人龙应彪,二比甘愿换土名寨中屋地一坪。……拨换与堂叔龙金汉、龙云汉名下,承愿换。永后不得异言。"②

对比例(8)中之"甘愿换"与"承愿换",可知"承愿"当与"甘愿"义同。"甘愿"文中即"心甘情愿",故"承愿"亦可释为"心甘情愿"。契约文书书写过程中同音替代的情况颇多,不知"承愿"是否就是"诚愿"?姑且存疑。"承愿"一词《大词典》未见收录。

【情愿】

(9)《乾隆三十四年(1769)姜老睨三卖木并山契》:"为因家下缺少费用,无出,情愿将亲手所栽杉木二块,一块[坐]落地名倍翻,九股占一股;一块地名对门阿烂,九股占一股。凭中出断与姜廷显名下承断为业。"③

(10)《道光十三年(1833)胡永清立卖明水田文契》:"为因乏用,无处出变(办),只得请凭中上门,将祖父遗留自己名下水田壹块,坐落地名白泥,情愿出卖与堂叔祖胡永德名下管业。"④

"情愿"即"心里愿意"。

【甘愿】

(11)《光绪三十四年(1908)石润山等三人立出抵当字据》:

---

① 唐立、杨有赓、武内房司:《贵州苗族林业契约文书汇编》卷2,东京外国语大学2002年版,第2/B/13页。
② 张新民:《天柱文书》,江苏人民出版社2014年版,第13/179页。
③ 陈金全、杜万华:《贵州文斗寨苗族契约法律文书汇编——姜元泽家藏契约文书》,人民出版社2008年版,第14页。
④ 孙兆霞:《吉昌契约文书汇编》,社会科学文献出版社2010年版,第10页。

"自当之后,不拘远近,弟兄叔侄不拘何人,银到田回。恐口无凭,抵当字为据。甘愿了给人田石氏之子田新五。"①

"甘愿"文中意为"心甘情愿"。《大词典》此意所举书证为1936年6月刊发的邹韬奋的《萍踪寄语》,较"光绪三十四年(1908)的贵州契约文书"的例证时代稍晚。

【意愿】

(12)《民国十四年许门潘氏立卖桐油树杉木地土字》:"自愿将到夫君许蒙和先年购买之土名两路溪桐油树杉木地土一团,意愿出卖。"②

(13)《民国十五年袁金富父子立卖菜园地土字》:"自愿将到土名南岳庙边园地一团,意愿出卖。"③

(14)《民国二十六年龙常鉴立卖子杉木字》:"其杉木付与买主管业。但此三块之杉木,日后砍伐出山,地归原主,乃是二比意愿,并无压逼等情。恐口无凭,立此卖字为据。"④

"意愿"此处意为"心里愿意",用作动词。

【悦服】

(15)《民国三十七年魏茂轩清白合同杜后无事字》:"已砍之木归我所有,其地与未砍之木贵生贵所有。双方悦服,并无压逼情形。"⑤

将"悦服"与"心悦诚服"诸例进行比对,可以判定"悦服"实即

---

① 孙兆霞:《吉昌契约文书汇编》,社会科学文献出版社2010年版,第333页。
② 张应强、王宗勋:《清水江文书》第3辑共10册,广西师范大学出版社2011年版,第3/2/41页。
③ 同上书,第3/2/43页。
④ 唐立、杨有赓、武内房司:《贵州苗族林业契约文书汇编》卷3,东京外国语大学2003年版,第3/G/3页。
⑤ 张新民:《天柱文书》,江苏人民出版社2014年版,第1/120页。

"心悦诚服"的缩略语,意为"真心的服气或服从"。

【心甘】

(16)《光绪九年(1883)周福田父子立出併卖契文约》:"自卖之后,恁随邹姓自耕自种。周姓叔侄弟兄亦不得言及书画资之。此系二家心甘,并无中证压逼。一卖永卖,永不回头。"①

对比下文"心甘情愿"诸例,可知"心甘"实为"心甘情愿"的缩略语形式。

【心甘情愿】

(17)《民国□□年□□□》:"二处四至分明,毫无插花紊乱,情愿出卖与堂弟田庆昌名下为业。原日三面言定卖价玖伍银拾叁两肆钱整。卖主当席亲手领明应用,并未下欠分厘,亦无货物准折。此系实银实契,二比心甘情愿。"②

(18)《民国二十四年欧阳氏凤冉主婚书》:"此是明媒正娶,并无谋夺等情。二比心甘情愿,中媒并无压逼等情。若有来历不清,我放亲人等一面承担,不干求亲之事。"③

(19)《光绪四年(1878)李天明立出卖契文约》:"系是卖主心肝情愿,非干中证押逼。"④

"心甘情愿"意为"非常愿意,没有丝毫勉强"。"心甘情愿"或写作"心肝情愿",如例(19)。《大词典》中"心甘情愿"所举书证为1955年刊出的靳以的《过去的脚印·别人的故事》,较贵州契约文书的例证稍晚。

【心甘愿意】

(20)《民国二十九年胡焕奎立当明陆地文契》:"为因乏用,只

---

① 汪文学:《道真契约文书汇编》,中央编译出版社2014年版,第236页。
② 孙兆霞:《吉昌契约文书汇编》,社会科学文献出版社2010年版,第202页。
③ 张新民:《天柱文书》,江苏人民出版社2014年版,第8/47页。
④ 汪文学:《道真契约文书汇编》,中央编译出版社2014年版,第207页。

得亲请凭中上门，今将祖父遗留分授自己名下陆地乙（壹）股，……愿将亲请凭中上门，问到出当与冯陈氏名下为业。……自当之后，准定三年，有银取续（赎），无银耕种。此系心甘愿意，日后不得前来增（争）论。"①

【甘心愿意】

（21）《民国二十六年田焕巨立卖明陆地字据》："凭中出卖与马开臣名下为业。即日三面议定卖价中洋捌元捌角整。卖主当席亲手领明应用。并未下欠角仙。此系二比（彼）甘心愿意，并无逼勒等情。"②

（22）《民国三十八年邹道宣立甘心愿意併约》："书立甘心愿意併约人邹道宣。情因无钱支用，愿将自己祖父之业地名宅下当门斑竹林半节，当日凭中出併与堂弟邹道洪子孙世代永远管理。"③

"心甘愿意"同于"甘心愿意"，与"心甘情愿"表意相同。

【心甘意愿】

（23）《嘉庆二十四年（1819）姜老笔立合约》："为因先年佃栽地主姜文韬、文勋、姜彬、杨承祯等之山，地名南乌拏碑。……缘木植未成，老笔物故，先将栽股卖与唐万宗为业。兹木已成林，二比书立合同，作二股均分，栽手占一股，地租占一股，二比心甘意愿。"④

（24）《同治八年（1869）骆永贡立出卖契文约》："邹姓永远子孙耕管上纳充输，世守为业。骆姓心肝意愿，并无中证押逼。"⑤

（25）《同治九年（1870）周福田等立出卖契文约》："邹姓子孙

---

① 孙兆霞：《吉昌契约文书汇编》，社会科学文献出版社2010年版，第320页。
② 同上书，第179页。
③ 汪文学：《道真契约文书汇编》，中央编译出版社2014年版，第473页。
④ 唐立、杨有赓、武内房司：《贵州苗族林业契约文书汇编》卷2，东京外国语大学2002年版，第2/C/29页。
⑤ 汪文学：《道真契约文书汇编》，中央编译出版社2014年版，第109页。

永远耕管世手（守）为业，周姓细似（系是）心肝意愿，并无中证押逼。"①

(26)《光绪二十六年（1900）周福禄父子立卖契文约》："此系二家心甘意愿，并非中证押逼，一卖永卖，了心断心，再不言其后唤（患）家（加）补二字。"②

(27)《民国三年姜世清等分山合同》："因世清父子尚未寻出契据，只据佃字簿为凭，说是世清父子私业。是以世臣之长子登儒执此簿据，现出绍齐公写有道光年间佃帖系是三老家所共之山。因此对簿系三老家共业，世清父子退价与众等分派，心干意愿无异。"③

(28)《民国二十五年冯鲍氏同子日先立出补卖永无后患陆地园圃文契》："自当补卖之后，任随汪姓子孙永远管业。此是二比心甘意愿，并非逼迫等情。"④

(29)《民国三十三年郑奎先立卖明水田文契》："自卖之后，任随胡张氏子孙永远管业，郑奎先子侄房族人等勿得前来争论异[言]。此是二比心甘意愿，并非逼迫等情。酒水画字，一并清白。"⑤

对比"心甘情愿"，可知"心甘意愿"当与"心甘情愿"表意相同。"心甘意愿"或写作"心肝意愿"，如例（24）、例（25）；或写作"心干意愿"，如例（27）。

【心甘意悦】

(30)《民国十五年郭绍云等立出卖山土水田文契》："系是二家心甘意悦，并无中证书人押逼。"⑥

---

① 汪文学：《道真契约文书汇编》，中央编译出版社 2014 年版，第 122 页。
② 同上书，第 296 页。
③ 陈金全、杜万华：《贵州文斗寨苗族契约法律文书汇编——姜元泽家藏契约文书》，人民出版社 2008 年版，第 519 页。
④ 孙兆霞：《吉昌契约文书汇编》，社会科学文献出版社 2010 年版，第 175 页。
⑤ 同上书，第 120 页。
⑥ 汪文学：《道真契约文书汇编》，中央编译出版社 2014 年版，第 412 页。

【心肝意悦】

(31)《民国二十四年高经立出卖契文约》:"自卖之后,恁随买主子孙永远管理。卖主子孙永不得业内言及加补,心肝意悦,并非中证押笔(逼)。两无异言。"①

【心干意悦】

(32)《民国二十四年高经立出清单文约》:"自清之后,恁随邹道洪子孙永远开培,卖主子孙不得业内妄言称说。父子人等心干意悦。并非中证押逼,两无异言。"②

对比例(30)—(32)可知,"心肝意悦、心干意悦"实是"心甘意悦"书写时同音替代的结果。将三例"心甘意悦"与"心甘意愿"诸例进行比对,可知"心甘意悦"实同于"心甘意愿",当可释作"心甘情愿"。

【心安意愿】

(33)《同治五年(1866)陈后麟立出卖契文约》:"自卖之后,恁随李姓子孙世守为业,陈姓一卖永卖,已生未生,了心断心。子子孙孙再不得言及加补画字之资。心安意愿,并无中证压副(服)。"③

将"心安意愿"与诸例"心甘意愿"进行比对,可知二者表义实同。"心安意愿"亦可释作"心甘情愿"。

【心安悦腹】

(34)《光绪八年(1882)韩金林父子立出卖契文约》:"自卖之后,恁随邹姓子孙世代管理。恐后韩姓已孙(生)未孙(生),子孙再不得言及加补画字之资。一无货物折扣,并非中证押逼。此系韩姓

---

① 汪文学:《道真契约文书汇编》,中央编译出版社2014年版,第446页。
② 同上书,第448页。
③ 同上书,第99页。

父子心安悦腹。"①

【心口悦服】

(35)《宣统二年（1910）邹庆明立出卖契文约》："系是邹姓心口悦服，一卖永清，并非威证欺逼。即房分亲疏均无码持。"②

【心肝悦服】

(36)《（时间不详）邹庆兰等立出清收足领文约》："两下心肝悦服，今恐人心反变……"③

对比上述"心甘意愿"诸例，可知"心肝悦服"当即"心甘悦服"。对比"心口悦服""心甘悦服"，可知"心安悦腹"当即"心安悦服"。将"心口悦服""心甘悦服""心安悦服"与诸例"心甘情愿"进行比对，可知它们的意义实同于"心甘情愿"。

【两情两愿】

(37)《乾隆二年（1737）程国珍同子朝圣立卖明水田文契》："为因缺用，无处出办，情愿将祖父遗下科田贰块……凭中出卖与汪世荣名下耕种管业。三面议定卖价纹银肆拾伍两整。父子亲手领讫明白，并无货物准折。系是两情两愿，亦无逼迫成交。"④

"两情两愿"即"双方情愿"。

【心平意愿】

(38)《嘉庆廿四年（1819）姜绍略等分关契》："幸承严父精明公平均派，我等弟兄俱属心平意愿。自今分田之后各照分关殷勤耕

---

① 汪文学：《道真契约文书汇编》，中央编译出版社2014年版，第227页。
② 同上书，第361页。
③ 同上书，第409页。
④ 孙兆霞：《吉昌契约文书汇编》，社会科学文献出版社2010年版，第8页。

种，世代管业，日后不得异言。"①

(39)《嘉庆十五年（1810）罗维才立佃字》："此山自佃之后，务照界内挖种栽杉，不得厌瘠喜腴，荒芜山场。亦不得停留面生可疑之人，以致牵连主家。如有此情，自愿将本名册内条丁银之田作当此山，不敢滋事。二比心平意愿，异日照佃字股数均分。"②

(40)《道光元年（1821）姜启辉、傅德万立分合约》："外批：先年启爵、启凤二人佃栽此山上截。同日面议，仍照二大股均分，地主栽主各占一股，彼此心平意愿。日后长大伐卖，照约二股平分。所批是实。"③

(41)《道光四年（1824）姜绍略等分关契》："为父亲分占祖遗之田，汀父亲所买之田，至今人口日增，田产益广，欲合种以同收，恐彼早而此晏，幸承严父精明公平均派，我等弟兄俱属心平意愿。"④

(42)《咸丰九年（1859）姜钟奇等三人分关契约》："不幸严父早故，我等弟兄公平均派，俱属心平意愿。自今分占之后，各照分关殷勤耕种，世代管业，日后不得异言。"⑤

"心平"即"内心心态平和、宁静，没有怨言"。故所谓"心平意愿"可释为"内心愿意没有怨言"，同于"心甘情愿"。"心平意愿"或写作"心凭意愿""心凭议愿"，如例（43）、例（45）；或写作"意愿心平"，如例（46）。

(43)《嘉庆十年（1805）姜三炳兄弟等立合同字》："立合同字人姜三炳兄弟等有山场一块，坐落土名眼对乐，……把与会同县林必祥、干（黔）阳县易良相二人佃栽杉木，耕种修理。……二比心凭

---

① 陈金全、杜万华：《贵州文斗寨苗族契约法律文书汇编——姜元泽家藏契约文书》，人民出版社2008年版，第172页。
② 唐立、杨有赓、武内房司：《贵州苗族林业契约文书汇编》卷2，东京外国语大学2002年版，第2/C/15页。
③ 同上书，第2/C/34页。
④ 陈金全、杜万华：《贵州文斗寨苗族契约法律文书汇编——姜元泽家藏契约文书》，人民出版社2008年版，第231页。
⑤ 同上书，第433页。

意愿，日后不得异言。"①

(44)《民国十四年南堆寨立分关合同字》："有祖遗山场一所，坐落地名归绞耳溪地图一团，今佃主彭高年，挖开栽成子木，登林数年。今凭南堆众人土主李华德、李华林、李来戴、李来祥、彭宏科、杨荣章等，二比心凭意愿。"②

(45)《光绪十九年（1893）吴国科、龙兴远二人立合同字》："其有地基，自己之田，兴远无年粮。粗谷四斗。二家心凭议愿。"③

(46)《乾隆二十八年（1763）姜乔包父子立卖山场字》："因有祖遗山场一所，坐落土名阳求，今将二岭出卖与姜兴周弟兄名下承买。当日兴周情愿将岩扳下扳田二坵并银一两，以为买山之价。乔包父子当时意愿心平，领回耕种。"④

"心凭意愿、心凭议愿"实即"心平意愿"。将"心平意愿"写作"心凭意愿""心凭议愿"当是契文书写时同音替代的结果。"意愿心平"乃是"心平意愿"词序颠倒的产物。

【公同意愿】

(47)《乾隆十四年（1749）陆仁远立分关遗嘱》："此系二比公同意愿，并无压逼诱诀等情。"⑤

"公同"犹"共同"。例如，《通制条格》："军马粮料衣装盘缠钞定，并仰本翼正官公同尽实给散。"⑥ 故所谓"公同意愿"即"共同意愿"，

---

① 唐立、杨有赓、武内房司：《贵州苗族林业契约文书汇编》卷2，东京外国语大学2002年版，第2/C/10页。
② 唐立、杨有赓、武内房司：《贵州苗族林业契约文书汇编》卷3，东京外国语大学2003年版，第3/G/12页。
③ 高聪、谭洪沛：《贵州清水江流域明清土司契约文书——九南篇》，民族出版社2013年版，第269页。
④ 唐立、杨有赓、武内房司：《贵州苗族林业契约文书汇编》卷1，东京外国语大学2001年版，第1/A/4页。
⑤ 高聪、谭洪沛：《贵州清水江流域明清土司契约文书——九南篇》，民族出版社2013年版，第253页。
⑥ 黄时鉴点校：《通制条格》，浙江古籍出版社1986年版，第117页。

可释为"心里都愿意"。

【心同意愿】

(48)《光绪二十六年(1900)姜世臣、世美转让山场契》："立分拨山场姜世臣、世美兄弟。俱属心同意愿，今已拨归皆计打山与世美管业，……世臣管业之丢山，……此山分为肆股，弟兄占叁股，归世臣管业。"①

(49)《道光十年(1830)党假令山分山文书》："上下山场开清，我等心同意愿立此清单，异日照依股数分清，不得执先年淆杂旧单合约于内混争，即有老单合约，日后查出以为故纸。"②

将"心同意愿"与"公同意愿"进行比对，可知"心同意愿"当与"公同意愿"表意相同，亦可释作"心里都愿意"。

【心悦诚服】

(50)《光绪二十一年(1895)陈煌文、陈熠文、陈增彩、汪焕之立卖明科田文契》："原日三面议定卖价时市银伍两伍钱整。会首当席领明应用，并未托(拖)欠分厘。此系二彼心悦诚服，并非逼迫等情。"③

(51)《民国四年汪纯美同侄金安立卖明科田文契》："原日议定卖价时市银贰拾陆两乙(壹)钱整。卖主当席领明应用，并未下欠分厘。此系二彼心悦诚服，亦非逼迫等情。"④

(52)《民国二十六年马开臣立出分关字》："当日弟兄分家系是几方心悦诚服，并非逼迫等情。自分之后，各管各业，务须勤耕善种，利剩(胜)陶朱，万代富贵矣。"⑤

(53)《民国三十一年冯见名、冯双生弟兄立当明秧田文契》：

---

① 陈金全、杜万华：《贵州文斗寨苗族契约法律文书汇编——姜元泽家藏契约文书》，人民出版社2008年版，第490页。
② 同上书，第555页。
③ 孙兆霞：《吉昌契约文书汇编》，社会科学文献出版社2010年版，第53页。
④ 同上书，第66页。
⑤ 同上书，第371页。

"自当之后，准于三年，有银起（取）续（赎），无银任随近英耕种。此系二比心悦诚服，亦非逼迫等情。"①

"心悦诚服"意为"真心的服气或服从"。

【两相情愿】【两厢情愿】

（54）《民国十六年蒋氏杨妹、蒋景孝等再派地基田土合同》："情因先年祖遗分落不便居住，特请亲友吴祖树等相议品评业地。……各管各业，一概均匀，并无押逼等情，实系两相情愿。"②

（55）《道光五年（1825）姜之尧父子立卖杉大山场约》："其山土杉木自卖之后，阴阳一并在内。此系两厢情愿，中间并无压逼等情，二比不得翻悔，恁凭陈姓耕种管业。"③

"两相情愿"即双方互相愿意。"两相情愿"或写作"两厢情愿"，如例（57）。

【心诚情悦】

（56）《陶柏香立出分关字》："经亲族言定，今将门前山子岩陆地壹股与炳章耕种。并非逼迫等情，系是二彼心诚情悦。"④

（57）《民国十年马起昌立出分关字》："为因弟兄成人，今将祖父遗留田地均分三股，凭神拈阄，未存偏见。……此系心悦诚服，亦非逼迫等情。"⑤

将例（56）与例（57）进行比对，可以判定"并非逼迫等情，系是二彼心诚情悦"实与"此系心悦诚服，亦非逼迫等情"表意相同，故可知"心诚情悦"当与"心悦诚服"义同。

---

① 孙兆霞：《吉昌契约文书汇编》，社会科学文献出版社2010年版，第294页。
② 张新民：《天柱文书》，江苏人民出版社2014年版，第8/33页。
③ 唐立、杨有赓、武内房司：《贵州苗族林业契约文书汇编》卷1，东京外国语大学2001年版，第1/A/152页。
④ 孙兆霞：《吉昌契约文书汇编》，社会科学文献出版社2010年版，第379页。
⑤ 同上书，第360页。

【情干意愿】

（58）《民国七年陈世亮调换墒地条约字》："恐有调内不清，各自料理内事。自愿情干意愿，二家后来子孙不得异言。"①

【情想意愿】

（59）《民国二十三年杨文朗租房屋基地墒土付约字》："租钱四季兑楚，不得有误。如有误者，将物件出卖兑楚。双方情想意愿，中人并不压逼等情。"②

例（58）"情干意愿"当即"情甘意愿"。将"情甘意愿、情想意愿"与"心甘情愿"进行比对，可以判定"情甘意愿、情想意愿"当与"心甘情愿"义同，皆可释作"非常愿意，没有丝毫勉强"。

【同心同意】

（60）《嘉庆二年（1797）姜士朝等立同心字》："为因近日盗贼甚多，人心各异，若不同心，难以安靖。所以寨头相约，地方虽分黎、镇，莫若同心同意，实有益于地方。今自同盟以后，勿论上寨、下寨、拿获小人者，务宜报众，倘私和受贿、众人查出，纸上有名人等同心不得推诿。恐其出事，寨头承当。口说无凭，分此同心合约各执一纸为据。"③

"同心同意"指"大家心里的想法和意愿相同，大家都愿意"。

【同心合意】

（61）《光绪二十年（1894）九佑林大福与姜元清等分成合同》："此山木植今已成林，二比同心合意言定土栽二大股均分，土主共占

---

① 张新民：《天柱文书》，江苏人民出版社2014年版，第1/122页。
② 同上书，第1/130页。
③ 陈金全、杜万华：《贵州文斗寨苗族契约法律文书汇编——姜元泽家藏契约文书》，人民出版社2008年版，第549页。

壹大股，我栽手弟兄共占壹大股。"①

（62）《（时间不详）姜永珠等分山界址合同》："自经地方公论决定后，双方同心合意分立合同二纸，内外各执一纸。照分定界至永远为据。"②

"同心合意"指"心志一致"，即大家都愿意。
【一愿二愿、二比情愿】

（63）《民国二十四年黄壇保卖阴地契》："若有日后别人言说，不管（关）买主之事，自有卖主乙（一）面承当。一愿二愿，二比情愿。"③

（64）《民国二十五年郭顺情卖阴地契》："倘若卖阴宅不清，别人言论。自有卖主向前理落，不与买相干。一愿二愿，二比情愿，中无压逼。"④

"一愿二愿、二比情愿"意在强调买卖双方是心甘情愿进行交易的，表意与"两相情愿"同。

第四节 "理论"类词语研究

以《姜元泽》《吉》《苗》《天柱》《九南》《亮寨》《道真》七种契约文书资料为研究对象，依据贵州契约文书的固定格式，采用"同义类聚"的方法，对贵州契约文书表达"理论"意义的词语进行研究，可知贵州契约文书在表达"理论"这一意义时，使用了"理论、理落、理质、理讲、理直、理楚"等多个词语。试举例分析如下。

---

① 陈金全、梁聪：《贵州文斗寨苗族契约法律文书汇编——姜启贵家藏契约文书》，人民出版社2015年版，第424页。
② 张应强、王宗勋：《清水江文书》第1辑共13册，广西师范大学出版社2007年版，第1/13/211页。
③ 张新民：《天柱文书》，江苏人民出版社2014年版，第1/110页。
④ 同上书，第1/112页。

【理论】

（1）《乾隆四十九年（1784）姜国政卖山契》："自卖之后，山木任从老妹女修理砍伐等情，……如有争论，俱在卖主理论，不干买主之事。"①

（2）《嘉庆三年（1798）胡汪氏同子立杜卖明科田文契》："自卖之后，任随石处子孙永远管业种耕，胡姓房族人等不得前来争论异言。如有此情，将契赴公理论，自任套哄之咎。"②

（3）《咸丰十年（1860）田方荣立卖明科田文契田方荣》："自卖之后，任随田荣子孙永远管业，方荣房族子侄人等不得争论异言。如有此情，任随田荣将纸赴公理论，方荣自任套哄之咎。"③

（4）《光绪十二年（1886）姜熙敏、超贤、超柱叔侄等立和息清白字》："立和息清白字人姜熙敏、超贤、超柱叔侄等。为因白喜众族款宾，酒厚（后）相嚷，请中理论。今蒙亲族县差相劝，二比自愿和息了局，日后不得挟仇计（忌）恨，藉此生非。……恐后滋端，恁凭乡团亲族执字赴辕，禀公究治。"④

（5）《光绪三十三年（1907）姜海珍立分股数合同字》："原无异议，奈买卖参差，重卖者有之，浮卖者有之，是以遂生争谪（执），经中理论，蒙中劝解，此山原系六股，于今品为六两分派。"⑤

（6）《道光二十九年（1849）姜焕彰弟兄三人立卖山场杉木》："外批：……至于同治元年砍伐，请中理论，蒙中楚断，姜焕彰、焕华、焕彩弟兄，自愿培（赔）补东吕山价银六钱，所有山场日后照四股均分东吕私占一股，东吕弟兄五人占三股，日后照四股均派管业，不得争论异言。所批是实。"⑥

---

① 陈金全、杜万华：《贵州文斗寨苗族契约法律文书汇编——姜元泽家藏契约文书》，人民出版社2008年版，第35页。
② 孙兆霞：《吉昌契约文书汇编》，社会科学文献出版社2010年版，第7页。
③ 同上书，第24页。
④ 唐立、杨有赓、武内房司：《贵州苗族林业契约文书汇编》卷3，东京外国语大学2003年版，第3/E/49页。
⑤ 同上。
⑥ 唐立、杨有赓、武内房司：《贵州苗族林业契约文书汇编》卷1，东京外国语大学2001年版，第1/A/205页。

"理论"即"据理争论；讲理"之意。"俱在卖主理论"即"全部在卖主讲理"。"赴公理论"即"赶赴公堂据理争论"。"请中理论""经中理论"即"请中间人据理争论""经过中间人据理争论"。

【理落】

(7)《乾隆十六年（1836）姜凤章卖山契》："其山自卖之后任从富宇照契管业，日后不得异言争论。如有来路不明，俱在卖主理落，不与买主相干。"①

(8)《乾隆十七年（1837）姜老井立卖杉山约》："其山恁从买主管业。如有来路不明，俱在卖主理落，不干买主之事。"②

(9)《乾隆二十八年（1848）姜保该、启才卖田契》："其田自卖之后，任从买主子孙永远耕管为业，卖主房族弟兄不得异言翻悔。如有来路不明，俱在卖主理落，不与买主何干。"③

(10)《乾隆三十六年（1771）姜生音、福音、子姜保登三人立断卖杉山约》："自卖之后，恁从买主管业，卖主之子不得异言。倘有来历不清，俱在卖主向前理落，不干买主之事。"④

(11)《道光十五年（1835）姜老孟弟兄立断田字》："其田自卖之后，恁凭买主耕种管业，……如有异言，俱在卖主理落，不与买主相干。"⑤

(12)《民国二十年吴祖培卖田契》："即日钱契两交，亲手领请入手，并不下欠分文。若有来历不清，卖主向前理落，不与买主相涉。"⑥

---

① 陈金全、杜万华：《贵州文斗寨苗族契约法律文书汇编——姜元泽家藏契约文书》，人民出版社 2008 年版，第 4 页。

② 唐立、杨有赓、武内房司：《贵州苗族林业契约文书汇编》卷 1，东京外国语大学 2001 年版，第 1/A/2 页。

③ 陈金全、杜万华：《贵州文斗寨苗族契约法律文书汇编——姜元泽家藏契约文书》，人民出版社 2008 年版，第 8 页。

④ 唐立、杨有赓、武内房司：《贵州苗族林业契约文书汇编》卷 2，东京外国语大学 2002 年版，第 2/B/1 页。

⑤ 唐立、杨有赓、武内房司：《贵州苗族林业契约文书汇编》卷 3，东京外国语大学 2003 年版，第 3/D/17 页。

⑥ 张新民：《天柱文书》，江苏人民出版社 2014 年版，第 8/37 页。

将上述六例契文之"俱在卖主理落"与例（1）之"俱在卖主理论"进行对照，不难发现"理落"当同于"理论"，即"据理争论；讲理"之意。"理落"或写作"礼落""理乐""理洛""落理"等。例如：

（13）《嘉庆十八年（1813）陆在清宓溪茶山断卖契》："恁凭银主管业，如业不清，俱在卖主礼落，不得异言。纵有黄金，不得归赎。"①

（14）《乾隆五十九年（1794）龙传瓒立租字》："……恐有外人异言，二比一齐理乐。"②

（15）《嘉庆二十年（1815）龙俨更立卖山场杉木约》："其山自卖之后，愿凭买主修理管业，而卖主弟兄不得异言。如有不清，拘（俱）在卖主理洛，不关买［主］之事。"③

（16）《民国二十七年吴梁氏伯贞母子卖田字》："如有来历不清，卖主向前落理，不干买主之事，卖主不得异言。"④

将"理落"写作"礼落、理洛"实是书写时同音替代的结果。

将"理落"写作"理乐"当是方言语音作用的产物。在贵州契约文书中，韵母 e 与 uo 多相混。如将"货物"写作"贺物"⑤；将"十八个"写作"十八过"⑥，将"四十八个"写作"四十八过"⑦。根据文意，综合贵州契约文书中的韵母"e 与 uo"相混的方言特点，对比"理乐"与"理落"诸例，可以判定"理乐"实即"理落"。

"落理"实是"理落"的颠倒形式。

---

① 高聪、谭洪沛：《贵州清水江流域明清土司契约文书——九南篇》，民族出版社 2013 年版，第 8 页。

② 同上书，第 247 页。

③ 唐立、杨有赓、武内房司：《贵州苗族林业契约文书汇编》卷 1，东京外国语大学 2001 年版，第 1/A/108 页。

④ 张新民：《天柱文书》，江苏人民出版社 2014 年版，第 8/57 页。

⑤ 孙兆霞：《吉昌契约文书汇编》，社会科学文献出版社 2010 年版，第 13、77、163、206、222 页。

⑥ 高聪、谭洪沛：《贵州清水江流域明清土司契约文书——亮寨篇》，民族出版社 2014 年版，第 50 页。

⑦ 同上书，第 147 页。

【理质】

(17)《民国三十六年郭玉书立加补书画文约》:"情因家父郭绍华移居四川巴县石龙□,遂将祖父遗留之业,地名孝堰山土水田屋基胞伯绍荣、胞叔绍堂管理,迄今多年。不意伯叔绍荣绍堂擅将我业私卖与侯明高。而明高复转卖与邹道洪耕管有年。今凭地首理质,以为此业虽系祖父遗留,而业权失去多年,理昌(偿)邹姓得业吃亏。应加偿法币陆万元正(整)。即日凭中如数领明清楚,勿得仙角少欠。"[1]

根据文意,对比"理论"诸例,可知"理质"当同于"理论",即"据理争论;讲理"之意。

【理讲】

(18)《雍正十一年(1733)汪尔重立卖明房地基文契》:"乾隆肆年五月二十四日,汪尔重因房地地价不符,请人理讲公处,后补银贰两伍钱整。尔重凭中亲手领回。日后不得异言。如有异言,将纸赴官,自认骗害之罪。"[2]

(19)《乾隆二年(1737)程国珍同子朝圣立卖明水田文契》:"自卖之后,认随汪处子孙永远管业,不许亲族人等争论异说,如有此等情弊,将纸赴公理讲,国珍父子一面承当。"[3]

(20)《道光七年(1827)姜老连、姜老寿二人立清白合约字》:"翁等闻知,请中理讲,乡老解劝,蒙翁等看在先父之情,此山地主分为四大股,金关占二大股,九包番占一大股,引番、蔼番弟兄占一大股。"[4]

(21)《道光十年(1830)姜老凤兄弟二人立分拨油山字》:"为因先年老凤种卖祖父遗油山内,有杉木一块,……出卖与姜春发。请

---

[1] 汪文学:《道真契约文书汇编》,中央编译出版社2014年版,第472页。
[2] 孙兆霞:《吉昌契约文书汇编》,社会科学文献出版社2010年版,第228页。
[3] 同上书,第2页。
[4] 唐立、杨有赓、武内房司:《贵州苗族林业契约文书汇编》卷3,东京外国语大学2003年版,第3/E/25页。

中理讲，蒙中解劝，老凤分拨笼早路砍脚山土一块，弟应桥全受，应桥栽田，老凤永远无分。"①

(22)《道光二十七年（1847）姜东贤弟兄立分合约字人》："因有山场一幅，坐落地名从讲。为因与启略、启松相争界限，请中理讲，二比自甘和息，凭中埋岩定界。"②

(23)《咸丰二年（1852）汪起贵立杜卖明科田文契》："自卖之后，任随兄子孙永远管业，弟子侄以及外姓人等不得妄生找补、争论异言。如有异言，任随兄执纸赴公理讲，弟自任套哄之咎。"③

将例（19）、例（23）与例（2）、例（3）进行对比，可以断定"理讲"当与"理论"义同，亦即"据理争论；讲理"之意。将例（18）、例（20）—（22）与例（4）—（6）进行比对，亦可得证"理讲"当即"理论"。

【理直】

(24)《民国二十三年吴兴让卖阴地契》："其阴地恁由杨姓子孙进葬，吴姓不得言说。祭扫永远发达，万代兴隆。安葬以后，有亲族言论，自有卖主向前里直（理直），不有买主相干。"④

(25)《民国三十年张玉林、张玉贵卖基地山土阴阳二宅桐茶五色杂木等契》："日后若有人言讲从抵甲当账目不清，自有卖主上前理直，不与买主相涉。一愿二愿，二比情愿。"⑤

例（24）"里直"实即"理直"。将两例"理直"与诸例"理论""理落"进行比对，可以判定"理直"当与"理论""理落"意同，亦可释作"据理争论；讲理"之意。

---

① 唐立、杨有赓、武内房司：《贵州苗族林业契约文书汇编》卷3，东京外国语大学2003年版，第3/F/3页。
② 同上书，第3/E/25页。
③ 孙兆霞：《吉昌契约文书汇编》，社会科学文献出版社2010年版，第21页。
④ 张新民：《天柱文书》，江苏人民出版社2014年版，第1/55页。
⑤ 同上书，第1/118页。

"理直"或写作"直理",如例(27)。

(26)《民国二十三年周长后具甘心了结契约》:"迄今特凭区长地方首翁将此前后所卖产业口角逐一理明。了结以后,勿得再向邹姓称云加补书画之非。倘有以老卖□,应有地首、地方执事人员直理秉公,以戒刁横。"①

文中"直理"即"理直",可释作"据理争论;讲理"之意。

【理楚】

(27)《光绪二十六年(1900)姜世龙立分合同契约字》:"立分合同契约字人姜世龙、姜登科叔侄、姜志明弟兄、姜恩顺姜交璘叔侄、姜世清父子交明等。为卖地名冉拜木砍伐下河,客人姜交信、姜超翼,生理因股数争论,请中理楚,蒙中劝解,原照四大股均分。"②

(28)《民国十七年杨永兴卖田契》:"其契稻凭中两交,外不立领字。若有来历不清,卖主向前理楚,不关买主之事。"③

将两例"理楚"与各例"理论""理落"进行比对,可知"理楚"之义当同于"理论""理落",亦可释作"据理争论;讲理"。

综上,贵州契约文书在表达"理论"这一意义时,使用了丰富多样的词语。一方面因为贵州契约文书书成众手,容易将个人的或个人生活居住地的用词用语融入其中;另一方面,也与固定化的套语结构密切相关。利用套语结构,根据已知词语的语义,可以帮助我们有效地对一些生僻词语做出训释,从而弥补大型辞书收录词语的不足。如上文的"理落",未见于《大词典》等辞书,而通过"俱在卖主理论,不干买主之事(不与买主相干)"这个套语结构,可知"理落"即"理论"。类似的例证还有理质、理讲、理楚等。

---

① 汪文学:《道真契约文书汇编》,中央编译出版社 2014 年版,第 440 页。
② 唐立、杨有赓、武内房司:《贵州苗族林业契约文书汇编》卷 3,东京外国语大学 2003 年版,第 3/E/42 页。
③ 张新民:《天柱文书》,江苏人民出版社 2014 年版,第 8/34 页。

第五节 "使用"类词语研究

贵州契约文书在表达"使用"这一意义时用语丰富。有单音节的，如"用"；有双音节的，如"使用""应用""任用""凭用""用度""度用""度费""用费""费用""受用""运用""揩用""支用""开销"等。试举例分析如下。

【用】

（1）《乾隆二十四年（1759）姜文华卖田契》："立断卖田约人文堵下寨下房姜文华，为因家中缺少银用。"①

（2）《嘉庆八年（1803）龙永贵、龙德高二人立断卖柴山坡杉树核桃约》："立断卖柴山坡杉树核桃约人龙永贵、龙德高二人，今为家下缺少银用。"②

（3）《光绪十年（1884）龙荣立断卖棉花地字约》："立断卖棉花地字约人龙荣，缺少钱用。"③

"用"即"使用"之意。

【使用】

（4）《乾隆十三年（1748）姜善字、银花兄弟卖木契》："为因家下要银使用，自己将到分口所栽杉木一块，……承愿将半股出卖与本房姜启才、富宇、祖保、长保四人名下承买为业。当日凭中议定价

---

① 陈金全、杜万华：《贵州文斗寨苗族契约法律文书汇编——姜元泽家藏契约文书》，人民出版社 2008 年版，第 5 页。
② 高聪、谭洪沛：《贵州清水江流域明清土司契约文书——九南篇》，民族出版社 2013 年版，第 4 页。
③ 高聪、谭洪沛：《贵州清水江流域明清土司契约文书——亮寨篇》，民族出版社 2014 年版，第 83 页。

银玖两整,亲手领回应用。"①

(5)《乾隆六十年(1795)范文澜借银契》:"今因无银使用,自已借到文斗寨姜绍望、映辉二人名下,实借过本银一两九钱整,入手应用。"②

(6)《嘉庆拾年(1805)姜绍怀卖木契》:"为因家中要银使用,无处得出,自愿将到祖遗山场杉木,土名污鸠求,出卖与上寨姜士朝兄名下承买为业。当日凭中议定价银贰两叁钱,亲手领回应用。"③

(7)《嘉庆二十四年(1819)龙昌文弟兄二人断卖杉木约》:"今家下要银使用,无从得出。……当面议定价银壹两八钱整,亲手收回应用。"④

【应用】

(8)《嘉庆十九年(1814)范继尧断卖山场杉木约》:"为因无银使用,自愿将杉山一块。地名坐落乌已溪。当日凭中出卖与家十寨姜廷德承买为业。议定价银十两整,亲手收回应用。"⑤

(9)《道光二年(1822)姜相麟卖山场杉木契》:"今因家下要银应用,自已将到杉木山场一块,地名乌白溪翁。出卖与本房叔姜宗玉名下承买为业。当日三面议定价银二两五钱,亲领入手应用。"⑥

(10)《嘉庆十六年(1811)姜光周卖木契》:"为因要银使用,……凭中当面议定价银贰拾一两正,亲手领回应用。"⑦

---

① 陈金全、杜万华:《贵州文斗寨苗族契约法律文书汇编——姜元泽家藏契约文书》,人民出版社2008年版,第3页。
② 同上书,第55页。
③ 同上书,第79页。
④ 张应强、王宗勋:《清水江文书》第1辑共13册,广西师范大学出版社2007年版,第1/1/15页。
⑤ 同上书,第1/2/27页。
⑥ 陈金全、梁聪:《贵州文斗寨苗族契约法律文书汇编——姜启贵家藏契约文书》,人民出版社2015年版,第162页。
⑦ 陈金全、杜万华:《贵州文斗寨苗族契约法律文书汇编——姜元泽家藏契约文书》,人民出版社2008年版,第120页。

在例（4）—（8）、例（10）中，"卖主"均是因为缺银"使用"，进而出卖标的，卖后将银领回"应用"。对比前后词语，可以判定"应用"当与"使用"意同。将例（9）与例（4）—（8）、例（10）进行比对，亦可证明"应用"当与"使用"意同。

【受用】

(11)《乾隆二十八年（1763）姜凤宇立断卖杉木山场字约》："为因家下要银使用，自愿将祖遗山场一所，坐落土名卧兰山。出卖与下房姜远福名下承买为业。当面议定价银一两九钱整，亲手领回受用。"①

(12)《道光十二年（1832）姜光照立断卖山场杉木字》："为因要银使用，无出。自愿请中出卖与姜钟英兄弟名下承买为业。地名一处皆粟，……又一处培拜……又一处白号……又一处冉高多……一共四块，凭中三面议定断价银五百二十两，亲手收回受用。"②

(13)《道光二十一年（1841）姜壬午兄弟卖木契》："为因要银使用，无处得出，自愿将到祖遗山场杉木一块，地名从堆……今将出断卖与上房姜绍熊名下承买为业。当日凭中三面议定价纹银十两五钱正，亲手领回受用。"③

在例（11）—（13）中契文用词先是"使用"，后换作"受用"，对比可证"受用"当同于"使用"。"受用"或写作"授用"，如例（14）、例（15）。

(14)《乾隆三十二年（1767）姜文进再卖木契》："今因家下要银，分争木头一十六根，地名坐落番故怼山……自将名下之木山断与本房姜富宇名下承买蓄禁修理管业。当日凭中面议价银一两三钱正

---

① 唐立、杨有赓、武内房司：《贵州苗族林业契约文书汇编》卷1，东京外国语大学2001年版，第1/A/3页。

② 唐立、杨有赓、武内房司：《贵州苗族林业契约文书汇编》卷2，东京外国语大学2002年版，第2/B/101页。

③ 陈金全、杜万华：《贵州文斗寨苗族契约法律文书汇编——姜元泽家藏契约文书》，人民出版社2008年版，第374页。

（整），亲手领回授用。"①

(15)《乾隆三十二年（1767）姜应保卖田契》："立断卖田约人堂兄姜应保，今因家下要银费用，自己请中将到分下祖遗之田一大坵，土名坐落文斗，今凭中出卖与本房堂兄弟姜周魁名下承买耕种为业。当日凭中面议价银叁拾贰两正，亲手领回授用。"②

【费用】

(16)《乾隆四十七年（1782）姜朝魁兄弟二人断卖田约》："为因家中空乏，要银使用，无从寻出。自己名分祖下遗田坐落土名格爹一坵，……又一坵，土名眼蜡，……自问到叔父姜佐章名下承买为业。当日面议足色纹银二十九两正（整）。其银亲手收回费用。"③

(17)《乾隆六十年（1795）姜映元卖田契》："今因家中要银费用，自己将到先年得买之田，土名坐落也丹一坵，凭中出断与本境姜士朝、映飞二人名下承买耕种为业。当日凭中面议定价银柒两捌钱，亲手收回应用。"④

(18)《道光十六年（1836）姜承宗断卖田字》："为因要银费用，自愿将到地名皆敢田二坵，出断与姜之模名下承买为业。……当日凭中议定价纹银五两八钱整。亲手收回应用。"⑤

(19)《光绪三十四年（1908）邹庆堂立出足领清收卖价文约》："今因无钱费用，将自己祖父遗留屋基坝子园子地名仲家沟，凭中出卖与李元林名下耕种。"⑥

(20)《民国五年周长后立出卖契文约》："情因无钱费用。自愿

---

① 陈金全、杜万华：《贵州文斗寨苗族契约法律文书汇编——姜元泽家藏契约文书》，人民出版社2008年版，第7页。
② 同上书，第10页。
③ 张应强、王宗勋：《清水江文书》第1辑共13册，广西师范大学出版社2007年版，第1/7/14页。
④ 陈金全、杜万华：《贵州文斗寨苗族契约法律文书汇编——姜元泽家藏契约文书》，人民出版社2008年版，第54页。
⑤ 张应强、王宗勋：《清水江文书》第1辑共13册，广西师范大学出版社2007年版，第1/7/44页。
⑥ 汪文学：《道真契约文书汇编》，中央编译出版社2014年版，第352页。

第二章　贵州契约文书几组同义词语考察　　　143

将自己受分之屋基，地名重家沟，凭中出卖与陈兴礼名下耕种。"①

在例（16）中契文前言"要银使用"，后说"其银亲手收回费用"，结合契文文意，对比前后用语，可以判定"费用"当与"使用"意同。例（17）、例（18）卖主均是"要银费用"而出卖自己的产业，卖后将所获银两"亲手收回应用"。对比可知"费用"当与"应用"意同。"应用"同于"使用"，故"费用"亦与"使用"意同。例（15）中之"授用"即"受用"。据例（15）文意可知"费用"当与"受用"意同，"受用"与"使用"意同，故可证"费用"亦同于"使用"。

【任用】

（21）《乾隆二十四年（1759）姜文华卖田契》："为因家中缺少银用，请中问到六房姜永相名下承愿祖田二块，坐落地名乌鸠，土名是楼，承愿卖与永相为业。当日凭中议定价银贰拾陆两整，文华亲手领回任用。"②

（22）《嘉庆十三年（1808）姜保匆卖山契》："为因要银使用，无处得出。自愿将到地名眼丘丢，在映连田坎下保匆先年得买德如松木山场，……出卖本房姜映连承买为业，凭中义（议）定价银三两正，亲手收回任用。"③

（23）《道光十五年（1835）姜开儒卖山契》："要银使用，无处得出。自愿将到父亲先年名下得买姜治齐油山山场一块，出卖与下寨姜钟英弟兄名下承买为业。当面议定价银五两六分整，亲手领回任用。"④

例（21）—（23）卖主因为要银"使用"而出卖产业，卖后将得获银两取回"任用"，结合文意，对比前后用语，可以判定"任用"当与

---

① 汪文学：《道真契约文书汇编》，中央编译出版社 2014 年版，第 378 页。
② 陈金全、杜万华：《贵州文斗寨苗族契约法律文书汇编——姜元泽家藏契约文书》，人民出版社 2008 年版，第 5 页。
③ 同上书，第 96 页。
④ 陈金全、梁聪：《贵州文斗寨苗族契约法律文书汇编——姜启贵家藏契约文书》，人民出版社 2015 年版，第 241 页。

"使用"意同。

【用度】

(24)《乾隆六十年（1795）姜福生弟兄二人立断卖田约》："今因要银用度，无处得出，自愿将到地名南坞田贰坵，出卖与文堵（斗）下寨姜映辉名下承买为业。当面凭中言定价银十九两整，亲手领回应用。"①

(25)《嘉庆九年（1804）龙香岩父子卖山契》："为因家中无银用度，无出，自愿将到地名南晚山场一块，……出卖与陈老长名下承买为业。当日凭中三面议定价银十两三钱正，亲手领回应用。"②

(26)《嘉庆十年（1805）姜美保断卖山场杉木约》："为因家中艰难，要银用度。……当日凭中议定价银十六两五钱整，亲手领回应用。"③

(27)《嘉庆十二年（1807）姜老岩卖木契》："为因家下要银用度，自愿将到祖山杉木一块，坐落地名汉大求上场，老岩名下占二股，出卖与本房姜宾周名下承买为业。当日凭中议定价纹银三两六钱正（整），亲手受用。"④

(28)《道光十六年（1836）龙文顺父子断卖油山字》："为因家下要银用度，无处得出，自己愿将到白堵山杉木山场，……今将出卖与上房姜绍熊、绍齐，钟太三人名下承买为[业]。当日凭中议定价银四两正，亲手领回任用。"⑤

(29)《道光十八年（1838）姜遇魁卖木契》："为因要银用度，自愿将到先年佃到姜廷映之山，……我姜遇魁占一小股，今请中将我本名栽手一小股出断卖与姜齐泰名下承买为业。当面议定价银一两零

---

① 陈金全、杜万华：《贵州文斗寨苗族契约法律文书汇编——姜元泽家藏契约文书》，人民出版社 2008 年版，第 55 页。

② 同上书，第 75 页。

③ 张应强、王宗勋：《清水江文书》第 1 辑共 13 册，广西师范大学出版社 2007 年版，第 1/1/2 页。

④ 陈金全、梁聪：《贵州文斗寨苗族契约法律文书汇编——姜启贵家藏契约文书》，人民出版社 2015 年版，第 50 页。

⑤ 陈金全、杜万华：《贵州文斗寨苗族契约法律文书汇编——姜元泽家藏契约文书》，人民出版社 2008 年版，第 329 页。

五钱，亲手领回任用。"①

据例（24）—（29）文意，可知"用度"当与"应用""受用""任用"意同，而"应用""受用""任用"皆同于"使用"，故"用度"亦当与"使用"意同。

【度用】

（30）《嘉庆二十年（1815）高门龙氏母子卖田契》："为因要银度用，无出，自愿将到父亲先年得买龙香矮地名鸿休田壹坵，出卖与下文斗寨姜映辉承买为业。凭中议定价银三十两零五钱，亲手领回应用。"②

（31）《嘉庆十八年（1813）姜生兰立卖山场杉木约》："为因家中无银度用，无处得出。自愿山场一块，土名眼强，此山分为十二股半，……生兰名下一股出卖与堂弟姜宗玉名下承买为业。当日凭中三面言定价银一两〇五分，亲手收回任用。"③

（32）《道光二年（1822）姜本望、姜本清卖山场杉木契》："为因家中要银度用，无处得出，自愿将祖遗之山一块，坐落地名乌宜。……请中出卖与姜维新先生名下。三面议定价银一十九两一钱。其银亲手领回应用。"④

（33）《道光七年（1827）姜昌后弟兄立断卖田并山树字》："为因要银度用，无处得出。自愿将到地名皆屡之田一坵，……又将到左边之山并荒坪地木，俱卖。……二处界至分明。请中卖与姜绍韬名下承买。当日议定价银十一两六钱，亲手领回应用。"⑤

---

① 陈金全、杜万华：《贵州文斗寨苗族契约法律文书汇编——姜元泽家藏契约文书》，人民出版社 2008 年版，第 339 页。

② 同上书，第 140 页。

③ 唐立、杨有赓、武内房司：《贵州苗族林业契约文书汇编》卷 1，东京外国语大学 2001 年版，第 1/A/97 页。

④ 陈金全、梁聪：《贵州文斗寨苗族契约法律文书汇编——姜启贵家藏契约文书》，人民出版社 2015 年版，第 164 页。

⑤ 唐立、杨有赓、武内房司：《贵州苗族林业契约文书汇编》卷 1，东京外国语大学 2001 年版，第 1/A/97 页。

根据例（30）、例（32）、例（33）文意，可知"度用"当与"应用"意同；据例（31）文意，可断"度用"当与"任用"意同。"应用""任用"皆同于"使用"，故"度用"亦与"使用"意同。

【恁用】

（34）《嘉庆二十三年（1818）龙长生断卖山场杉木约》："立断卖山场杉木约人本寨龙长生。为因家中用度，无处所出。……当日凭中议定价银一两六钱五分整。亲手收回恁用。"①

（35）《嘉庆十三年（1808）姜廷映卖山场杉木契》："当面出卖与姜宾周兄承买为业，议定价银三两五钱正（整）。亲手收回恁用。"②

（36）《同治九年（1870）龙凤飞立断卖山场并栽手约》："自愿将到山场杉木一块，地名尾包。此山地主栽手分为五股，地主占三股，栽手占两股。此地主分为十股，本名占一股，又栽手二分为八股，本名占一股。……将出卖与本家堂侄长生、木生、和生三人承买为业。当日凭中议定断价铜钱四千四百文。亲手领足恁用。"③

（37）《嘉庆二十二年（1817）姜宗元卖山场契》："为因要银使用，无处得出，自愿将到分下祖遗之山，地名干榜，今将出卖与本房堂侄姜光宗名下承买为业。当面议定价银八钱五分，恁用。"④

（38）《嘉庆二十四年（1819）姜氏奢议母子卖山场杉木契》："为因要银用度，今缺少粮食，自愿将到分下山场杉木，坐落地名伯号山，……金出卖与上房姜绍滔名下承买为业。当面议定价银三两七钱正（整），恁用。"⑤

---

① 张应强、王宗勋：《清水江文书》第 1 辑共 13 册，广西师范大学出版社 2007 年版，第 1/1/14 页。
② 陈金全、梁聪：《贵州文斗寨苗族契约法律文书汇编——姜启贵家藏契约文书》，人民出版社 2015 年版，第 55 页。
③ 张应强、王宗勋：《清水江文书》第 1 辑共 13 册，广西师范大学出版社 2007 年版，第 1/6/45 页。
④ 陈金全、梁聪：《贵州文斗寨苗族契约法律文书汇编——姜启贵家藏契约文书》，人民出版社 2015 年版，第 107 页。
⑤ 同上书，第 127 页。

例（37）中先是说"使用"银，后又说"恁用"银，结合文意，对比前后用语，可知"恁用"当与"使用"意同。据例（34）、例（38）文意，可知"用度"当与"恁用"意同，"用度"同于"使用"，故"恁用"亦当与"使用"意同。

【用费】

(39)《同治十二年（1873）周金华立出卖契文约》："今因无钱用费。将自己受分之屋基坝子园子一全股，载粮一厘。……一并出卖与邹德盛名下子孙永远耕管。"①

(40)《同治十二年（1873）周长蛟弟兄立出卖契文约》："今因无钱用费，请凭中证将自己公祖养膳之业，……凭中出卖与邹德盛名下世代子孙永为业。"②

(41)《光绪二年（1876）周长流立出转当约》："今因无钱用费。请将自己得当周长万屋后坎子面上土一福，自愿一并出转当与邹德高大爷名下耕种。"③

(42)《同治十二年（1873）刘开级叔侄二人立出卖契文约》："今因无钱用度，将自己祖父遗留之业。……凭中出卖与邹裘格名下承主永远管理。"④

(43)《同治十二年（1873）周福禄立出卖契文约》："今因无钱用度，请凭中证将自己受分之屋基、得买之水田园子屋基一干半、水田一坵、园子一股，载粮六厘，载种三升。……凭中出卖与邹德盛名下子孙耕管。"⑤

(44)《民国十五年周福淇立出当约》："今因无钱用度，故将自己之业，地名梨树湾水田一坵，凭中出当与邹彩洪名下耕栽。"⑥

将三例"用费"与例（42）—（44）之"用度"进行对比，可证

---

① 汪文学：《道真契约文书汇编》，中央编译出版社2014年版，第156页。
② 同上书，第149页。
③ 同上书，第193页。
④ 同上书，第160页。
⑤ 同上书，第153页。
⑥ 同上书，第444页。

"用费"当与"用度"意同。"用度"同于"使用",故"用费"亦当与"使用"意同。

【支用】

(45)《光绪三十一年(1905)邹庆夫立出併契文约》:"今因无钱支用,将自己祖父遗留分受之坐宅屋基一间,连坝子一幅,宅下园趾(子)一台,坐宅右边白果树脚一踏,自愿请凭中证出併与胞兄庆堂名下世代耕管。"①

(46)《民国二十四年唐臣纲立出当约》:"今因无钱支用,愿将自己受分之业,地名新田大水田三坵,请凭中证当与邹道洪名下耕栽。"②

(47)《民国三十年李光彩立出加约》:"今因无钱支用,故将自己之业,地名众家沟水田一股。请凭中证出加当与邹道洪名下耕栽。"③

(48)《同治元年(1862)周福禄立出当约》:"今因无钱用度,请愿将自己得併三叔水田地名宅下一坵;二处地名大园子山土一全幅,凭中出当与邹德盛耕哉(栽)耕种。"④

(49)《光绪三十二年(1906)邹庆夫立出併契文约》:"情因无钱费用,请凭中证将自己受分祖父遗留之业,……凭中出併与胞兄庆堂名下子孙耕管世守为业。"⑤

(50)《民国二十七年李国超立出加当文约》:"情因无钱用度,愿将自己受分之业,地名易新庙,水田全股,山土在内。凭中加当与邹道洪名下耕管。"⑥

将例(45)之"支用"与例(49)之"费用"进行比对,可知"支用"当与"费用"意同。将例(46)、例(47)之"支用"与例(48)、

---

① 汪文学:《道真契约文书汇编》,中央编译出版社2014年版,第338页。
② 同上书,第443页。
③ 同上书,第458页。
④ 同上书,第89页。
⑤ 同上书,第339页。
⑥ 同上书,第457页。

例（50）之"用度"进行比对，可证"支用"当同于"用度"。"费用""用度"皆同于"使用"，故"支用"亦与"使用"意同。

【运用】

(51)《民国二十六年石美堂、石盛凡立杜卖明阴地文契》："今凭亲族于中商妥，将此地出退与石玉川、石和五叔侄二人名下，安葬族兄玉书。即日三面议定卖价中洋叁拾捌元整。美堂、盛凡弟兄二人当席领明运用。"①

(52)《民国三十年石玉川等立杜卖明房屋地基文契》："为因追荐祖先道场法事一供无洋应用，叔侄商妥，将四叔祖考石维锦所遗之正房三间、厢房二间，……经凭中出卖与石以昌、石和武二人名下管业居住。凭证议定卖价法币洋银陆阡（仟）叁百元整。玉川、玉先等当席亲手领明运用，并未下欠角仙。"②

(53)《光绪十四年（1888）桂锦培立卖明科田文契》："……原日三面议定得授（受）卖价时值银拾贰［两］捌钱整。桂姓即日当席领明应用，并未短欠分厘。"③

(54)《宣统元年（1909）立卖科田文契人石维先》："为因乏用，只得亲请凭中上门，将本己置明科田壹块，坐落地名大沟边胡家塘，……凭本族议卖与族叔石秉千名下为业。原日三面议定卖价随用银叁拾壹两零陆钱整。卖主当席领明应用，并未托（拖）欠分厘。"④

(55)《咸丰十一年（1861）汪郑氏父子立卖明科田文契》："为因托（拖）欠账务，无处出辨（办），只得将到祖父遗留分受（授）分内名下科田贰垀。……亲请凭中上门，出卖与伯娘汪田氏名下为业。原日三面议定价值足色纹银伍拾叁两叁钱整。堂侄子母即日当席亲手领明应用。"⑤

(56)《同治三年（1864）陈思畴立杜卖明科田文契》："为因移业置业，……将祖父遗留分授自己名下科田贰块，坐落地名吴家地桥

---

① 孙兆霞：《吉昌契约文书汇编》，社会科学文献出版社2010年版，第268页。
② 同上书，第255页。
③ 同上书，第45页。
④ 同上书，第63页。
⑤ 同上书，第26页。

边……出卖与田荣名下耕种管业。原日议定卖价纹银拾两零肆钱整。陈姓当席亲手领明应用。"①

将例（51）之"当席领明运用"与例（53）、例（54）之"当席领明应用"进行比对，将例（52）之"当席亲手领明运用"与例（53）、例（54）之"当席亲手领明应用"进行比对，可知"运用"当与"应用"意同。"应用"同于"使用"，故"运用"亦同于"使用"。

【度费】

(57)《光绪三十三年（1907）邹庆堂立出卖契文约》："今因无钱度费，日用无支，情愿将自己祖父遗留之屋基中堂二间，坝子一踏，坝子坎脚园子一块。又隔一踏，连庆辉界半幅，地名仲家沟。……一并出卖与李元林名下耕种修屋世守管理。"②

(58)《乾隆贰拾九年（1764）姜银启三卖木契》："为因家下无银使用，自愿将杉木壹块，地名坐落皆列山，请中出卖与姜香乔、今保、今三三人承买为业永远，当面议定价银肆钱整，卖主房族兄弟等不得异言。"③

(59)《嘉庆十六年（1811）范绍宗父子卖山契》："为因无银使用，自己将到地名也忧杉木山场一块。……请中问到出卖与范德华名下承买为业。当日凭中议定价银肆两贰钱。亲手收回应用。"④

(60)《道光十一年（1831）肖廷彩卖木契》："今因无银使用，自己得买姜相清、相得、侄熙华名下地名翁扭之山木，出卖与文斗下寨姜映辉公名下承买蓄禁。"⑤

将例（57）与例（58）—（60）进行比对，可以判定"度费"当与"使用"意同。

---

① 孙兆霞：《吉昌契约文书汇编》，社会科学文献出版社2010年版，第27页。
② 汪文学：《道真契约文书汇编》，中央编译出版社2014年版，第351页。
③ 陈金全、杜万华：《贵州文斗寨苗族契约法律文书汇编——姜元泽家藏契约文书》，人民出版社2008年版，第9页。
④ 同上书，第118页。
⑤ 同上书，第281页。

【措用】

(61)《民国十六年郭绍云弟兄二人立出清收足领文约》:"情因年岁饥馑,无钱措用。情愿将自己父亲得买之业,……请凭中证言说出卖与侯鹏仲名下子孙永远耕管为业。"①

(62)《嘉庆二十年(1815)姜启昌立卖山场并荒坪约》:"今因患病空乏,无钱使用。自愿将先祖分落之山场一节,坐落地名井略东牛。……山内本名开挖为田未成而止,计大小荒坪两个。今一并出卖与姜启璜名下承买为业。当面凭中议定价银一两一钱整,亲手收足。"②

(63)《嘉庆二十一年(1816)范绍田立断卖山场杉木约》:"立断卖山场杉木约人岩湾范绍田。为因无银使用,自愿将到杉山二块,……凭中出卖与文斗寨姜绍韬承买为业。当日议定价银二十两正(整),亲手收回应用。"③

(64)《同治九年(1870)姜国玕等立断卖田约》:"为因玉保之事,众等无银使用。自愿将到先年捐抽之田,……约谷四担,[其]坐落地名中培。今将出卖与姜发春名下承买为业。当面议定纹银六两四钱八分,亲手领回应用。"④

将例(61)"措用"与例(62)—(64)之"使用"进行比对,可知"措用"当与"使用"意同。

【正用】

(65)《光绪二十四年(1898)杨学来、杨思富二人立卖山地契》:"为因要钱正用,无所出处。自愿将到土名登家福边山二团,

---

① 汪文学:《道真契约文书汇编》,中央编译出版社2014年版,第416页。
② 唐立、杨有赓、武内房司:《贵州苗族林业契约文书汇编》卷1,东京外国语大学2001年版,第1/A/112页。
③ 唐立、杨有赓、武内房司:《贵州苗族林业契约文书汇编》卷2,东京外国语大学2002年版,第2/B/44页。
④ 唐立、杨有赓、武内房司:《贵州苗族林业契约文书汇编》卷3,东京外国语大学2003年版,第3/D/36页。

当日凭中言定价钱乙（一）千六百八十文正（整）。……自己问到杨东玉、龙祖瑜二人承买。"①

（66）《同治七年（1868）姜钟述卖木契》："为因要钱使用，自愿将到先年佃栽钟奇弟兄三小家之山一块，土名污宜。……今将栽手出卖与姜钟奇、世杨、世模三老家叔侄承买为业。当面议定价钱七百八十文，亲手收足。"②

（67）《民国十年姜登儒、登悌卖木契》："为因要钱使用，无处得出，自愿将到祖遗山一块，地名冉路。……此地分为贰大股，弟兄占一股，今凭中出断卖与□□□名下承买为业。当中议定价□百零八文，亲手收足应用。"③

（68）《民国十六年朱家振、崇贵叔侄卖木并山契》："为因要钱使用，……自愿将到亲手得买地名党宜。……此山分为十二股，……今将得买之十一股转卖与姜氏随凤名下承买为业。当中议定价钱叁仟四百文，亲手收足应用。"④

（69）《民国十七年朱家根卖木契》："为因要钱使用，无处得出，自愿将到先年亲手得买姜世臣并登海之山场杉木壹块，地名皆从翁，……今将转卖与姜登鳌弟兄叔侄名下承买为业。当中议定价钱四千文，亲手收足应用。"⑤

将例（65）之"正用"与例（66）—（69）之"使用"进行比对，可知"正用"当同于"使用"。

【开销】

（70）《同治元年（1862）周伯全周伯万立出当约》："今因严父超度，无钱开销。将自己受分之业地名桥樑垮水田乙（一）

---

① 张新民：《天柱文书》，江苏人民出版社2014年版，第11/170页。
② 陈金全、杜万华：《贵州文斗寨苗族契约法律文书汇编——姜元泽家藏契约文书》，人民出版社2008年版，第457页。
③ 同上书，第531页。
④ 同上书，第537页。
⑤ 同上书，第538页。

段。……出当与刘太孝名下耕栽。"①

（71）《光绪二十六年（1900）王凤炳立卖田契约》："凭中言定价银叁拾壹两捌钱整，其银付与卖主领足开销。"②

（72）《光绪三十一年（1905）邹庆兰孔庆辉孔庆夫立出并约》："弟兄情因先年老人所欠之账，来又是川主会之账。弟兄手中空乏，无钱开销。"③

（73）《嘉庆二十五年（1820）姜显和立断卖山场杉木约》："为因要银使用，自愿将到山杉一所，土名冉学诗，……今请中将本名占六两出卖与姜伟老爷叔名下承买为业。当日凭中议定价银九两正，亲手领足应用。"④

（74）《道光二十二年（1842）姚开福等立断卖山场杉木约》："为因要银使用，无处得出。自愿上门问到姜春发五爷名下，愿将父亲得买姜宗保山场杉木一块，地名风走，……当日出卖，主（三）面议定纹银一两三钱五分。其银亲手领足应用。"⑤

（75）《民国二十三年龙后芳弟兄二人立卖杉山字人》："今因家下要钱使用，无从得出。与母谪（商）议，将父亲栽植杉山一块，……自己请中出卖与族公龙炳新名下承买为业。当［日］凭中三面议定卖价钱一百零五千四百八十文整。其钱亲手领足应用，并无下欠分文。"⑥

将例（70）、例（71）、例（72）"开销"例与例（73）—（75）之"使用""应用"进行对比，知"开销"当亦可视为"使用"的同义词。

---

① 汪文学：《道真契约文书汇编》，中央编译出版社2014年版，第93页。
② 张应强、王宗勋：《清水江文书》第2辑共10册，广西师范大学出版社2009年版，第2/6/55页。
③ 汪文学：《道真契约文书汇编》，中央编译出版社2014年版，第326页。
④ 唐立、杨有赓、武内房司：《贵州苗族林业契约文书汇编》卷1，东京外国语大学2001年版，第1/A/32页。
⑤ 唐立、杨有赓、武内房司：《贵州苗族林业契约文书汇编》卷2，东京外国语大学2002年版，第2/B/129页。
⑥ 唐立、杨有赓、武内房司：《贵州苗族林业契约文书汇编》卷3，东京外国语大学2003年版，第3/G/1页。

第六节 "四至"类词语研究

以《吉》《姜元泽》《九南篇》《苗》《天柱》《清水江》《亮寨》《姜启贵》八种契约文书资料为研究对象，依据贵州契约文书的固定格式，采用"同义类聚"的方法，可以发现贵州契约文书在表达"四面、八方界限清楚明白"这一意义时，用语颇为丰富多样。归纳起来可以分为如下九类：第一，"四至"类；第二，"四趾"类；第三，"四界"类；第四，"四处"类；第五，"四抵"类；第六，"四据"类；第七，"八抵"类；第八，"八界"类；第九，"处处"类。试就各类举例分析如下。

一 "四至"类

【四至分明】

(1)《乾隆十二年（1747）汪再昆同弟朝昆、荣昆立卖田文约》："凭中将分内田壹块，坐落名小山，东至汪家田，南至陈家田，西至斗会田，北至大路，四至分明，其随田科米仓升壹升四合一勺，情愿出卖与汪世荣名下管业耕种。"①

(2)《乾隆四十八年（1783）姜老远、九唐卖木契》："其山自卖之后，右凭冲，车凭冲，上凭田，下凭田为界，四至分明。"②

"分明"即"明确清楚"。"四至分明"即"四个方向到达的界限明确清楚"。"四至分明"或写作"四至分名、四致分明"，如例（3）—（6）。将"四至分明"写作"四至分名、四致分明"实是书写时同音替代的结果。

(3)《嘉庆十五年（1810）陈老祥卖木契》："自愿将到地名难晚之山场杉木一块，上凭岭，左凭老元，右凭政邦，下凭河唯（为）

---

① 孙兆霞：《吉昌契约文书汇编》，社会科学文献出版社2010年版，第3页。
② 陈金全、杜万华：《贵州文斗寨苗族契约法律文书汇编——姜元泽家藏契约文书》，人民出版社2008年版，第34页。

第二章　贵州契约文书几组同义词语考察　　155

介（界），四至分名，出卖与下寨姜应辉名下承买为业。"①

（4）《民国十八年石黄氏同子元妹立卖明秋田文契》："愿将祖父遗留分授自己名下秋田壹块，坐落地名仡老（佬）坟，东抵冯姓田，南抵本族田，两抵范姓田，北抵石姓界，四至分名。"②

（5）《道光元年（1821）陆美才高达茶山断卖契》："上凭岭，下凭地圹上，左右凭硬为界，四致分明，要行出断。"③

（6）《同治三年（1864）黄光朝烂泥冲杉山断卖契》："上凭买主为界，下凭龙姓山为界，左凭胡姓茶山为界，右凭买主为界，四致分明，要行出卖。"④

"四至分明"或写作"四字分明、四自分明、自至分明、四是分明、字四分明、至四分明、土自分明"等。将"四至"写作"四字""自至""四是""字四""至四""土自"应是方言语音作用的结果，即 s 与 z 混同，s 与 zh 混同，s 与 sh 混同，zh 与 z 混同，zh 与 sh 混同。试举例如下。

【四字分明】

（7）《光绪二十三年（1897）伍华恩立卖田契山地字》："上抵田路山，下抵田，左抵山，右抵路，四字分明。"⑤

（8）《宣统四年（1912）伍华卓、伍华能立卖田契字》："自愿将到土名樑坡凹上田田一坵，收花十八边。上抵买主田，下抵杨姓田，左抵路，右抵买主田，四字分明。要钱出卖。"⑥

【四自分明】

---

① 陈金全、杜万华：《贵州文斗寨苗族契约法律文书汇编——姜元泽家藏契约文书》，人民出版社 2008 年版，第 111 页。
② 孙兆霞：《吉昌契约文书汇编》，社会科学文献出版社 2010 年版，第 100 页。
③ 高聪、谭洪沛：《贵州清水江流域明清土司契约文书——九南篇》，民族出版社 2013 年版，第 13 页。
④ 同上书，第 60 页。
⑤ 张新民：《天柱文书》，江苏人民出版社 2014 年版，第 11/167 页。
⑥ 同上书，第 11/175 页。

(9)《道光二十九年（1849）姜焕彰弟兄三人立卖山场杉木》："其山界限：上凭田沟，下凭杨世英，左凭世贤，右凭冲，四自分明。"①

【自至分明】

(10)《民国三十八年龙见生立卖田契字》："立卖田契字人岑孔村龙见生。今因家下要大洋使用，无所出处。自愿将到土名德白冲田一坵，上下抵杨胜甲田，左右抵山，自至分明。"②

【四是分明】

(11)《光绪二十四年（1898）杨学来、杨思富立卖山地》："上抵杨因二，下抵福地，左抵因二，右抵因二，四是分明。"③

【字四分明】

(12)《光绪二十三年（1897）伍华恩立卖田契字》："今因家下要钱使用，无从出处。自愿将到土名冲□田大小四坵。一共收和（禾）花三十边。第一坵上抵卖主兄弟之田，下抵山，左抵山，右抵山。第二坵□□二坵上抵买主之田，下抵卖主兄弟之田，左右抵山，字四分明，要钱出卖。"④

【至四分明】

(13)《（年代不详）佚名卖山契》："上登岭，下抵思禄墦土，左抵思禄山，右抵老共山，至四分明，要钱出卖。"⑤

---

① 唐立、杨有赓、武内房司：《贵州苗族林业契约文书汇编》卷1，东京外国语大学2001年版，第1/A/205页。
② 张新民：《天柱文书》，江苏人民出版社2014年版，第11/160页。
③ 同上书，第11/170页。
④ 同上书，第11/166页。
⑤ 同上书，第11/168页。

【士自分明】

（14）《光绪三十一年（1905）杨有相兄弟二人立卖田字》："上抵园坎，下抵伍姓田，左抵山，右抵田坎，士自分明。"①

【自至分明】

（15）《光绪十六年（1890）龙富恩、龙求泰卖田契》："上抵东浦，下抵照德，左抵路，右抵宏运。……上抵乔上田，下抵思荣，左抵宾全，右照德。自至分明，要钱出卖。……其田卖与买主耕管为业。"②

（16）《民国三十年龙登松卖田契》："自愿将到保二理冲天一坵出卖。上抵龙大流田，下抵买主田，左右抵山，自至分明。"③

（17）《民国四年龙恩祖立卖田地字》："上抵明焕田，下买主，左抵溪，右海泰，收花十八边，自至分名（明），要钱出卖。"④

【四字为界】

（18）《嘉庆十四年（1809）范绍奇、姜老点主佃分成合同》："为因先年佃种范绍奇之山，坐落土名倍拜。上凭大直之地，下凭小溪，左凭大直，右凭德音，四字为界。"⑤

"四字为界"即"四至为界"。将"至"写作"字"，实是"zh"与"z"相混同的方言语音作用的结果。"四至为界"即"以四个方向所到达的地方作为界限"。"上下左右"所到之处在文中都记载得清楚明白，故"四字为界"实与"四至分明"意同。

---

① 张新民：《天柱文书》，江苏人民出版社2014年版，第11/173页。
② 同上书，第13/62页。
③ 同上书，第11/152页。
④ 同上书，第13/71页。
⑤ 陈金全、杜万华：《贵州文斗寨苗族契约法律文书汇编——姜元泽家藏契约文书》，人民出版社2008年版，第105页。

【四至分明，毫无插花紊乱】

（19）《民国□□年□□□》："其田东、南二方俱抵卖主界，西、北俱抵买主界；又壹块坐落地名大粪堆，其地东、北俱抵汪姓地，南抵沟，西抵买主地，二处四至分明，毫无插花紊乱。"①

（20）《民国十三年石维垣立杜卖明科田文契》："其田四至：东抵冯姓界，南抵罗姓界，西抵石冯二姓界，北抵石姓界，四至分明为界，并无插花紊乱。"②

"插花"指"分散掺入别的群体中"。"四至分明，并无插花紊乱"即"四个方向界限分明，丝毫没有与别人的田地掺杂"。

【四至分明，毫无紊乱】

（21）《宣统元年（1909）马德陈立杜卖明科田文契》："其田四至：东抵陈姓田，南抵田姓田，西抵田姓田与沟，北抵河，四至分明，毫无紊乱。"③

（22）《民国十年汪纯美立出卖明秧田文契》："其田四至：东抵侄子金安的田，南抵胡姓田，西抵买主与路，北抵桂姓田，四至分明，毫无紊乱。"④

【四至分明，毫无差错】

（23）《宣统元年（1909）马陈氏立出分约字》："次子马开臣拈得小弯（湾）田尖阁田小地乙（壹）块，四至分明，毫无差错。"⑤

（24）《民国十九年田兴臣立卖明陆地文契》："其地四至：东抵罗姓界，南抵田姓界，西抵汪姓界，北抵田姓界，四至分明，毫无

---

① 孙兆霞：《吉昌契约文书汇编》，社会科学文献出版社2010年版，第202页。
② 同上书，第75页。
③ 同上书，第61页。
④ 同上书，第69页。
⑤ 同上书，第354页。

差错。"①

【四至分明，毫无错乱】

（25）《民国十年汪黄氏同男顺有、毛妹立出卖明科田文契》："愿将祖父遗留科田贰块、陆地贰块，东抵周姓地，南、北具（俱）抵买主田，西抵沟，四至分明，毫无错乱。"②

（26）《民国三十年田华清立卖明房子地基墙垣文契》："其有四至：东坻（抵）卖主墙，南坻（抵）石姓墙，西坻（抵）路，北坻（抵）买主东狮（厮），四至分明，毫无错乱。"③

【四至分明，并无错乱】

（27）《乾隆三十六年（1771）姜生音等三人立断卖杉山约》："左凭相之田冲为界，中凭张化田为界，左下至溪，右凭眼难岭路为界，上凭坡顶为界，右中凭天玉田中为界，右下凭泥三小田三坵为界。四至分明，并无错乱。"④

"紊乱"即"杂乱；纷乱"。"四至分明，毫无紊乱"即"四个方向界限清楚明白，一点也不杂乱"。"差错、错乱"同于"紊乱"，即"杂乱；纷乱"。故"四至分明，毫无差错""四至分明，毫无错乱""四至分明，并无错乱"皆同于"四至分明，毫无紊乱"。

【四至彰明】

（28）《民国三十二年孙秀煌卖田契》："母子商议情愿将到己面分地名马邪洞田壹坵，并坎上壹小坵，……四至：东南与孙文君田相接，西抵小溪，北抵吴姓田，四至彰明。要行出卖。……请中问到表

---

① 孙兆霞：《吉昌契约文书汇编》，社会科学文献出版社2010年版，第170页。
② 同上书，第70页。
③ 同上书，第254页。
④ 唐立、杨有赓、武内房司：《贵州苗族林业契约文书汇编》卷2，东京外国语大学2002年版，第2/B/1页。

嫂魏氏爱杳名下承买为业。"①

"彰明"意为"显豁，明显"。"四至彰明"即"四个方向的界限明显"，同于"四至分明"。

【四至止明】

(29)《道光十二年（1832）姜光照立断卖山场杉木字》："自愿请中出卖与姜钟英兄弟名下承卖为业。地名一处皆粟，地主二股，上凭路与陆姓为界，下抵溪，左凭冲，右凭岭与载渭木为界，下抵岩洞，左凭岭与启宾为界，右凭冲，四至止明。又一处培拜，上抵起宾木为界，下抵岩洞，左凭岭与起宾为界，右凭冲，四至止明。自愿将地主三股出卖。又一处白号，本名占栽手二股，上凭盘路，下凭冲，左凭岭，右凭冲，四至止明。又一处冉高多，本名占光模栽手一股，上凭田，下凭载渭木为界，左凭岭，右凭冲，四至止明。"②

(30)《道光十四年（1834）姜必显卖木契》："自已将到先年所栽姜光模山一块，地名风黎，其山界至：上登岭下，下凭田，左凭岭与绍宏山为界，右凭岭以相歧山为界，四至止明。"③

(31)《道光廿三年（1843）姜光照卖木契》："自己请中将到祖遗山场一块，土名报楼，其山界至：上凭买主，下凭荒坪，左凭大冲，右凭冲直上小岭以路为界，四至止明。"④

"止"可释为"终止，到达"。"四至止明"指"四个方向所到达之处界限清楚明白"，与"四至分明"意同。

【四至分清】

(32)《嘉庆十二年（1807）窝□□、孙□□佃契》："今有山一

---

① 张新民：《天柱文书》，江苏人民出版社2014年版，第9/20页。
② 唐立、杨有赓、武内房司：《贵州苗族林业契约文书汇编》卷2，东京外国语大学2002年版，第2/B/101页。
③ 陈金全、杜万华：《贵州文斗寨苗族契约法律文书汇编——姜元泽家藏契约文书》，人民出版社2008年版，第308页。
④ 同上书，第378页。

块,……右抵乌也因溪,下抵溪,左抵冷水冲,上抵田,四至分清,不得过界。"①

(33)《道光元年(1821)姜之谟立卖山场约》:"自愿将地名格现,界限:上凭盘路,下抵土垦,左凭岭,左凭冲与启周弟兄之山分界,四至分清。"②

【四致分清】

(34)《民国二十九年龙登松立卖契字》:"上抵龙大流田,下抵龙彦寿田,左右抵山,四致分清,要洋出卖。"③

【四字分清】

(35)《光绪二十一年(1895)姜世俊、姜世龙叔侄弟兄等分山契》:"界限:上凭顶,下凭任伍喜所栽之山为界,左凭岭,右凭岭与熙龄之山为界,四字分清。"④

(36)《光绪二十三年(1897)台言发兄弟卖菜园契》:"自愿将到先年得买姜世发之菜园,地名羊报,界趾:上凭路,下凭世□之园,右凭买主之园,左凭永和之园为界,四字分清。"⑤

【四至分亲】

(37)《同治九年(1870)龙凤飞立断卖山场并栽手约》:"此山界趾:上凭顶,下凭河,左凭苗光姜姓之木,右凭卖主之山,四至分

---

① 陈金全、杜万华:《贵州文斗寨苗族契约法律文书汇编——姜元泽家藏契约文书》,人民出版社 2008 年版,第 87 页。
② 唐立、杨有赓、武内房司:《贵州苗族林业契约文书汇编》卷 1,东京外国语大学 2001 年版,第 1/A/140 页。
③ 张新民:《天柱文书》,江苏人民出版社 2014 年版,第 11/151 页。
④ 陈金全、梁聪:《贵州文斗寨苗族契约法律文书汇编——姜启贵家藏契约文书》,人民出版社 2015 年版,第 432 页。
⑤ 陈金全、杜万华:《贵州文斗寨苗族契约法律文书汇编——姜元泽家藏契约文书》,人民出版社 2008 年版,第 487 页。

亲。将出卖与本家堂侄长生、木生、和生三人承买为业。"①

"清"同于"明",即"清楚明白"。"四至分清"即"四至分明"。"四至分清"或写"四致分清",如例(34);或写作"四字分清",如例(35)、例(36);或写作"四至分亲",如例(37)。将"清"写作"亲",实是方言语音作用的结果,即前后鼻音混同,"ing"与"in"混同。

【四至开清】

(38)《道光十年(1830)龙文瑜佃契》:"立佃帖字人高让寨龙文瑜父子,今佃到文斗下寨姜映辉、绍韬、绍吕三家之山,地名党假令,上凭地主山场,下凭岩洞,左凭冲,右凭岭,四至开清。"②

(39)《道光廿九年(1849)龙士坤暴水冲茶山断卖契》:"自愿将受分之业,……左右上凭买主为界,下凭龙吉山为界,四至开清。"③

"开"有"陈说;表达"之意。"四至开清"即"四至陈说清楚"。同于"四至分明"。"四至开清"或写作"是字开清",如例(40)。

【是字开清】

(40)《光绪十年(1884)龙绍富弟兄三人立断卖茶山约》:"上凭士其茶山为界,下平花地为界,右凭本忠茶山为界,左凭绍箕茶山为界,是字开清。"④

将"四至"写作"是字",当是"sh"与"s"相混同、"zh"与

---

① 张应强、王宗勋:《清水江文书》第1辑共13册,广西师范大学出版社2007年版,第1/6/45页。
② 陈金全、杜万华:《贵州文斗寨苗族契约法律文书汇编——姜元泽家藏契约文书》,人民出版社2008年版,第265页。
③ 高聪、谭洪沛:《贵州清水江流域明清土司契约文书——亮寨篇》,民族出版社2014年版,第9页。
④ 陈金全、杜万华:《贵州文斗寨苗族契约法律文书汇编——姜元泽家藏契约文书》,人民出版社2008年版,第17页。

"z"相混同的方言语音作用的结果。

【四至抵清】

(41)《光绪二十八年（1902）龙现来兄弟三人卖地土字》："又岑宏美地土一圃，上抵龙狼宇山，下抵龙嘉喜山，左抵木宏，右抵龙狼章山，一共地土三圃，四至抵清，要钱出卖。"①

(42)《民国三十一年龙大昌卖田地字》："自愿将到普东田一坵，上抵龙大珠山，下抵龙彦南田，左抵卖主山，右抵大珠山，四至抵清，要洋出卖。"②

"至"与"抵"同，皆为"到达"之意。所谓"四至抵清"即"四至清楚明白"，实与"四至分明"意同。

【四至清明】

(43)《咸丰六年（1856）范锡寿立佃帖字》："今佃到文斗寨姜春发公、姜本和、姜本羲叔侄弟兄之山，地名八牛山。界：上凭姜开奇，下凭大冲，左凭范本璠，右凭冲，四至清明。"③

"清明"即"清楚明白"。"四至清明"同于"四至分明"。

【四至朗然】

(44)《嘉庆十四年（1809）杂契（诉状）》："缘生父于乾隆二十八年去田二坵银一两，掉得姜乔包土名阳球山场，契载：前抵田，后抵坳，左右抵冲，四至朗然。阴阳历管数十余年无异。"④

(45)《光绪二十九年（1903）姜东臣等分山分林分银合同》："界限：上凭老坟墓，下抵乌堵佑，左凭海治等山，右凭岭与姜彩等

---

① 张新民：《天柱文书》，江苏人民出版社2014年版，第11/136页。
② 同上书，第11/126页。
③ 唐立、杨有赓、武内房司：《贵州苗族林业契约文书汇编》卷2，东京外国语大学2002年版，第2/C/65页。
④ 唐立、杨有赓、武内房司：《贵州苗族林业契约文书汇编》卷3，东京外国语大学2003年版，第3/F/30页。

山为界，四至朗然。"①

"朗然"即"明白的样子"。可见"四至朗然"亦即"四至分明"。

二 "四趾"类

【四趾分明】

(46)《同治元年（1862）范本顺等分山合同》："界：东至范本性之田角，西至河，左抵姜世模山，右抵四公共之山，四趾分明。"②

(47)《光绪八年（1882）姜凤乔佃山契》："界趾：上凭世珍田以土垦为界，下凭水沟盘路，左凭地主三老家共山以嶺为界，右凭开宏永文之山以垦嶺为界。四趾分明。"③

"趾"指"界趾"，与例（30）、例（31）之"界至"、例（50）之"界限"意同。"四趾分明"即"四个方向界限分明"。"四趾分明"或写作"四址分明"，如例（48）、例（49）。

【四址分明】

(48)《道光六年（1826）彭相因、彭相廷弟兄二人立断卖山场杉木约》："立断卖山场杉木约人彭相因、彭相廷弟兄二人。……自愿将到坐落土名番章山一所，上凭岭，下凭田，左右凭大冲，插岭在内，四址分明。"④

(49)《道光十一年（1831）彭相极、彭守德二人》："为因先年所栽彭泽舍公之山，坐落土名杨拜山一块，……四址分明。"⑤

---

① 唐立、杨有赓、武内房司：《贵州苗族林业契约文书汇编》卷3，东京外国语大学2003年版，第3/E/71页。

② 陈金全、杜万华：《贵州文斗寨苗族契约法律文书汇编——姜元泽家藏契约文书》，人民出版社2008年版，第444页。

③ 陈金全、梁聪：《贵州文斗寨苗族契约法律文书汇编——姜启贵家藏契约文书》，人民出版社2015年版，第411页。

④ 张应强、王宗勋：《清水江文书》第3辑共10册，广西师范大学出版社2011年版，第3/1/90页。

⑤ 同上书，第3/1/93页。

【四趾分清】

（50）《民国十七姜尚镛等分山合同》："其山界限：上登大岭，下抵溪，左凭大冲以姜周礼等共山，右凭岗休大岭，直下双溪口为界，四趾分清。"①

"清"即"清楚明了"，与"明"意同。"四趾分清"即"四趾分明"，亦即"四至分明"。

【四趾载明】

（51）《光绪八年（1882）范兴荣佃山契》："上登嶺，下至河，左凭范镜湖之山，右上截抵士官弟兄之山，下截抵名卿之山以冲为界，四趾载明。"②

"载明"即"记载清楚明白"。"四趾载明"即"四个方向的界限记载得清楚明白"。

三 "四界"类

【四界分明】

（52）《光绪十三年（1887）杨廷恩卖园地字》："东抵龙道明，西抵张吉发，南抵吴姓祖坟，北抵鱼塘大路，四界分明。"③

（53）《光绪二十一年（1895）杨秀吉立卖地土契》："上抵路，下抵田，左右抵坡，四界分明。"④

（54）《民国十年杨承贤卖田契》："上下抵山，左右抵山，四界分明，要行出卖。"⑤

---

① 陈金全、梁聪：《贵州文斗寨苗族契约法律文书汇编——姜启贵家藏契约文书》，人民出版社2015年版，第459页。
② 同上书，第410页。
③ 张新民：《天柱文书》，江苏人民出版社2014年版，第2/13页。
④ 同上书，第11/165页。
⑤ 同上书，第2/43页。

"界"即"界至、界限"。"四界分明"即"四个方向界限清楚明白"。

【四界分清】

(55)《光绪二十六年(1900)姜吉春等佃山契》:"界限:上登岭,下抵冲,左凭际春之山,右凭姜□卿之山,四界分清。"①

(56)《光绪二十六年(1900)姜德贵、姜登池佃契》:"界限:上凭田,下凭地垦,左凭岭以主家之山为界,右凭冲,四界分请。"②

"清"与"明"同。故"四界分清"同于"四界分明"。"四界分清"或写作"四界分请",如例(56)。

四 "四处"类

【四处抵清】

(57)《民国十二年杨正学卖山地土字》:"上抵坎为界,下抵坎为界,左沟溪为界,右抵坎为界,四处抵清,要钱出卖。"③

【四处分明】

(58)《光绪十二年(1886)龙耀林卖田契》:"上依伍开学,下依要全田,右依敢,左依路,四处分明。"④

(59)《民国三十九年龙之顺卖地土字》:"上抵登嶺以路角凹?蒋为界,下抵洞下,右抵龙之保山为界。……四处分明。"⑤

---

① 陈金全、梁聪:《贵州文斗寨苗族契约法律文书汇编——姜启贵家藏契约文书》,人民出版社2015年版,第459页。
② 同上书,第410页。
③ 张新民:《天柱文书》,江苏人民出版社2014年版,第2/210页。
④ 同上书,第13/128页。
⑤ 同上书,第15/139页。

"抵"即"抵达,到达"之意。"四处抵清"即"四个方向所到达之处界限清楚明白"。"四处分明"即"四个方向界限清楚明白"。

五 "四抵"类

【四抵载清】

(60)《民国十七年姜元贞兄弟三人分房屋并地基股份合同》:"而界限:上凭元贞私买东成、松成之地,下凭梦鳌、品发之地,左抵水沟,右抵梦鳌之园为界,四抵载清。"①

"抵"同"至"。"载"即"记载"。"清"即"清楚明白"。"四抵载清"即"四个方向的界限记载得清楚明白"。

【四抵为界】

(61)《民国六年吴秀培父子立佃字合同》:"立佃字合同字人八洋寨吴秀培父子名下。情因佃到平略上牌龙绍清、龙彦贤父子二人所共洞头上边从兜大冲之私土一块,其山四抵界字:上凭岭,下凭溪,左凭平略上牌之私土破(坡),下抵溪,右凭八洋大小寨之地土破(坡)下溪边,四抵为界。"②

"抵"即"抵达,到达"之意。所谓"四抵为界"即"以四个方向所到达的地方作为界限"。文中四个方向所到达的地方都已经清楚写明,故"四抵为界"实即"四至分明"。

【四抵朗然】

(62)《光绪二十八年(1902)姜海治等分山分林分银合同》:"光绪二十八年二月初一日卖汪度库山木与姜登云、石引客刘家朝斫伐,议定价银一十六两八钱四分。我等此山界限:上凭土恩抵着姜、杨二姓山,

---

① 张应强、王宗勋:《清水江文书》第 1 辑共 13 册,广西师范大学出版社 2007 年版,第 1/6/338 页。

② 唐立、杨有赓、武内房司:《贵州苗族林业契约文书汇编》卷 3,东京外国语大学 2003 年版,第 3/G/14 页。

下抵路，左凭姜正荣等之山，又凭海治、为宏之山，四抵朗然。"①

（63）《民国三十七年大坡村立卖田契字》："立卖田契字人大坡村。今因□□名恩塘坝上田一坵，上抵陶姓，□□抵陶姓之田为界，四抵朗然。"②

"抵"即"抵达，到达"之意，与"至"意同。"四抵朗然"同于"四至朗然"，实即"四至分明"。

【四抵清白】

（64）《光绪十年（1884）韩禄清立断卖山场杉木字》："立断卖山场杉木字人韩禄清。情因缺少钱用，自将到先年父亲得买八阳寨杨通煌、正彬子清林等之山一所，坐落地名也程，上抵平鳌山交界，下抵两水相交河口，左抵平鳌山依下至大河为界，右抵平鳌山以下依归遂溪至洋洞小河水流至大河相交为界，四抵清白。"③

（65）《光绪二十二年（1896）龙保佃契》："界限：上抵沟，下抵沟，左抵田角以下至冲，右抵小冲为界，四抵清白。"④

（66）《光绪二十三年（1897）范基明与姜世俊等分成合同》："界限：上凭岭，下凭地垦，左以地主山为界，左凭禁山以姜元卿山为界，右凭地主山为界，四抵清白。"⑤

"清白"即"清楚明白"，与"朗然"意同。"四抵清白"即"四至清楚明白"，实与"四至分明"意同。

【四抵分明】

---

① 唐立、杨有赓、武内房司：《贵州苗族林业契约文书汇编》卷3，东京外国语大学2003年版，第3/E/70页。
② 张新民：《天柱文书》，江苏人民出版社2014年版，第15/23页。
③ 唐立、杨有赓、武内房司：《贵州苗族林业契约文书汇编》卷1，东京外国语大学2001年版，第1/A/243页。
④ 陈金全、梁聪：《贵州文斗寨苗族契约法律文书汇编——姜启贵家藏契约文书》，人民出版社2015年版，第434页。
⑤ 同上书，第437页。

（67）《乾隆四十九年（1784）姜绍宗立卖山场杉木契》："自己母子商议，将到山地杉木土名眼学诗八股，一概出卖与族公姜文勤名下承买为业。上边左冲凭姜佐周木为界，下边右冲凭姜梦熊木为界，上凭顶，下凭河，四抵分明。并无包写他人之木在内。"①

（68）《光绪三十四年（1908）姜世以卖地基契》："自愿将到祖遗所共之屋基地壹块，地名皆抱中宝，界趾：前凭坎砌以大路为界；后凭路沟以坎砌为界，左右俱凭世清所共之屋地基，四抵分明。"②

（69）《民国二十七年杨彩惟灭江核桃山断卖契》："上凭大岩梁地脚，下凭大沟，左凭中领路，右凭何燕核桃山边为界，四抵分明。"③

（70）《民国二十一年龙昌和父子立典竹山字约》："其山上抵茶山，下抵典主，左抵寸山，右抵昌微之竹山，四抵分明。"④

"抵"与"至"同，"四抵分明"即"四至分明"。"四抵分明"或写作"四底分明、四低分明"，如例（71）—（73）。

【四底分明】

（71）《光绪三年（1877）潘宏义弟兄毫沟换田约》："其有界至：上凭沟以坎，下凭沟，左右凭田角，四底分明。"⑤

【四低分明】

（72）《民国十四年龙运椿乌龟岩核桃山断卖契》："上凭与核桃

---

① 唐立、杨有赓、武内房司：《贵州苗族林业契约文书汇编》卷1，东京外国语大学2001年版，第1/A/25页。

② 陈金全、杜万华：《贵州文斗寨苗族契约法律文书汇编——姜元泽家藏契约文书》，人民出版社2008年版，第503页。

③ 高聪、谭洪沛：《贵州清水江流域明清土司契约文书——九南篇》，民族出版社2013年版，第94页。

④ 高聪、谭洪沛：《贵州清水江流域明清土司契约文书——亮寨篇》，民族出版社2014年版，第213页。

⑤ 高聪、谭洪沛：《贵州清水江流域明清土司契约文书——九南篇》，民族出版社2013年版，第266页。

山为界，下凭田倚坎为界，左凭田角中岭为界，右凭买主山为界，四低分明。"①

(73)《民国十四年龙兴高立断卖核桃山字》："上凭地脚为界，下凭田为界，左右凭杨胜明山为界，四低分明。"②

【四抵详明】

(74)《民国三十三年吴宏宇母子卖田契》："立卖田契字人袍带吴宏宇母子。……自愿将到祖遗下膝树湾田乙（一）坵。……又恩堂榜上一连叁坵。……两处四抵详明。"③

"抵"同于"至"，"四抵详明"即"四个方向所到达之处记载得详细明白"，实即"四至分明"。

【四抵分清】

(75)《嘉庆廿年（1815）姜绍兴卖山契》："自愿将到光年得买绍宽山土一块，地污格田砍（坎）下，界上抵少田，下抵污格溪，左抵冲，右抵岭，四抵分清。今凭中出断卖与姜应（映）辉名下承买为业。"④

(76)《光绪十六年（1890）姜开宏、姜世官兄弟分山合同》："立分合同人姜开宏、姜世官弟兄，所共之山，地名党陋，界至：上凭田角，下抵水冲，左凭冲，右凭恩诏弟兄之山，四抵分清。"⑤

(77)《民国二十六年杨胜松立卖田契字》："其田界限上抵买主田，下抵卖主田，右抵龙大珠田，左抵路，四抵分清。"⑥

---

① 高聪、谭洪沛：《贵州清水江流域明清土司契约文书——九南篇》，民族出版社2013年版，第88页。

② 同上书，第89页。

③ 张新民：《天柱文书》，江苏人民出版社2014年版，第15/17页。

④ 陈金全、杜万华：《贵州文斗寨苗族契约法律文书汇编——姜元泽家藏契约文书》，人民出版社2008年版，第147页。

⑤ 同上书，第17页。

⑥ 张新民：《天柱文书》，江苏人民出版社2014年版，第11/145页。

第二章　贵州契约文书几组同义词语考察　　171

"抵"与"至"同，"分清"同于"分明"，"四抵分清"即"四至分明"。

六 "四据"类

【四据分明】

(78)《嘉庆贰拾肆年（1819）李必望卖木契》："自愿将到先年所栽白号山之木，分为伍股，地主占叁股，栽主占贰股，今将栽主贰股出卖与地主姜映辉爷承买为业。……此山上凭顶，下凭路，左凭岭，右凭冲，四据分明。任凭买主修理管业，卖主叔侄弟兄日后不得异言。"①

"四据分明"当是"四俱分明"，即"四个方向界限都清楚明确"。"四据分明"与"四至分明"意同。

七 "八抵"类

【八抵分明】

(79)《民国二十七年杨门易氏东妹母子卖柴山阴阳三宅油树杉木契》："母子商议情愿将到己分土名膳寨冲柴山一副，其界上抵岭过盖蒋姓坎为界断，下抵买主田，左抵魏姓油树断，右抵魏荒山断；又对塝柴山子岭油树一幅，其界上抵岭断，下抵买主田，右抵魏姓山，右抵买主田坎角直上为界。其柴树油二幅，界至八抵分明。"②

(80)《民国三十年张玉林、张玉贵卖基地山土阴阳二宅桐茶五色杂木等契》："外边园铺□内，其界上抵卖主屋坎，下抵吴姓土，左抵龙姓界字，右抵吴姓土坎为界；右抵上节山土一幅，其界上抵邹姓山，下抵卖主屋坎，左抵唐姓界至，右抵吴姓土为界，八抵分明。"③

---

① 陈金全、杜万华：《贵州文斗寨苗族契约法律文书汇编——姜元泽家藏契约文书》，人民出版社2008年版，第183页。

② 张新民：《天柱文书》，江苏人民出版社2014年版，第1/117页。

③ 同上书，第1/118页。

(81)《民国廿四年刘氏酉花姊妹卖水田契》:"今开四抵:上抵舒伟泮水田并伟吉水田,下抵溪,右抵舒烈华水田并荒山,左抵荒山并桥头。四抵:上抵溪,下抵舒伟吉水田,左抵溪,右抵荒山。八抵分明。"①

"抵"即"抵达"之意。"二四得八",所谓"八抵分明"文中意指两处将要出卖的产业的"四至"皆是"分明"的。

八 "八界"类

【八界分名】

(82)《民国十三年杨先立断卖水田文契》:"情愿将到己面之业口口水田大小壹口十二坵,其界上抵岩山高坎横过石岩洞,下抵老水沟,左抵高坎直上抵子岭,右抵黄罗杨姓为界。右达对面外有一坵水田,其界上下左右杨姓田为界,八界分名(明)。"②

"八界分名"即"八界分明",文中意指"两处水田的四方界限都是清楚明确的"。

九 "处处"类

【处处分清】

(83)《光绪三十一年(1905)杨胜芳卖田地字》:"上抵杨招福田,下抵杨招福田,左抵卖主山,右抵油山为界,右山抵以坎为界,处处分清。"③

"分清"同于"分明"。"处处分清"即"处处界限明确清楚"。

综上,贵州契约文书在表达"四面、八方界限清楚明白"这一意义时,使用了丰富多样的词语。这一方面因为贵州契约文书书成众手,容易

---

① 张新民:《天柱文书》,江苏人民出版社2014年版,第1/165页。
② 同上书,第1/104页。
③ 同上书,第2/238页。

将个人的或个人生活居住地的用词用语融入其中；另一方面，也与固定化的套语结构密切相关。

第七节 "永远"类词语研究

以《姜元泽》《吉》《苗》《天柱》《九南》《亮寨》《道真》七种契约文书资料为研究对象，依据贵州契约文书的固定格式，采用"同义类聚"的方法，对贵州契约文书表达"永远"意义的词语进行研究，可知贵州契约文书在表达"永远"这一意义时，除了"永远"之外，另有"永永、远远、远永、永久、久远、世代"等词语。试举例分析如下。

【永远】

（1）《乾隆二年（1737）程国珍同子朝圣立卖明水田文契》："恐后无凭，立此卖契与汪处永远存照。"①

（2）《乾隆十七年（1752）姜老井立卖杉山约》："今恐无凭，立此卖字永远存照。"②

【永永】

（3）《乾隆五十七年（1792）姜文佐父子立卖杉木并山场约》："其木自卖之后，恁凭买主永永管业，卖主不得异言。"③

（4）《嘉庆二年（1797）姜成兰兄弟立卖杉木并山场约》："其木自卖之后，恁凭买主永永管业，卖主不得异言。"④

（5）《嘉庆二十二年（1817）姜今佼立断卖山场杉木约》："其山自卖之后，任从买主子孙永永管业。"⑤

---

① 孙兆霞：《吉昌契约文书汇编》，社会科学文献出版社 2010 年版，第 2 页。
② 唐立、杨有赓、武内房司：《贵州苗族林业契约文书汇编》卷 1，东京外国语大学 2001 年版，第 1/A/2 页。
③ 同上书，第 1/A/44 页。
④ 同上书，第 1/A/54 页。
⑤ 同上书，第 1/A/117 页。

将例（3）—（5）与例（1）、例（2）进行比对，可以断定"永永"之意当同于"永远"。

【远远】

（6）《道光十五年（1835）姜昌远兄弟卖木契》："今恐无凭，立此断卖汕山杉木远远存照。"①

（7）《道光二十一年（1841）姜文炫立卖山场杉木约》："今欲有凭，立此卖契存照，远远发达为据。"②

对比例（1）、例（2），可以断定"远远"其义当与"永远"相同。

【远永】

（8）《乾隆四十二年（1777）朱老连卖木并山契》："今恐有（无）凭，立此卖杉木并地土子孙远永管业存照。"③

（9）《乾隆四十七年（1782）姜廷周立断卖杉山并地约》："恐后无凭，立断约远永存照。"④

（10）《乾隆四十九年（1784）姜廷周兄弟二人立断卖山杉约》："恐后无凭，立此断约远永存照。"⑤

（11）《嘉庆二年（1797）姜文甫卖田契》："恐后无凭，立此断卖远永存照。"⑥

---

① 陈金全、杜万华：《贵州文斗寨苗族契约法律文书汇编——姜元泽家藏契约文书》，人民出版社 2008 年版，第 319 页。

② 唐立、杨有赓、武内房司：《贵州苗族林业契约文书汇编》卷 1，东京外国语大学 2001 年版，第 1/A/194 页。

③ 陈金全、杜万华：《贵州文斗寨苗族契约法律文书汇编——姜元泽家藏契约文书》，人民出版社 2008 年版，第 24 页。

④ 唐立、杨有赓、武内房司：《贵州苗族林业契约文书汇编》卷 2，东京外国语大学 2002 年版，第 2/B/3 页。

⑤ 唐立、杨有赓、武内房司：《贵州苗族林业契约文书汇编》卷 1，东京外国语大学 2001 年版，第 1/A/27 页。

⑥ 陈金全、杜万华：《贵州文斗寨苗族契约法律文书汇编——姜元泽家藏契约文书》，人民出版社 2008 年版，第 57 页。

（12）《嘉庆十三年（1808）姜廷干卖田契》："今恐无凭，立断卖田子孙远永存照。"①

比对（5）例"远永"与（2）例"永远"，可以判定"远永"实同于"永远"。

【久远】

（13）《乾隆元年（1736）姜君德等立断约》："即交此山与平鳌寨姜子云等子孙久远管业。"②

对比例（1）、例（2）之"永远"，可知"久远"当同于"永远"。

【久久】

（14）《乾隆四十四年（1779）六房通甲人等立卖公山约》："今欲有凭，立此卖契，永远存照。……外批：此山分为八股，每人一股。日后久久照契管业，不得异言，是实。"③

与"永远"二例进行对比，可知"久久"亦与"永远"表意相同。

【世代】

（15）《乾隆三十二年（1767）姜兴宇卖田契》："自断之后，其田任从买主子孙世代管业，断主房族弟兄外言不得异言。"④

（16）《乾隆五十年（1785）姜义九坛、姜老蛟父子二人立有山

---

① 陈金全、杜万华：《贵州文斗寨苗族契约法律文书汇编——姜元泽家藏契约文书》，人民出版社 2008 年版，第 92 页。
② 唐立、杨有赓、武内房司：《贵州苗族林业契约文书汇编》卷 1，东京外国语大学 2001 年版，第 1/A/194 页。
③ 唐立、杨有赓、武内房司：《贵州苗族林业契约文书汇编》卷 1，东京外国语大学 2001 年版，第 1/A/20 页。
④ 陈金全、杜万华：《贵州文斗寨苗族契约法律文书汇编——姜元泽家藏契约文书》，人民出版社 2008 年版，第 11 页。

场杉木契》:"木山恁从买主子孙世代管业,卖主房族人等不得异言。"①

"世代"即"代代",买主"代代"管业,实即买主"永远"管业。可见"世代"亦可视作"永远"的同义词。

---

① 唐立、杨有赓、武内房司:《贵州苗族林业契约文书汇编》卷2,东京外国语大学2002年版,第2/B/4页。

第三章

贵州契约文书词汇研究与大型辞书编纂

贵州契约文书数量众多,词汇丰富。其中相当多的词语及词语意义在《大词典》等大型辞书中都未有收录。这里我们没有任何理由责备编纂者,因为在《大词典》编写的时代,契约文书材料公布很少,除敦煌契约之外的契约文书几乎难以见到。自然,当时对契约文书的词汇、文字研究就显得乏力与不足,敦煌契约之外的词汇、文字研究成果几乎一片空白。因此,《大词典》编纂者无从吸收和借鉴。现在各地契约文书的大量整理出版,为辞书编纂修订提供了可能。而要使可能变为现实,就需要对各地契约文书进行系统的研究,特别是词汇与俗字方面,如果相应的研究成果非常突出,那么自然会被辞书吸收。另外,如果要编写、修订近代汉语词典,或者编写契约文书专题词典,也需要对各地的契约文书词汇进行系统全面的研究。有鉴于此,我们展开了对贵州契约文书词汇的研究,希望这一研究能够为《大词典》等大型辞书及专业辞书的编纂修订提供一点参考。

第一节 贵州契约文书《大词典》未收词语举例

贵州契约文书词语丰富,是大型辞书编纂修订可资利用的宝贵资源。其中有相当数量的词语,《大词典》未收,试举例如下。

【栽手】①以租种土地谋生的劳动者。②以租种土地谋生的劳动者所占有的股份。

(1)《嘉庆十二年(1807)姜映祥、姜映辉等主佃分成合同》:"立[分]合同字人杨胜辉。因先年佃到地主姜映祥、姜映辉之山,地名冉中勇。……今木栽成，二家分合同，日后长大发卖，二股平分，地主姜映祥、姜映辉占一股，栽手杨胜辉占一股。"①

(2)《嘉庆十二年（1807）姜映祥、姜映辉等主佃分成合同》："立分合同杨胜飞。因先年佃到地主姜映祥、姜映辉之山，地名冉中勇。……今木栽成，二家分合同，日后长大发卖，贰股平分，栽手杨胜飞占一股，地主姜映祥、姜映辉占一股。"②

(3)《嘉庆十四年（1809）范绍奇、姜老点主佃分成合同》："立分合同约人文斗寨姜老点。为因先年佃种范绍奇之山，坐落土名倍拜。……日后木植长大，贰股均分，范绍奇地主占壹股，姜老点栽手占壹股。二比各存壹张契。立此分合同为据。"③

在契文例（1）—（3）中"杨胜辉、杨胜飞、姜老点"等均是通过租种土地栽种树木谋生的劳动者，即"佃户"，文中被称为"栽手"。可见"栽手"即"以租种土地谋生的劳动者"。契文显示，"栽手"通过租种土地可以获得一定的股份，故"栽手"又转指"栽手所占有的股份"。如例（4）—（8）。

(4)《道光二年（1822）李万明卖山契》："立卖山场杉木地土字人南路李万明。为因银用无法得出，愿将先年得买文堵寨姜盛祖弟兄地土杉木一块，土名堰柳今，……该地分为五股，地主占三股，栽手占贰股，得买地主之三股出卖。又得买杨通发堂兄栽手，……今凭中出卖与文堵寨姜应（映）辉老爷名下承买为业。"④

(5)《道光十年（1830）龙玉宏、绍本兄弟分本合同》："立分合同字人龙长宏、绍本兄弟二人。因先年栽到地名培格之山，……因姜映辉亦得买此山，栽手二比不爱多事，自愿将此老木之栽手作二股

---

① 陈金全、杜万华：《贵州文斗寨苗族契约法律文书汇编——姜元泽家藏契约文书》，人民出版社 2008 年版，第 89 页。
② 同上。
③ 同上书，第 105 页。
④ 同上书，第 221 页。

平分，其山之嫩木各是映辉管业，老木二家平分。栽手日后二比不得异言。"①

（6）《道光十八年（1838）姜遇魁卖木契》："立断卖栽手杉木约人六房姜遇魁。为因要银用度，自愿将到先年佃到姜廷映之山，地名卧腰，……此杉木地主栽手分为二大股，地主占一大股，栽手占一大股，栽手一大股又分为二小股，姜老黎占一小股，我姜遇魁占一小股。今请中将我本名栽手一小股出断卖与姜齐泰名下承买为业。……其栽手自卖之后，任凭买主修理管业，卖主不得异言。……今欲有凭，立此卖栽手一股，永远存照。"②

（7）《咸丰十年（1871）姜老根卖木契》："立卖杉木栽手字人姜老根，今因缺少银用，无处得出，自愿将到先年所栽一党头山栽手一块，……此山分为五股，地主占三股，栽手占二股。今将栽手出卖与姜钟碧名下承买为业，当面议定价银一两零四分，亲手领足。"③

（8）《同治七年（1868）姜钟述卖木契》："立断卖栽手杉木字人姜钟述，为因要钱使用，自愿将到先年佃栽钟奇弟兄三小家之山一块，土名污宜，……今将栽手出卖与姜钟奇、世杨、世模三老家叔侄承买为业。"④

例（4）李万明从杨通发堂兄处得买的应是"栽手所占有的股份"，故此处"栽手"当释为"以租种土地谋生的劳动者所占有的股份"。例（5）自愿作两股平分的应是老木的"栽手所占有的股份"，"老木之栽手"中的"栽手"应指"栽手所占有的股份"。例（6）—（8）中卖主出卖的均为"栽手所占有的股份"，故例（6）"其栽手自卖之后"、例（7）"今将栽手出卖与姜钟碧名下承买为业"、例（8）"今将栽手出卖与姜钟奇、世杨、世模三老家叔侄承买为业"中的"栽手"均应释作"以租种土地谋生的劳动者所占有的股份"。

【栽主】租种土地从事种粟栽杉等活动的劳动者。

---

① 陈金全、杜万华：《贵州文斗寨苗族契约法律文书汇编——姜元泽家藏契约文书》，人民出版社2008年版，第268页。

② 同上书，第339页。

③ 同上书，第437页。

④ 同上书，第457页。

(1)《嘉庆七年（1802）姜映辉、老四招龙光地佃种契》："立招帖字人姜映辉、老四。为因有地一块，坐落长名卧拦。……此山映辉占一股，老四占贰股。佃与岩寨龙光地栽粟栽杉，后木成林。言定贰大股平分，长大另分合同，栽主占一股，地主占一股。"①

(2)《嘉庆贰拾肆年（1819）李必望卖木契》："立断卖杉木契人李必望。……自愿将到先年所栽白号山之木，分为伍股，地主占叁股，栽主占贰股，今将栽主贰股出卖与地主姜映辉爷承买为业。当面凭中仪（议）定价银拾伍两捌钱整，亲手领回应用。……任凭买主修理管业，卖主叔侄弟兄日后不得异言。"②

(3)《道光十一年（1831）曹连科立断卖杉木约》："立断卖杉木约人曹连科。……自愿将到先年所栽姜权公之山，……此山分为五股，地主占三股，栽主占二股。今将栽主二股出卖与下寨姜钟英弟兄二人名下承买为业。当日凭中议定价银九两八钱整，亲手领回应用。其山自卖之后，任凭买主修理管业，卖主弟兄房族不得异言。如有不清，俱在卖主向前理落，不与买主何干。"③

(4)《民国五年张邦贤立卖杉木字》："立卖杉木字人张邦贤。……自愿将到先年佃栽洞口龙金沛、龙金相二人之地土杉木一团，议定四六分派。……今将吾栽主陆股出卖，自己请中上门问到摆洞寨刘声广、石洞寨陈运隆二名承买。……长成斫伐下河，地归原主，不得异言。"④

(5)《民国九年龙喜禄卖杉木契》："立卖杉木字人龙喜禄。……龙喜禄、龙德榜二人开到杨胜有山栽杉木一团，记数二千余株。土栽四陆均分，栽主陆成，地主四成，栽主喜禄、德榜二人二股均分。"⑤

据文意可知，"地主"指"田地的主人"，"栽主"指"租种土地从

---

① 陈金全、杜万华：《贵州文斗寨苗族契约法律文书汇编——姜元泽家藏契约文书》，人民出版社2008年版，第69页。
② 同上书，第183页。
③ 唐立、杨有赓、武内房司：《贵州苗族林业契约文书汇编》卷2，东京外国语大学2002年版，第2/B/94页。
④ 张新民：《天柱文书》，江苏人民出版社2014年版，第2/195页。
⑤ 同上书，第13/170页。

事种粟栽杉等活动的劳动者",实即"佃户"。在例(2)、例(3)中与"卖主"所指相同。对比上文之"栽手",可知"栽主"实同于指人的"栽手"。

【佃主】以租种土地谋生的劳动者。

(1)《道光二十二年(1842)姜贵保佃契》:"立佃种栽杉木字人姜贵保。今佃到姜绍熊、绍齐、钟泰叔侄之地一块,土名培拜破(坡);又一处,地名汪粟,共二处。议定五股均分,地主占三股、栽手占二股。限至五年,本植成连(林)。日后长大,照股均分,不得为误。如有不成,任凭地主修理,佃主不得异言。"①

(2)《民国三十年姜继元父子立断卖田字》:"自愿将到太善,约谷三百斤。……自愿将田断卖与母猪形会内承买为业。……任凭会内耕种管业。……外批:此田佃与卖主耕种,年年上租谷一百五十斤。逐年会内除粮谷十五斤,与佃主各上。日后照依管业证为据,不以十五斤为准。此据。"②

"佃"即"租种土地"。据文意,"佃主"实即"以租种土地谋生的劳动者"。例(1)中"佃主"等同于指人的"栽手"。"佃主"或称"佃户",如例(3)。

(3)《光绪二十二年(1896)龙保佃契》:"立佃帖人上寨龙保一人。无地种树栽杉,自愿上门佃到姜世俊、姜登□叔侄等之山冉休,……议定土栽分为五股,地主占三股,栽手占二股,限至三年成林,另分合同。如三年不成林者,任地主另招别人,我佃户无分。"③

将例(3)与例(1)进行比对,可知"佃户"实与"佃主"义同,

---

① 陈金全、杜万华:《贵州文斗寨苗族契约法律文书汇编——姜元泽家藏契约文书》,人民出版社2008年版,第369页。

② 张应强、王宗勋:《清水江文书》第1辑共13册,广西师范大学出版社2007年版,第1/5/140页。

③ 陈金全、梁聪:《贵州文斗寨苗族契约法律文书汇编——姜启贵家藏契约文书》,人民出版社2015年版,第434页。

皆为"租种土地以谋生的劳动者",而"栽手"则是他们在文中的共同的别称。

【断主】绝卖田地等产业的人。

(1)《乾隆三十二年(1767)姜兴宇卖田契》:"立断卖田约人文堵寨本房族侄姜兴宇,……,自愿将到田一块,……请中问到姜今保名下承买为业。……自断之后,其田任从买主子孙世代管业,断主房族弟兄外言不得异言。如有来历不明不干(清),俱在卖主上前理落,不干买主之事。"①

(2)《乾隆三十三年(1768)姜老六卖田契》:"立断卖田约人下寨姜老六,……自愿将祖业田一坵,……请中问到上寨姜求番名下承买为业。……自卖之后,其田任从求番子孙造册完纳。卖主房族人等不得异言。如有异言,卖主上前理落,不[干]买主之事。……乾隆三十三年三月初三日断主姜老六立。"②

在民间交易活动中,"卖"有"活卖"和"绝卖"之分。"活卖"指标的物卖后双方约定可以回赎之卖。"绝卖"指标的物卖后双方约定永远不可以赎回之卖。"绝卖"又称"杜卖""断卖"。上述例文中的"断"即指"断卖"。"断卖"即"绝卖",指"一次出卖永远出卖,再也不能赎回之卖"。故"断主"即"绝卖田地等产业的人"。

【出主】①指与"买主"相对的"卖主"。②典当田地等产业的人。

(1)《光绪十七年(1891)潘龙氏同男远孝立卖茶山丛木字》:"立卖茶山丛木字潘龙氏同男远孝。……自己愿将受分之业坐落地名江力茶山丛山杂木(壹)乙块。……自己问到本团陆胜明名下承买为业。……其山自卖之后,恁凭买主修理管业,出主不得异言。如业不清,在于卖[主]理落。"③

---

① 陈金全、杜万华:《贵州文斗寨苗族契约法律文书汇编——姜元泽家藏契约文书》,人民出版社2008年版,第11页。
② 同上书,第12页。
③ 高聪、谭洪沛:《贵州清水江流域明清土司契约文书——九南篇》,民族出版社2013年版,第71页。

（2）《光绪十九年（1893）欧阳永开长岭坡头茶山断卖契》："立断卖茶山字约人欧阳永开弟兄三人。……自己愿将先年父亲得买之业，坐落土名长岭坡头茶山一块，……要行出卖。自己请中问到九南陆胜明名下承买为业。……其山自卖之后，恁凭买主修理管业，……出主不得异言。倘有不清，在于卖主理落。"①

（3）《光绪三十二年（1906）龙道开洞头屋边核桃山卖契》："立卖杉松杂木核桃山字人龙道开。……自己请中问到本寨杨昌桃名下承买为业。……当日凭中言定清油贰拾贰斤整。青（清）手领足。任凭买主修理管业，出主不得异言。其业不清，俱在卖主里洛（理落）。"②

（4）《民国二十一年龙景怡立典田字约》："立典田字约人龙景怡。自愿将受分之业坐落地名高简榜外路坎下田大小五坵，……四抵分明，要行出典，无人承受。自己清（亲）口上门问到培寨潘宇贡名下承典为业。其田至（自）典之后，恁凭典主管业，出主不得异言。典主不清，居在出主里（理）落。"③

"出主"在例（1）—（3）中指与"买主"相对的"卖主"；在例（4）中指与"典主"，即"承典人"相对的"出典人"，指称"发出典当和抵押行为的人"。关于"承典人"详见本书第一章第一节。可见"出主"的释义应根据契文的性质因契而定。

【租主】租用土地的劳动者。

（1）《乾隆五十九年（1794）龙传瓒立租字》："立租字人龙传瓒。今租到龙大儒、大藏、大权弟兄洞头山处。上凭圳头，下凭田，两边凭嶺。凭中议定每年租价银壹两。任凭租主砍伐树木锄种生理。

---

① 高聪、谭洪沛：《贵州清水江流域明清土司契约文书——九南篇》，民族出版社2013年版，第74页。

② 同上书，第82页。

③ 高聪、谭洪沛：《贵州清水江流域明清土司契约文书——亮寨篇》，民族出版社2014年版，第214页。

其有杉木核桃育禁。恐有外人异言，二比一齐理乐（落）。"①

"租主"指"租用土地的劳动者"。文中具体指称"龙传瓒"。
【移典主】将已典得的田地等产业转移典当给他人的人。

（1）《宣统贰年（1910）易元泉移典契》："立移典字人易元泉，为因先年得典下寨姜世官之田，地名皆追之田壹块，……今请中移典与中房姜周栋名下承典为业。当面凭中移典价宝银伍两整，亲手收足，未欠分文。其田移典之后，任凭银主下田耕种管业。倘有不清，俱在我移典主尚（上）前理落，不关银主之事。恐口无凭，立此移典字为据是实。"②

据契文，易元泉之所以自称"移典主"，是因为他先是从姜世官手中得典皆追田壹块，而如今又将此皆追田转移典当给了姜周栋。可见所谓"移典主"实指"将已典得的田地等产业转移典当给他人的人"。
【钱主】出钱从事购买或承典等活动的人。

（1）《同治八年（1869）姜国显立断卖田字》："立断卖田字人姜国显。……自愿将到先年所捐之田，坐落地名党格水沟头田一坵，出卖与姜发春名下承买为业。当面凭中议定价钱三千三百五十文整，亲手领回应用。其田自卖之后，恁凭钱主下田耕种管业，卖主不得异言。"③

（2）《民国三年姜登科典契》："立典田字人姜登科，自愿将冉睹三老家之清明之共田，出典与登儒名［下］承典为业。议定钱四百文，亲手收回应用。其田至（自）典之后，任凭钱主管业。恐口无

---

① 高聪、谭洪沛：《贵州清水江流域明清土司契约文书——九南篇》，民族出版社2013年版，第247页。
② 陈金全、杜万华：《贵州文斗寨苗族契约法律文书汇编——姜元泽家藏契约文书》，人民出版社2008年版，第511页。
③ 唐立、杨有赓、武内房司：《贵州苗族林业契约文书汇编》卷3，东京外国语大学2003年版，第3/D/34页。

凭，立此典字为据。"①

据契文，"钱主"实即"出钱从事购买或承典等活动的人"。例（1）中的"钱主"等同于"买主"。例（2）中的"钱主"等同于"承典人"，即"承受典当和抵押行为的人"。关于"承典人"详见本书第一章第一节。

【银主】出银从事购买或承典等活动的人。

（1）《嘉庆拾叁年（1808）姜廷干卖田契》："立断卖契约人里房姜廷干。……自己请中将到土名剪动田大小叁坵。……出断与文斗寨姜应（映）辉名下承买业。当日凭中议定断价银肆拾捌两壹钱整，亲手领回受用。其田自断之后，凭从银主耕种管业，日后不得弟兄外人争论。"②

（2）《光绪贰拾柒年（1901）姜贞祥、胜祥兄弟典契》："立典田字人下寨姜贞祥、胜祥弟兄。……自愿将到我弟兄受分祖遗之田壹坛，……今凭中出典一与上寨朱家坦名下承典为业。当中议定价宝银贰两整，亲手收足应用，未欠分厘。自典之后，任凭银主上田分花三年。我弟兄并房族人等不得异言。"③

据文意，"银主"实即"出银从事购买或承典等活动的人"。例（1）中的"银主"等同于"买主"。例（2）中的"银主"等同于"承典人"。

【洋主】出钞洋从事购买等活动的人。

（1）《民国三十四年魏求林、魏松柏、魏松祥等卖柴山墦地阴阳地契》："立卖柴山墦地阴阳两卖字人魏求林、魏松柏、魏松祥、魏松有、魏松成。……叔侄商议自愿将到山石向塝岩口洞江坎上柴山长墦地，阴地阳地一销在内。……请中上门问到亲识乐宫林名下承买。当日凭中三面言定卖价钞洋壹万贰仟零捌拾元整。……其柴山墦地阴

---

① 陈金全、杜万华：《贵州文斗寨苗族契约法律文书汇编——姜元泽家藏契约文书》，人民出版社 2008 年版，第 523 页。

② 同上书，第 92 页。

③ 同上书，第 493 页。

阳卖与洋主子孙永远耕管为业。卖主不得异言阻当。若有来理（历）不清，卖主向前理落，不与买主相干。"①

据文意，"洋主"实即"出钞洋从事购买等活动的人"。"洋主"文中等同于"买主"，指"亲识乐宫林"。

【当主】①出当土地等产业的人，可称为"出当人"或"出当主"。②出钱接收土地等产业的人，可称为"承当人"或"承当主"。

(1)《道光四年（1824）姜志长、引长兄弟借当契》："立当字人姜志长、引长弟兄二人。……自愿将到也丹大田一坵作当宗玉叔。……如有生非别意，在宗玉叔仰当头下田耕种，我母子不敢声言。……道光四年十月廿四日当主姜志长押立。"②

(2)《光绪二十六年（1900）冯法明立转当明秋田文契》："立转当明秋田文契人冯法明。为因空乏，只得亲请凭中上门，将祖父与陈姓当明秋乙（壹）块，坐落地名狮子山脚下，当凭出当与田法廷名下为业。原日议定当价时市九呈（成）银肆拾伍两整。当主亲手领明应用，并无下欠分厘。其田准当拾年取赎。自当之后冯姓有银赎取，无银任随田姓永远管业耕安，冯姓子侄房族人等不得前来争论异言。"③

(3)《光绪三十一年（1905）马明发立当明科田文契》："立当明科田文契人马明发。为因母亲亡故为无银使用，只得亲请凭中上门，将祖父遗留自己名下科田壹块，坐落地名卢（芦）柴坝，情愿出当与堂弟马开成、马开文弟兄名下为业。原日三面议定当价玖捌净银伍拾两整。当主马明发当席亲手领银应用，并未下欠分厘，亦并无货物准折。"④

(4)《宣统元年（1909）田云廷立当明秋田文契》："立当［明］秋田文契人田云廷。为因空乏，无银应用，只得亲身上，愿将祖父遗

---

① 张新民：《天柱文书》，江苏人民出版社2014年版，第1/13页。
② 陈金全、杜万华：《贵州文斗寨苗族契约法律文书汇编——姜元泽家藏契约文书》，人民出版社2008年版，第233页。
③ 孙兆霞：《吉昌契约文书汇编》，社会科学文献出版社2010年版，第283页。
④ 同上书，第279页。

留分授自己名下秋田壹块，坐落地名和尚庵，凭中上门出当与堂弟田庆昌名下耕种。原日三面议定当价九逞（成）银色伍两伍钱整。当主当席亲手领明应用，并无货物准折，亦非托（拖）欠分厘。"①

（5）《民国三年石载动立当明秋田文契》："立当明秋田文契人石载动。为因乏用，只得亲请凭中上门，将祖父遗留秋田贰块，坐落地名和尚庵背后沟边上下贰块，凭中出当与胡秀春名下为业。原日三面定当价玖伍银拾伍两整。当主领明运用，并未托（拖）欠分厘。即日定论叁年取赎，无银任随胡姓永远耕安，石姓不得异言。"②

"当"即"抵押"。根据契文，例（1）—（5）中姜志长弟兄二人、冯法明、马明发、田云廷、石载动将田地分别抵押给姜宗玉、田法廷、马开成弟兄、田庆昌、胡秀春，称为"当主"。可见"当主"指"出当土地等产业的人"，可称为"出当人"或"出当主"。

（6）《光绪十八年（1892）石廷贵立当明陆地文契》："立当明陆地文人堂侄石廷贵。……亲身请凭中上门，将祖父遗留分授自己名下陆地一股，……凭中出当与堂伯石维阁名下耕种为业。言（原）日三面议定时市银壹拾贰两整。堂侄石廷贵亲手领明应用，并无货物准拆（折），亦非逼迫成交。自当之后，任随当主堂伯子孙永远管业，堂侄子侄以及内外人等不得前来争论异言。"③

（7）《民国二十九年冯云奎立当明陆地文契》："立当明陆地文契人冯云奎。为因乏用，只得亲请凭中，将到祖父遗留分授本己名下陆地大小三块，坐落地名团山背。……请凭中出当以（与）马起贤名下耕种，当价法洋壹佰元整。云奎亲手领明应用，并未托（拖）欠角仙。当日言定其地准当三年，期满有银取赎，无银任随当主耕安。自当之后，云奎弟兄亲支人等不得争论异言。"④

（8）《民国三十年罗齐洲立当明秧田文契》："立当明秧田文契人罗齐洲。为因乏用，只得亲请凭中上门，愿将本己名下秧田壹块，坐

---

① 孙兆霞：《吉昌契约文书汇编》，社会科学文献出版社2010年版，第285页。
② 同上书，第286页。
③ 同上书，第304页。
④ 同上书，第321页。

落地名小坝上。……当凭中出当以（与）石志奎名下为业。言（原）日三面议定当价市用法洋肆佰伍拾元整。自当之后，任随当主耕安，罗姓房族人等不得异言。如有此情，齐洲一面承耽。"①

(9)《民国三十二年石仲和立当明房屋字据》："立当明房屋字据人石仲和。为因有事应用，只得亲请凭中上门，将到祖父遗留之屋，坐落地名大街中间房屋右边正房间半、东司一个，天井公共，经凭中出当与冯发荣名下住坐管理。即日议定当价法币纸洋陆仟柒佰元整。仲和领明应用。其房准当五年。期满有洋取赎，无洋任随当主住坐。"②

据文意可知，在例（6）—（9）四例契文中，当主分别指称"堂伯石维阁""马起贤""石志奎""冯发荣"，分别出钱接收"陆地一股""陆地三块""秧田壹块""祖父遗留之屋"。可见"当主"即"出钱接收土地等产业的人"，可称为"承当人"或"承当主"。在贵州契约文书中，"当主"具有了"出当人"与"承当人"两种相反相对的意义。

【承主】承买产业的人。

(1)《道光元年（1821）陆美才立断茶树山土》："立断茶树山土人陆美才。……情愿将受分祖业有地名高达茶山树杉木壹块。……亲自先侭族内，无人承留。然后请中通到陆登榜名下承断为业。即日凭中言定断价银柒两四钱整。其银亲手领足无欠。其茶树任凭承主蓄禁斫伐无阻。"③

"承主"文中指"承买茶树山土等产业的人"，即"陆登榜"。

【移主】将产业从自己手中转移给他人的人。

(1)《民国十二年龙世璠火烧冲田出典约》："立典田字人龙世璠。……自愿将祖业坐落地名火烧冲沟坎上大小田叁坵，共计谷十二

---

① 孙兆霞：《吉昌契约文书汇编》，社会科学文献出版社2010年版，第292页。
② 同上书，第330页。
③ 高聪、谭洪沛：《贵州清水江流域明清土司契约文书——九南篇》，民族出版社2013年版，第13页。

石，……要行出典。自己请中上门问到本寨龙运春名下承典为业。……其田自典之后，恁凭典主下田耕种管业，移主不得异言。其田言定三年之后价到赎取。"①

（2）《民国十四年龙用德立拨换字》："立拨换字人龙用德。今因先年父亲得买陆祯之业，坐落地名大崇树外岭坎外园铺一副，……自己心平意愿，并无压逼等情，拨换与龙运嵩名下修理耕种管业，移主不得异言。"②

"移主"在例（1）中指"出典田地的人"，与"出典人"义同，文中指称"龙世璠"；例（2）中指"与他人拨换园铺的人"，文中指称"龙用德"。无论是"出典"还是"拨换"，都是将产业从自己手中转移出去，可见"移主"即"将产业从自己手中转移给他人的人"。

【葬主】安葬逝者的人。

（1）《雍正二年（1724）龙文举葬母合同》："九南寨立合同人龙文举。慈母龙门潘氏在于雍正二年十月十七日辞世。所有众山阴地一处。请到寨屯田先生择期，十月二十日开山安葬。地名达楼山，落穴为坟。后来应拍地理谢钱叁拾两是实。宗者齐同思议，三下均分，众者二分，葬者一分。日后不得异言。恐有心怀不忿者，是件等事明白，不得紊乱。葬主、众者一面承当。恐后无凭，立此合同二纸，永远绵绵存照。"③

这里"葬主"同于"葬者"，即"安葬逝者的人"。文中指"安葬逝去慈母的龙文举"。

【补主】指山场杉木等产业获得补充的人。

（1）《嘉庆十五年（1810）姜之模立相补山场杉木约》："立相补山场杉木约人姜之模。为因缺少用费，情愿将上场一团，坐落地名

---

① 高聪、谭洪沛：《贵州清水江流域明清土司契约文书——九南篇》，民族出版社2013年版，第326页。

② 同上书，第417页。

③ 同上书，第336页。

洗奇，上凭延魁山下。其山作二大股均分，凭中相补一股与子姜启道名下承补为业。当面言定价银壹两陆钱正（整）。其山场自补之后，恁凭补主管业，日后不得妄言。"①

(2)《嘉庆十七年（1812）姜之模立相补山场杉木约》："立相补山场杉木约人姜之模。为因欲银使用，情愿将先年的买文奇山场一团，坐落土名洗其。……今补与姜氏研桥名下承补为业。……其山场杉木相补之后，任凭补主修理管业，日后不得妄［言］。"②

(3)《嘉庆二十二年（1817）立相补杉木约人姜之谟》："立相补杉木约人姜之谟。为因缺少用费，情愿将自己所栽杉木一块，坐落土名中培皆足，……其杉木作二大股均分，栽手占一股，一股分为二股，本名占一股，出补与子姜启滨名下承买为业。……其杉木自补之后，恁凭补主管业，日后不得异言。"③

在上述例文中，姜启道、姜氏研桥、姜启滨分别接受了姜之模补给的山场一股、姜之模补给的山场一团、姜之谟补给的杉木一股，因在交易过程中三人所拥有的产业获得了补充，故被称为"补主"。可见所谓"补主"即"山场杉木等产业获得补充的人"，如例（1）—（3）中分别指称"姜启道""姜氏研桥""姜启滨"。

【抵主】①向他人抵当田地等产业的人；②承收田地等产业的人。

(1)《光绪十二年（1886）王玉荣立抵字》："立低（抵）字人岑凸寨王玉荣。……自愿将到岑凸寨脚田乙（一）坵，三股平分。王玉荣一股作抵。自己上门问到漠寨刘二见、刘忝元、刘宗照三人承抵。当日言定价银拾两〇六钱整。任照月加三银息。限二月本利归还。不得拖欠分文。若有拖欠，任从抵主上前理落，不管（关）抵主之事。"④

---

① 唐立、杨有赓、武内房司：《贵州苗族林业契约文书汇编》卷1，东京外国语大学2001年版，第1/A/83页。

② 同上书，第1/A/83页。

③ 唐立、杨有赓、武内房司：《贵州苗族林业契约文书汇编》卷2，东京外国语大学2002年版，第2/B/48页。

④ 张新民：《天柱文书》，江苏人民出版社2014年版，第2/180页。

(2)《民国十二年姜显高抵田字》:"立抵田字人本寨姜显高。……自愿将到地名坐落田一坵。落谷二担半。……四抵分清田二股,本名占一股出抵姜全顺抵田为业。当日凭中出抵价钱五千一百八十文。亲手收足。其田字(自)抵之后,任凭抵主上田耕种管业,日后不得异言。"①

两例中的"抵主"意义完全相对。"任从抵主上前理落"之"抵主"指"出抵人",即"向他人抵当田地等产业的人"。例(1)"不管(关)抵主之事"的"抵主"不同于例(2)的"抵主",是指与"出抵人"相对的"承抵人",即"承收田地等产业的人"。若非笔下误,则"抵主"实为一词兼具正反相对的两种词义。

【招主】出租土地等以盈利的人。

(1)《咸丰七年(1857)姜老根佃讨契》:"立佃讨地基建屋居住姜老根。今佃讨到姜钟奇、钟泰、姜昌连之地基,地名羊报,界止(至):前凭大阶,后凭三老家之地,右凭昌连,左凭老宗,四至分清。来历(日)主家要地起屋,我佃主各去别处讨居,再无异言。倘我佃主滋事,佃主自当,不干招主之事。"②

文中"招主"与"佃主"相对,"佃主"指"以租种土地谋生的劳动者",故"招主"实即"以出租土地盈利的人"。

【谷主】谷子的主人。

(1)《民国三十五年杨求富立契典田字》:"立契典田字人杨求富。今因家下缺少军粮用度,无从得处。夫妻商议情愿将到己分土名白头江水田一间(洞)。……无人承就,请中上门问到杨氏长连名下承典。当日三面言定典价谷子陆石整。……其谷子亲手领足,并不下欠升合。日后被(备)得典价谷子,上门□乐了当。典主不得言论,

---

① 张应强、王宗勋:《清水江文书》第1辑共13册,广西师范大学出版社2007年版,第1/5/116页。

② 陈金全、杜万华:《贵州文斗寨苗族契约法律文书汇编——姜元泽家藏契约文书》,人民出版社2008年版,第430页。

其田典与谷主耕种收花为息。"①

(2)《民国三十八年陈先兰立典田字》:"立典田字人陈先兰。自愿将已业地名漫塘□头水田壹坵,计谷二十箩。……请中问到亲识杨正明名下承典为业。当日凭中典价谷子老石拾叁石正(整)。即日亲手领足,不欠升合。其田典与谷主耕种收花为息。日后备得谷子原数上门抽约了典。"②

"谷主"指"谷子的主人",文中指"以谷子作典价的承典人"。

【换主】订立换约的双方当事人。

(1)《光绪三年(1877)潘宏义弟兄毫沟换田约》:"立换田约人潘宏义、潘洪恩弟兄。为因先年先祖得买对门壕沟埂外小田一坵,计谷三斗,随代粮钱五文。要行出换与陆凤元名下承换为业。当日凭中言定二比自愿相换。其田换定各管修理管业。二比换主不得异言。"③

(2)《民国十八年龙应彪立拨换屋地契字》:"立拨换屋地契字人龙应彪。二比甘愿土名寨中屋地一坪。上抵换主,下抵路,右抵路,左抵换主,四抵分明。拨换与堂叔龙金汉、龙云汉名下,愿承愿换,永后不得异言。"④

据文意例(1)中的"换主"指"订立换约的双方当事人",文中具体指称"潘宏义、潘洪恩弟兄"和"陆凤元"。例(2)中的"换主"可能指称"向内承受拨换的一方",即"堂叔龙金汉、龙云汉";亦可能指"向外出拨换的一方",即"龙应彪"。由于语境不足,姑且作两种意义来训释。

【拨主】在拨换契约中主动提出拨换的一方。

---

① 张新民:《天柱文书》,江苏人民出版社2014年版,第1/82页。
② 同上书,第1/87页。
③ 高聪、谭洪沛:《贵州清水江流域明清土司契约文书——九南篇》,民族出版社2013年版,第266页。
④ 张新民:《天柱文书》,江苏人民出版社2014年版,第13/179页。

(1)《光绪三十三年(1907)龙兴让与兴顺屋基拨换契》:"立拨换字人龙兴让。为因不成方圆,亲口与族兄兴顺商议,先年得卖(买)龙兴怀坐屋一间,与兴顺得岑田以坎园基三垦,二比自愿拨换龙兴顺名下管业。拨主不得异言。今恐无凭,立此拨换字为据。外批:四抵照老约执照。"①

"拨"即"拨换",实即"调换"。据文意,"拨主"当指"在拨换契约中主动提出拨换的一方"。例(1)中具体指"龙兴让"。

【借主】①向别人去借钱来使用的人;②借钱给别人的人。

(1)《道光十三年(1833)姜相荣借契》:"道光十一年七月初二日姜相荣,借到本房伯爷姜绍熊名下之纹银,今限在十四年二月之内本利归还。如有过限,任凭银主耕种管业,借主不得异言。今欲有平(凭),立此限字是实。"②

(2)《咸丰四年(1854)姜克昌借银字》:"立借字人加池姜克昌。……为因决少银用,无处所出。问到苗光寨姜灿林先生名下,借钱十二千五百文。今限到正月之内归还,不得有误。如有误者,任凭艮(银)主上门取讨,借主不得异言。"③

(3)《民国十年龙珍炳立借银字》:"立借银人柳寨龙珍炳。今上门借到圯雷龙大毛老银陆十两整。……将圯龙田乙坵,收花拾陆挑作抵。……其银限十二月相还。如有过限,任从借主耕种收花为后利。"④

据文意可知,"借主"在例(1)、例(2)中指"向别人去使

---

① 高聪、谭洪沛:《贵州清水江流域明清土司契约文书——九南篇》,民族出版社2013年版,第403页。
② 陈金全、杜万华:《贵州文斗寨苗族契约法律文书汇编——姜元泽家藏契约文书》,人民出版社2008年版,第303页。
③ 张应强、王宗勋:《清水江文书》第1辑共13册,广西师范大学出版社2007年版,第1/7/218页。
④ 张应强、王宗勋:《清水江文书》第3辑共10册,广西师范大学出版社2011年版,第3/2/36页。

用的人"。例（3）中的"借主"指"借钱给别人的人"。这里"借主"一词兼具了相反相对的两种意义。

【送主】向他人赠送土地等产业的人。

【讨主】向别人讨要土地等产业的人。

【坟主】坟墓的所有者。

在贵州契约文书中见有"送主""讨主""坟主"。例如：

(1)《咸丰五年（1855）李天福立讨字》："立讨字人文斗寨中房李天福。父亲亡故，无处安葬，自愿凭中讨到下房姜春发、侄姜本和、本信、本宗叔侄等地名冉荡山。上凭水沟，下凭田坎，左凭小冲，右凭坊（荒）坪，四至分明。父子弟兄自愿亲送李天福安葬父亲。送主弟兄房族不得异言，恁从讨主挂清修理管业。倘有来路不亲（清），俱在送主里（理）落，不关坟主之事。"①

"送主"指"向他人赠送土地等产业的人"，文中具体指称"赠送冉荡山给李天福安葬父亲的下房姜春发叔侄等人"。"讨主"指"向别人讨要土地等产业的人"，文中具体指称"李天福"。"坟主"指"坟墓的所有者"，文中指称"李天福"。

【血侄】嫡亲的侄子。

(1)《道光六年（1826）龙大权立断房屋约》："立断房屋约人血叔龙大权、子用招父子。为因缺少银用，无从得出。自己愿将祖业坐屋二间、屋后小屋二间，上平（凭）瓦，下平（凭）地基。桂橼石條一并在内，其有神贵神对俱以在内。要行出断。自己请中问到血侄龙用飞弟兄三人名下承断为业。当日凭中议定断价银伍拾两零捌分整。"②

(2)《同治五年（1866）黄均安等立断卖栽手杉木字》："立断卖栽手杉木字人松黎黄均安、黄均华、黄同光、黄同春、黄同榜血侄

---

① 唐立、杨有赓、武内房司：《贵州苗族林业契约文书汇编》卷3，东京外国语大学2003年版，第3/F/20页。

② 高聪、谭洪沛：《贵州清水江流域明清土司契约文书——九南篇》，民族出版社2013年版，第345页。

弟兄。为因缺少银使用，[无]从得出。自愿将到先年佃栽主家之山一块，坐落地名松黎，……此山地主栽手分为五股，今将栽手二股出卖[与]姜恩诏、姜恩发、姜海弼三人名下成（承）买为业。当日凭中议定价钱二千五百文，清（亲）手收足应用。自卖之后，任凭买主修理管业，卖主不得异言。"①

(3)《同治五年（1866）黄均华、黄同光立断卖栽手杉木字》："立断卖栽手杉木字人松犁黄均华、黄同光血侄二人。为因缺少粮使用，无从得出。自愿将到先年佃栽主家之山一块，坐落地名百号山，……此山地主栽手分为五股。今将栽手二股出卖，姜恩诏、姜恩发、姜海弼三人名下成（承）买为业。当日凭中议定价钱二千五百文，清（亲）手收足应用。自卖之后，恁凭买主修理管业，卖主叔侄弟兄不得异言。"②

(4)《光绪二十三年（1897）姜门潘氏立断卖山场地土杉木约》："立断卖山场地土杉木约人姜门潘氏。……自愿将到先祖得买本寨吴姓之山场，坐落土名冉故姑之山木一所，今将此山本名应占之股凭中出断卖与吴宏卿名下承买为业。……倘有不清俱在潘氏并血侄向前理落，不干买主之事。……代笔：血侄姜时敏。凭中：血侄姜时佐。"③

在例（1）中"卖主龙大权"与"买主龙用飞弟兄"是"血叔"与"血侄"的关系。"血叔"指"嫡亲的叔父"，故"血侄"当指"嫡亲的侄子"。据此可知例（2）、例（3）中卖主之间乃是"嫡亲的侄子辈弟兄"关系，例（4）中"卖主"与"代笔""凭中"之间是"嫡亲的姊侄"关系。

【承买人】购买东西的人。

(1)《民国三十一年龙华炘买田契》："立卖水田字人唐先璠、唐

---

① 唐立、杨有赓、武内房司：《贵州苗族林业契约文书汇编》卷2，东京外国语大学2002年版，第2/B/190页。

② 同上书，第2/B/191页。

③ 张应强、王宗勋：《清水江文书》第3辑共10册，广西师范大学出版社2011年版，第3/1/103页。

先凤,……弟兄商议自愿将到祖遗分落己名下土名冉普两,水田大小二坵。……请中上门问到龙华炘名下承买为业。其田二坵付与买主永远管业,……如有重典重当,以及来历不清,俱在卖主上前理落,不关买主之事。自卖之后,两无异言。今恐口无凭,特凭中书立卖字一纸付与承买人执照为据是实。"①

"承买人"即"买主",指"购买东西的人",文中指称"龙华炘"。
【凭人】中间人;作证明的人。

(1)《嘉庆十四年(1810)姜光全、蒋肚才等主佃分成合同》:"立栽杉合同字人黔阳县人蒋胜才。为因先年佃到文牛寨姜光全、光仕、老六、老前山场一坎,地名八牛山,今养大成林,分为贰股,地主占壹股,栽手占壹股。自分之后,栽手务必逐年勤力修理、不荒废。倘有荒废,栽手毫无系分。字迹可凭,今约有凭人立此合同二纸,各执一纸存照。代笔人:胜仕坤。凭中:朱卓延。"②

(2)《民国三十二年冯法云立出字据》:"立出字吉(据)冯法云。为因民国十伍年岳父去世,法来安葬,……当席冯治安为凭人。……凭证人:治安。"③

据例(1)、例(2)可知,所谓"凭人"即"凭中""凭证人",指"中间人;作证明的人"。
【栽主人、栽主之人】以租种土地谋生的劳动者。
【土股之人】"土股"即"土地主人所占有的股份",故所谓"土股之人"即"土地主人",实即"地主"。
贵州契约文书中见有"栽主人、栽主之人、土股之人"。例如:

(1)《民国十二年龙再渊立合同字》:"立合同字人耦里新寨龙再

---

① 张应强、王宗勋:《清水江文书》第3辑共10册,广西师范大学出版社2011年版,第3/3/128页。
② 陈金全、杜万华:《贵州文斗寨苗族契约法律文书汇编——姜元泽家藏契约文书》,人民出版社2008年版,第101页。
③ 孙兆霞:《吉昌契约文书汇编》,社会科学文献出版社2010年版,第391页。

渊、龙再福、龙再洲、龙道敏、龙道忠、龙道炽六人，于民国九年佃到挂治上寨龙崇锭、龙崇坤弟兄二人名下之地土一幅，土名乌鳖。……自愿招予开垦，栽蓄杉木。经中人言定，三股均派，土股占一股，栽主占二股。栽主人修理三年已满，木植成林，应立合同，各执一张，二比以便同其薅修。如栽主之人要银需用，不愿蓄禁，欲行出卖者，务须先问过土股之人相受。俊后木植长大，砍伐出卖，其地仰归原主，栽主不得借故争端。"①

据文意可知，"栽主人"即"栽主"，指"以租种土地谋生的劳动者"，文中具体指称"耦里新寨龙再渊、龙再福、龙再洲、龙道敏、龙道忠、龙道炽"六人。"栽主之人"同于"栽主人"，亦即"栽主"。"土"指"土地"，"土股"即"土地主人所占有的股份"，故所谓"土股之人"即"土地主人"，实即"地主"。

【存字人】保存合约的人。

（1）《嘉庆四年（1799）姜映显等立分山场合约》："立分山场合约人姜映显、姜明伟、姜之林、姜之英、姜文爵、姜文召、陈士裕等。……自分之后，各照合约管契，不许越界争占。今欲有凭，立此合约二纸存照。……存字人：映显一纸、文荣一纸。代笔：姜化龙。……合同二纸一样执照。"②

（2）《嘉庆七年（1802）姜文炳、姜进九、拱凤生等立断杉木并山场约》："立断杉木并山场约人姜文炳、姜进九、拱凤生等。情因向老二比斗伤人命，今彼自去投报，恐委官到尸场勘验，牵累地方。今我情愿将谭姓所住之杉山，坐落地名保子血。……面向出断与众人名下贴补费用。日后用成多少，俱在众人开销，不至重互（复）山主。其杉山自断之后，任凭众等发卖管业。今欲有凭，此断约存照。存字人：姜应显、姜廷仪、姜化龙各存一纸。"③

---

① 唐立、杨有赓、武内房司：《贵州苗族林业契约文书汇编》卷3，东京外国语大学2003年版，第3/G/11页。

② 同上书，第3/E/9页。

③ 唐立、杨有赓、武内房司：《贵州苗族林业契约文书汇编》卷1，东京外国语大学2001年版，第1/A/68页。

"字"文中指"契约"。"存字人"即"保存合约的人"。

【出卖人】或简称"卖人",指"卖东西的人",即"卖主"。

(1)《民国十一年田海清卖契》:"□□□□□□亲请凭中上门,将祖父遗留分授自己□□房屋地基墙垣□□□□□,……凭中出卖与堂叔田庆昌名下为业。原日三面议定卖价正版银元肆拾捌块整。卖主当席亲手领明应用,并无货物准折,亦非托(拖)欠分厘。酒水画字亦便(一并)交清。自卖之后,[任随]堂叔庆昌子孙永远管业,以及卖主田海清房族老幼异姓□□人等不得前来争论异言。……民国十一年腊月初六日,出卖人:田海清。"①

据例(1)可知,"田海清"在文中"出卖房屋地基墙垣等与堂叔田庆昌",实即"卖主",故"出卖人"实即"卖主"。"出卖人"或简作"卖人",如例(2)。

(2)《同治元年(1862)汪起宋同侄兴有立卖明地基文契》:"立卖明地基文契人汪起宋同侄兴有。为因乏用,叔侄商议,起宋只得将到自己买明名下大天井正房地基壹间、厢房地基贰押,兴有只得将列自己名下厢房地基壹押,……亲请凭中上门,出卖与汪田氏名下为业。原日三面议定卖价足色纹银柒两捌钱整。起宋叔侄当席亲手领明应用,并未短欠分厘。自卖之后,任随田氏子孙修房种地,起宋叔侄房族人等不得前来争论异言。……同治元年十二月十五日立,卖人:汪起宋同侄兴有。"②

据例(2)文意,汪起宋同侄兴有乃是出卖自己名下厢房地基一押的"卖主",可见"卖人"实即"卖主"。

【劝事人】在事件纠纷中起规劝作用的人。

(1)《民国二十六年陈廷凤、杨胜贵清白卖买田土字》:"立清白

---

① 孙兆霞:《吉昌契约文书汇编》,社会科学文献出版社2010年版,第244页。
② 同上书,第264页。

卖买田土字人陈廷凤。情因先年得典胞弟陈廷章土名新当背水田一间（洞），计谷十箩。续后廷章要钱使用，将此田卖与杨胜贵名下承买。当即典□未抽。廷凤请凭杨队长再明理论卖买有措。劝买主出光洋□□□叁元将典字抽出。买主存收，清楚无事。日后若有别人再来□□翻悔需索，任凭劝事人负责查究。自完之后，廷章言论，我叔陈代卿负担，不与买田人相干。"①

"劝事人"指"在事件纠纷中起规劝作用的人"，文中指称"杨队长再明"。"买田人"即"购买田地的人"，文中指称"杨胜贵"。

【清白人】订立清白合同的人。

(1)《民国三十七年魏茂轩清白合同杜后无事字》："立清白合同杜后无事字人魏茂轩。今因□□□□□□□□□老业，曾砍杉树六根。今杨胜贵执出字据，以得价买双方争持不决。□保长代表从中排解，已砍之木归我所有。其地与未砍之木归胜贵所有。□双方悦服，并无压逼情形。日后不得异言。口不足凭，立清白合同杜后无事字为据。……清白人：魏茂轩。"②

"清白人"即"订立清白合同的人"。通过订立合同将双方之间的争执得以化解，将存在的问题解决得清清楚楚、明明白白，不仅是现在，而且使将来也彼此相安无事。故"订立了清白合同"的魏茂轩自称"清白人"。

【了给人】了结供给欠账等事务的人。

(1)《光绪三十四年（1908）石润山、石润和、石发祥立出抵当字据》："立出抵当字据人石润山、石润和、石发祥。情因田石氏之父石维殿病故、母陈氏下堂姊妹四人无有倚靠，经凭本族，将父遗留之业交与亲堂叔石维臣执掌，抚养姊妹成人出阁。殊于闺之日毫无赔（陪）奁馈送，后因维臣尔然乏嗣，特招胞姐胡石氏之子胡正妹半子

---

① 张新民：《天柱文书》，江苏人民出版社2014年版，第1/115页。
② 同上书，第1/120页。

半婿,将维殿之业一股□吞。田石氏心中不忿,俱是女婿,独胡正妹全受其业,伊只受得维臣之股。然何将维殿之业一并吞受,田石氏特将胡正妹具控于赵府尊案下,蒙恩批准,未能提询。词内牵连润山、润和、发祥等,来城住店于族长石兴发号铺内,由光绪廿七年腊月内起至光绪卅一年,瞿府尊任内断,给前后共食伙食银壹佰零陆两整,又屡次借用银壹佰玖拾玖两整,贰共合欠银叁佰零伍两整。此银无从出辨(办),弟兄叔侄商议,特将维殿遗留之业,坐落地名石硐口,地大小四厢,安租八斗;又石硐口坟山上陆地一段,安租贰斗;又团山陆地一段,安租叁斗;又门前山陆地一段,安租贰斗;又小山田大小贰块,安租贰石;又阿朗寨田大小叁块,安租壹石;又有石板正房壹间、厢房壹间、田地房屋一并出字,抵当此银叁佰零伍两整与族长石兴发号名下安佃耕种。本族老幼人等不得异言称说,倘有异言,有(由)石润山、石润和、石发祥叔侄一面承当。自当之后,不拘远近,弟兄叔侄不拘何人,银到田回。恐口无凭,抵当字为据。甘愿了给人田石氏之子田新五。"①

"给"即"供给"。文中田石氏因供给石润山等人进城住店吃饭等项而欠下石兴发一笔债务,石润山等人通过抵当石维殿遗留之业清偿了欠银。可见所谓"了给人"即"了结供给欠账等事务的人"。从文中看,田新五作为"了给人"乃是心甘情愿的。

【具领人】向主管或有关方面备文领取财物等项的人。

(1)《民国三十八年陈代卿收军粮谷子字据》:"今收到陈建生典田军粮谷子三老斗整,至叁拾捌年度补清。具领人陈代卿。"②

"具领人"指"向主管或有关方面备文领取财物等项的人"。《大词典》中有"具领"但未见"具领人"。

【代笔人】代为书写契约的人。"代笔人"或简作"代笔""代""笔";又有写作"笔代"者。

---

① 孙兆霞:《吉昌契约文书汇编》,社会科学文献出版社 2010 年版,第 333 页。
② 张新民:《天柱文书》,江苏人民出版社 2014 年版,第 1/94 页。

（1）《乾隆三十三年（1768）姜老六卖田契》："立断卖田约人下寨姜老六。……自愿将祖业田一坵，坐落土名眼鸠坡……请中问到上寨姜求番名下承买为业。三面议定价银十两九分整，老六入手领回应用。……代笔人：姜起谓。"①

（2）《嘉庆十四年（1809）姜光全、蒋肚才等主佃分成合同》："立栽杉合同字人黔阳县人蒋胜才。为因先年佃到文斗寨姜光全、光仕、老六、老前山场一坵，地名八牛山。今养大成林，分为贰股，地主占一股，栽手占一股。……代笔人：胜仕坤。"②

"笔"指"书写"。"代笔人"即"代为书写契约的人"。"代笔人"或简作"代笔""代""笔"；又有写作"笔代"者。例如：

（3）《乾隆三十五年（1770）姜应保卖田契》："立断卖田约人下文堵寨姜应保。为因家中缺少银用，亲自同中问到情愿将名下受分祖遗水田壹块，坐落土名格眼翁，并上下左右田角荒坪在内，出断与上寨中房姜义勲兄名下承断为业。……代笔：姜文清。"③

（4）《光绪十四年（1888）田制、田老满弟兄二人立卖明科田文契》："立卖明科田文契人田制、田老满弟兄二人。……亲请凭中上门，将祖父遗留分受（授）自己名下科田［壹］块，坐落地名大粪堆，……请凭中情愿出卖与堂兄田耀名下为业。……凭中：田新之、田方盈。代笔：田领廷。"④

（5）《嘉庆十七年（1812）姜老林卖木契》："立卖山场杉木约人姜老林。为因要银使用，自愿将到杉木山场一块，地名翁鸟。凭中出卖与姜贺连、朝秀二人名下承买为业。当日议定价银一两一钱五分。……代：范文蔚。"⑤

---

① 陈金全、杜万华：《贵州文斗寨苗族契约法律文书汇编——姜元泽家藏契约文书》，人民出版社 2008 年版，第 12 页。
② 同上书，第 101 页。
③ 同上书，第 15 页。
④ 孙兆霞：《吉昌契约文书汇编》，社会科学文献出版社 2010 年版，第 46 页。
⑤ 陈金全、杜万华：《贵州文斗寨苗族契约法律文书汇编——姜元泽家藏契约文书》，人民出版社 2008 年版，第 121 页。

(6)《嘉庆十二年（1807）龙老富卖田契》："立断卖田约人上寨龙老富。为因家下缺少银用，无出，自愿将到土名鸠收田一坵，今出断卖与下寨姜映名下承买为业。凭中议定价银贰拾贰两，亲手收回任用。……凭中：吴应六。笔：龙绍舜。"①

(7)《道光十一年（1831）范宗尧、龙乔领条》："道光十一年十月廿一日，酒亭店范宗尧、龙乔来领到文斗寨姜映辉得买肖廷彩地名翁扭之木，价领清，并无后欠。……凭中：朱相廷。笔：杨通爵。"②

(8)《嘉庆拾年（1805）姜绍怀卖木契》："立卖山场杉木约人姜绍怀。为因家中要银使用，无处得出，自愿将到祖遗山场杉木，土名污鸠求，出卖与上寨姜士朝兄名下承买为业。当日凭中议定价银贰两叁钱，亲手领回应用。……凭中：姜甫周。笔代：姜绍怀。"③

《大词典》中"代笔""代""笔"均未见有"代笔人"之意。"笔代"一词，《大词典》中未见收录。

【代字人】代为书写契文的人，同于"代笔人"。"代字人"或简作"代字"。

(1)《民国四年汪纯美同侄金安立卖明科田文契》："立卖明科田文契人汪纯美同侄金安。为因贸易无处出辨（办），只得请凭中上门，将祖父遗留本己名下科田乙（壹）块，坐落地名坟底下，当凭中出卖与杨汪氏名下为业。……代字人：陈德明。"④

"字"这里指"书写契文"。"代字人"同于"代笔人"，亦即"代为书写契文的人"。"代字人"或简写作"代字"，如例（2）。

(2)《同治九年（1870）石维机立卖明科田文契》："立卖明科

---

① 陈金全、杜万华：《贵州文斗寨苗族契约法律文书汇编——姜元泽家藏契约文书》，人民出版社2008年版，第90页。
② 同上书，第558页。
③ 同上书，第79页。
④ 孙兆霞：《吉昌契约文书汇编》，社会科学文献出版社2010年版，第66页。

田文契人石维机。……只得［亲请凭］中上门,将祖父遗留分受（授）自己名下科田贰块,坐落地名阿朗寨门口,……请凭中上门出卖与田治名下管业耕种。……恐后人心不古,特立卖契（与）田姓永远为据。……凭中:石维琮、石秉和、石珍、石献、石生整。代字:田子明。"①

"代字"在《大词典》中未见有"代字人"之意。
【代书人】代为书写契文的人。"代书人"或简作"代书"。

(1)《乾隆三十二年（1767）姜应保卖田契》:"立断卖田约人堂兄姜应保。今因家下要银费用,自己请中将到分下祖遗之田一大坵,土名坐落文斗,今凭中出卖与本房堂兄弟姜周魁名下承买耕种为业。……代书人姜周隆银贰分。"②

(2)《道光三十年（1850）汪廷槛立杜卖明科田文契》:"立杜卖明科田文契人汪廷槛。为因乏用,将祖父遗留分受（授）分内自己名下科田乙（壹）块,坐落地名坟底下,……出卖与族侄汪起云名下为业。……代书人:石寿春。"③

"书"指"书写契文","代书人"指"代为书写契文的人"。"代书人"或简作"代书"。

(3)《乾隆十六年（1751）姜凤章卖山契》:"立卖山人上寨六房姜凤章。为因手中空乏,自己问到富宇名下将山出卖,地名过河口故口,当日凭中议定价银一两三钱正。……代书姜得中银五分。"④

(4)《光绪七年（1881）桂有兴立卖明阴阳陆地文契》:"立卖明阴阳陆地文契人桂有兴。……今将本己□□□□□共叁厢,坐落地

---

① 孙兆霞:《吉昌契约文书汇编》,社会科学文献出版社2010年版,第34页。
② 陈金全、杜万华:《贵州文斗寨苗族契约法律文书汇编——姜元泽家藏契约文书》,人民出版社2008年版,第10页。
③ 孙兆霞:《吉昌契约文书汇编》,社会科学文献出版社2010年版,第18页。
④ 陈金全、杜万华:《贵州文斗寨苗族契约法律文书汇编——姜元泽家藏契约文书》,人民出版社2008年版,第4页。

名糖梨树路下边,……亲请凭中上门,出卖与田治兴名下为业。树木茶叶在内。……代书:胡润生。"①

【代书生】代为书写契文的人。

(1)《乾隆二年(1737)程国珍同子朝圣立卖明水田文契》:"立卖明水田文契人程国珍同子朝圣。……情愿将祖父遗下科田贰块,地名坐落坟底下,……凭中出卖与汪世荣名下耕种管业。……代书生:胡长年。"②

"生"此处可以理解为代书人对自己的谦称。"生"抑或是"读书人的通称"。可见"代书生"当同于"代书人"。

【授笔】代为书写契约的人。

(1)《民国三十年胡银昌同子仲奎立卖陆地文契》:"立卖陆地文契人胡银昌。……将祖父遗留分授自己名下陆地壹股,坐落地名老柴山,……请凭中上门出卖与胡张氏名下。……凭中:许西章、胡治昌、田治臣、胡雷氏。授笔:胡治安。"③

"授笔"文中指称人。"授笔"之"授"通"受",即"接受"。"笔"指"书写"。据文意"授笔"实即"接受书写契文任务的人"。可见"授笔"实同于"代笔人",亦即"代为书写契约的人"。

【依口代字人】按照买卖双方口头表述代为书写契文的人。"依口代字人"或简作"依口代字"。

(1)《嘉庆十三年(1808)罗士元立卖明水田文契》:"立卖明水田文契人罗士元。……将小龙潭半块出卖与石于德名下为业。……依口代字人:田文达。"④

---

① 孙兆霞:《吉昌契约文书汇编》,社会科学文献出版社2010年版,第148页。
② 同上书,第2页。
③ 同上书,第186页。
④ 同上书,第103页。

"依口"即"依照口头表述"。"字"指书写契文。"依口代字人"即"按照买卖双方口头表述代为书写契文的人"。"依口代字人"或简作"依口代字",如例（2）、例（3）。

（2）《嘉庆十一年（1806）汪世□立杜绝卖明陆地□□文契》:"立杜绝卖明陆地□□文契人汪世□□。……[父]子商议,只得亲□□□□父遗留分授自己（名）下陆地大小贰块,……[今请凭]中出卖与石秉荣名下耕种管业。……凭中人:汪世富、汪世有、汪有明、汪成将、汪兴全、汪世贵。依口代字:胡兴文。"①

（3）《同治二年（1863）冯士才、冯士凤立卖明菜地文契》:"立卖明蔡（菜）地文契人冯士才、冯士凤。……将祖父遗留蔡（菜）地壹团,……凭中出卖与冯士龙名下。……凭中:冯朝刘、冯十勤。依口代字:田有秋。"②

【依口代书人】按照买卖双方的口头表述代为书写契文的人。"依口代书人"或简写作"依口代书"。

（1）《乾隆十三年（1748）姜善宇、银花兄弟卖木契》:"立卖杉木地约人姜善宇、银花兄弟二人。……自己将到分□所栽杉木一块,土名白皓山,承愿将半股出卖与本房姜启才、富宇、祖保、长保四人名下承买为业。……依口代书人姜启相受银一分。"③

（2）《乾隆五十九年（1794）汪朝有立卖水田文契》:"立卖水田文契人汪朝有。……请凭中上门,将祖父分授分内水田壹坵,坐落地名小山背后,……出卖与胞叔子重名下为业。……依口代书人:陈圣基。"④

"依口代书人"即"按照买卖双方的口头表述代为书写契文的人"。

---

① 孙兆霞:《吉昌契约文书汇编》,社会科学文献出版社 2010 年版,第 136 页。
② 同上书,第 215 页。
③ 陈金全、杜万华:《贵州文斗寨苗族契约法律文书汇编——姜元泽家藏契约文书》,人民出版社 2008 年版,第 3 页。
④ 孙兆霞:《吉昌契约文书汇编》,社会科学文献出版社 2010 年版,第 102 页。

"依口代书人"或简写作"依口代书",如例(3)、例(4)。

(3)《乾隆三十年(1765)姜老岩卖仓厫契》:"立卖仓厫字人姜老岩。为因家中要银使用,无从得出,自愿将仓厫一间出卖与本房姜富宇名下承买。……依口代书:姜文玉。"①

(4)《光绪十三年(1887)汪囗氏立卖明后园菜地文契》:"立卖明后园菜地文契人汪囗氏同男祖贵、三贵。……母子商议,将祖父遗留分授自己名下菜地壹厢,……凭中出卖与冯贵林名下为业。……依口代书:胡润生。"②

【依口代笔】按照买卖双方的口头表述代为书写契文的人。

(1)《乾隆五十六年(1791)姜发元借当契》:"立借当字人姜发元。……自己借到姜仕朝、映辉二人名下实借过银叁两伍钱整,……不拘远近相还。自愿将到分下先年得买田一坵坐落地名也丹抵当。……依口代笔:朝佐。"③

(2)《道光拾八年(1838)王永祥、文大亨借讨契》:"立借讨字人王永祥、文大亨。今因砍白号山之木,欲经翁打扭之山。奈无老路所过,只登门借讨姜绍熊、绍齐、相清、相德所共左边岭之山,下截又与姜连合所共右边之山。我王、文二姓夫子细心拖拉,不得推坏。……依口代笔:潘道生。"④

(3)《咸丰十一年(1861)胡登学立卖明水田文契》:"立卖明水田文契人胡登学。为因乏用,母子商议,只得亲身请凭中上门,将祖父遗留分授自己名下水田壹块,……今凭中出卖与田瑞廷名下耕种管业。……依口代笔:胡兴文。"⑤

---

① 陈金全、杜万华:《贵州文斗寨苗族契约法律文书汇编——姜元泽家藏契约文书》,人民出版社2008年版,第9页。
② 孙兆霞:《吉昌契约文书汇编》,社会科学文献出版社2010年版,第217页。
③ 陈金全、杜万华:《贵州文斗寨苗族契约法律文书汇编——姜元泽家藏契约文书》,人民出版社2008年版,第45页。
④ 同上书,第345页。
⑤ 孙兆霞:《吉昌契约文书汇编》,社会科学文献出版社2010年版,第25页。

三例中"依口代笔"均指称人，同于"依口代字""依口代书"，亦当释作"按照买卖双方的口头表述代为书写契文的人"。

【依稿代笔】按照契文文稿代为书写契文的人。

(1)《道光二十一年（1841）姜光照、姜光绪兄弟二人立卖山场杉木字》："立卖山场杉木字人姜光照、光绪兄弟二人。……自愿将到先年得买张化范姓之山场杉木一块，土名冉楼卡，……今请中出卖与姜春发叔名下为业。……凭中：姜光元。依稿代笔：光林。"①

(2)《同治七年（1868）姜怀仁等五人立卖杉木约》："立卖杉木约人姜怀仁、姜萃邦、姜东信、姜恩绍、姜开祥五人。将皆也故开，……原作十一股分，十一股内相补相圆。怀仁等将此十一股全卖与地主姜东盛、姜海治弟兄等承买为业。……依稿代笔：姜克荣。"②

"稿"当指"契文文稿"，"依稿代笔"这里指人，可释作"按照契文文稿代为书写契文的人"。

【当契人】订立抵当文契来抵当陆地等产业的人。

(1)《民国十四年顾老么、顾闰法立当明陆地文契》："［立当］明陆地文契人顾老么、顾闰法。……当到徐民枝名下陆地贰块，坐落地名黄坡园，陆地贰块，当价银正板大洋拾贰元整。……证人：鲍顾氏、田顾氏。凭中：严石福。代字：田自清。当契人：顾老么、顾闰法。"③

"当契人"指"订立抵当文契来抵当陆地等产业的人"。

【在场人】在订立契约的现场作见证的人。

(1)《石林方、汪祖昌立出基建共享山墙字据》："立出基建共享

---

① 唐立、杨有赓、武内房司：《贵州苗族林业契约文书汇编》卷1，东京外国语大学2001年版，第1/A/191页。
② 唐立、杨有赓、武内房司：《贵州苗族林业契约文书汇编》卷2，东京外国语大学2002年版，第2/B/194页。
③ 孙兆霞：《吉昌契约文书汇编》，社会科学文献出版社2010年版，第313页。

山墙字据人石林方、汪祖昌。为方便建房起见,经双方共同协商,达成协议。……恐口无凭,立字为据。在场人:石汝益、汪罗元、田应荣。代笔:石林成。"①

(2)《冯玉伦立协议书》:"为了田间管理使用便宜,经双方同意决定,冯玉伦将门楼边胡家大田西半边壹相(厢)左给冯胜陈使用。……代笔:罗家兴。在场人:许伍安、陈仁全、吴之有、田应国。立字人冯玉伦立。"②

"在场人"即"在订立契约的现场作见证的人"。

【在证】在订立契约的现场作见证的人,同于"在场人"。

(1)《民国二十九年张亮清等立出义卖阴地壹穴字据》:"立出义卖阴地壹穴字据人张亮清、张兴奎、张蓝芝暨亲族人等。为因胡云阶逝世,请地师看获阴地壹穴,落于张府祭祀地中,请凭内亲张兰仙上门相退张府,念其亲谊,均皆吹兑承应义让与胡树森、胡树贤、胡树德弟兄名下安葬父亲。……恐后无凭,特立义卖契据乙(壹)纸永为证据。凭中人:张兰仙。在证:杜焕章。依口代笔:陈如云。"③

"在证"当是"在场证人"的简称,即"在订立契约的现场作见证的人",同于"在场人"。

【立卖契人、立卖字人、卖契人】订立卖契文约来出卖田地等产业的人。

(1)《乾隆十二年(1747)汪再昆弟兄三人立卖田文约》:"立卖田文约人汪再昆同弟朝昆、荣昆。……凭中将分内田壹块,坐落名小山,……情愿出卖与汪世荣名下管业耕种。立卖契人:汪朝昆、汪再昆、汪荣昆。"④

(2)《咸丰二年(1852)汪起春立卖明水田文契》:"立卖明水

---

① 孙兆霞:《吉昌契约文书汇编》,社会科学文献出版社2010年版,第439页。
② 同上书,第437页。
③ 同上书,第269页。
④ 同上书,第3页。

田文契人汪起春。……将祖父遗留分授自己名下科田大小三块，出卖与汪起云名下为业。……恐口无凭，立卖字为据。……咸丰二年正月二十六日立卖字人汪起春立。"①

（3）《道光三十年（1850）立杜卖明科田文契》："立杜卖明科田文契人汪廷槛。……将祖父遗留分受（授）分内自己名下科田乙（壹）块，坐落地名坟底下，……出卖与族侄汪起云名下为业。……恐后人心不古，立卖契永远存照。……道光三十年五月初八日，卖契人汪廷槛。"②

（4）《光绪二十一年（1895）陈煌文等立卖明科田义契》："立卖明科田义契人汗王会会首陈煌文、陈熠文、陈增彩、汪焕之。……将科田壹块坐落地名经纶（军轮）屯。……凭会首出卖与汪兴灿名下为业。……恐后人心不古，特立卖契永远存照。……光绪二十一年五月二十八，卖契人陈煌文、陈熠文、陈增彩、汪焕之立。"③

"立卖契人"指"订立卖契文约来出卖田地等产业的人"，如例（1）。"字"指"契文文字"。"立卖字人"同于"立卖契人"，如例（2）。"卖契人"实即"立卖契人"的简称，指"订立卖契文约来出卖田地等产业的人"，如例（3）、例（4）。

【转手画字人】在转卖交易契文上画押签字的人。"转手画字人"或简作"转手画字"。

（1）《雍正十一年（1733）汪尔重立卖明房地基文契》："立卖明房地基文契人汪尔重。情愿将祖遗自置房屋地基贰间、天井牛椿（圈）壹个、东厮壹个，墙围在内，……凭中出卖与族侄汪世荣名下住坐管业。……立卖房地基人：汪尔重。……转手画字人：汪之灿。凭中人：邹倪之、徐上卿、邹世琏。"④

（2）《乾隆二年（1737）程国珍同子朝圣立卖明水田文契》："立卖明水田文契人程国珍，同子朝圣。……情愿将祖父遗下科田贰

---

① 孙兆霞：《吉昌契约文书汇编》，社会科学文献出版社2010年版，第19页。
② 同上书，第18页。
③ 同上书，第53页。
④ 同上书，第228页。

块，地名坐落坟底下，……凭中出卖与汪世荣名下耕种管业。……凭中：许良贵、汪逢庆，本族程国璟、程国宝。转手画字：田永贵、田其凤、田可享、田其资、田其鳌、田应发、田深虞、田应彩、田长有。"①

"转手"指"转卖"，即"把买进的东西再卖出去"。"画字"指"在契文上画押签字"。"转手画字人"，指"在转卖交易契文上画押签字的人"。"转手画字人"或简作"转手画字"，如例（2）。

【请代笔】在契约交易中受邀代为书写契文的人。"请代笔"或简作"请笔"，亦或称为"请代书""请书"。

(1)《宣统二年（1910）蒋秀茂立契卖田》："三面言定价钱肆拾贰仟零捌百捌拾文正（整）。钱即日领亲（清），锱铢无欠。……凭中：罗再银、杨□星、吴□见。请代笔：蒋汉铭。"②

(2)《民国十三年杨先立断卖水田文契》："三面议定卖价钱铜元壹佰肆拾封霖（零）捌百文正（整）。其钱比日亲手领足，分文未欠。……凭契中人：周忠祥、陈世全、陈邦兴。请代笔：杨序元。"③

(3)《同治九年（1870）龙道合叔侄三人立卖田契》："当日言定价钱拾贰仟文正（整）。自卖之后，不得异言。……凭中：龙景明、龙德宁、龙玉坤、张玉忠。请笔：龙广誉。"④

(4)《民国二十四年（公元一九三五年）龙后芳、龙后芹立卖杉山字》："当日凭中议定价壹佰仟零柒仟文整，其钱亲手领足应用，不另收书。……凭中：杨胜元。请笔：吴三恩。"⑤

(5)《道光十柒年（1837）全福生佃契》："今因自己佃到文斗寨姜廷贵、起实、载口、姜绍吕弟兄叔侄等众之山，地名番故

---

① 孙兆霞：《吉昌契约文书汇编》，社会科学文献出版社2010年版，第2页。
② 张新民：《天柱文书》，江苏人民出版社2014年版，第1/103页。
③ 同上书，第1/104页。
④ 同上书，第2/167页。
⑤ 唐立、杨有赓、武内房司：《贵州苗族林业契约文书汇编》卷3，东京外国语大学2003年版，第3/G/2页。

得，……限至三年成林。……立此佃字为据。请代书：舒正望。"①

（6）《光绪二十年（1894）杨丙午、杨丙酉兄弟二人立卖墦地契》："当日三面言定卖价钱肆仟捌佰捌拾文整。其钱即日凭中领足，并不下少分文。……立卖字人：杨丙午、杨丙酉。凭族中：杨爱权、陈启元。请书：卢斗南。"②

在契约交易中受邀代为书写契文的人，称为"请代笔"，如例（1）例（2）；"请代笔"或简作"请笔"，如例（3）例（4）；亦或称为"请代书"，如例（5）；又或称为"请书"，如例（6）。

【出断卖】"出断卖"即"断卖"。"断卖"即"绝卖"，指"一旦出卖便永远不能够再赎回之卖"。"出断卖"或简作"出断""断""卖"。

（1）《乾隆三十五年（1770）姜老管、老岩卖田契》："立卖断约人文堵下寨姜老管、姜老岩弟兄二人。……请中问到自愿将祖遗坐落土名南鸠田大小三坵，出断卖与上文堵寨姜廷盛名下承买为业。当日凭中参面议定断价纹银六两正，……自断之后，其田任从买主子孙世代管业，断主房族弟兄外人不得异言。"③

（2）《乾隆五十二年（1787）姜老剪卖山契》："立断卖山场约人本寨姜老剪。……自己名一下山场一块，坐落地名九怀，出断卖与姜佐周名下承买为业。三面议定价银七钱整，亲手收回应用。自断之后，任从佐周下山栽木管业，老剪兄弟并外人不得争论。"④

（3）《乾隆五十四年（1789）姜岳保卖田契》："立卖断田姜岳保。……自己情愿将到俱田大小五坵，地名坐落堂庙，出断卖与本房姜廷伟名下承买为业。当日凭中议定价银肆拾陆两壹钱正，亲手收回

---

① 陈金全、杜万华：《贵州文斗寨苗族契约法律文书汇编——姜元泽家藏契约文书》，人民出版社2008年版，第335页。
② 张新民：《天柱文书》，江苏人民出版社2014年版，第1/95页。
③ 陈金全、杜万华：《贵州文斗寨苗族契约法律文书汇编——姜元泽家藏契约文书》，人民出版社2008年版，第16页。
④ 同上书，第42页。

应用。其田自卖之后,任凭买主耕重(种)管业。"①

"卖"有"活卖"和"绝卖"之分。"活卖"即"卖出之后可以回赎之卖"。"绝卖"则是"一旦出卖再不能赎回之卖"。"断"有"断绝之意"。故"断卖""卖断"亦即"绝卖"。

据文意可知,"出断卖"即"断卖",可释作"永远出卖"。"出断卖"或简作"出断",如例(4)—(6);或简作"断",如例(1)、例(2)、例(4)、例(5);或简作"卖",如例(3)、例(6)。

(4)《乾隆三十四年(1769)姜老睍三卖木并山契》:"立断卖杉木并地约人姜老睍三。……情愿将亲手所栽杉木二块,一块[坐]落地名倍翻,九股占一股;一块地名对门阿烂,九股占一股。凭中出断与姜廷显名下承断为业。其木并地自断之后,任从买主蓄禁修理管业,如有不清,俱在卖主上前理落。"②

(5)《乾隆五十一年(1786)立断田约人唐故领叔、唐尚明》:"立断田约人唐故领叔、唐尚明。为因先年所欠银两,至今无处归还。情愿将到祖[遗]水田一坵,坐落土名卧随,……凭中出断与姜之彬、之模二人名下承断为业。当日凭中议定断价银四两一钱整。其田自断之后,恁从买主下田耕种。"③

(6)《道光七年(1828)姜老龙、老凤兄弟炎山契》:"立断卖杉木油山契人姜老龙、老凤弟兄二人。为因父亡故,无处得出,自愿将到丢了杉本油山二块,……凭中出断与堂兄姜老开名下承买为业。当日价银二两八钱五分,亲手收用。自卖之后,买主理修营业,卖主不得异言。"④

---

① 陈金全、杜万华:《贵州文斗寨苗族契约法律文书汇编——姜元泽家藏契约文书》,人民出版社 2008 年版,第 43 页。
② 同上书,第 14 页。
③ 唐立、杨有赓、武内房司:《贵州苗族林业契约文书汇编》卷 3,东京外国语大学 2003 年版,第 3/D/2 页。
④ 陈金全、杜万华:《贵州文斗寨苗族契约法律文书汇编——姜元泽家藏契约文书》,人民出版社 2008 年版,第 248 页。

根据文意，例（4）—（6）中的"出断"即"出断卖"，亦即"绝卖"。例（1）、例（2）、例（4）、例（5）中的"断"及例（3）、例（6）中的"卖"皆同于"出断卖"，均为"绝卖"。

【出当】"出当"与"当"同。"当"即"抵押"，指"以财产作为偿债的保证"。

（1）《乾隆五十一年（1786）范世珍借契》："立借字人岩湾寨范世珍。今因家下缺少银用，无处得出，亲自问到文斗寨姜映飞名下，借过本银四两整，亲手领回应用。其银限在十二月还清，不得有误。如有误者，各自换约出当。"①

（2）《嘉庆十五年（1810）阳通显当契》："立当字人阳通显。为因家下缺少银用，无从得出，自愿将到土名党加、鸣冉、培格、皆粟四处四股，自愿将到屋一间出当与姜绍熊、姜绍华名下承借本银十两六钱，亲手领回应用。"②

（3）《光绪二十八年（1902）石杨氏同子官保立当明科田文契》："立当明科田文契人石杨氏同子官保。……将父遗留分授自己名下科田乙（壹）块，坐落地名小市（柿）园，出当与田曹氏名下耕种。……自当之后，准定三年。日后有银取赎，无银耕种。"③

（4）《光绪三十一年（1905）田盛廷立当明科田文契》："立当明科田文契人田盛廷。……将父遗留分授自己名下科田乙（壹）块，坐落地名吴家地，请凭中出当与田法廷名下耕种。……自当之后，准定三年。日后有银赎取，无银任随田法廷耕种。"④

例（3）先言"出当与田曹氏名下耕种"，后说"自当之后"；例（4）先言"出当与田法廷名下耕种"，后说"自当之后"。对比2例前后用语，可知"出当"实与"当"同。"当"即"抵押"，指"以财产作为偿债的保证"。

---

① 陈金全、杜万华：《贵州文斗寨苗族契约法律文书汇编——姜元泽家藏契约文书》，人民出版社2008年版，第41页。
② 同上书，第112页。
③ 孙兆霞：《吉昌契约文书汇编》，社会科学文献出版社2010年版，第277页。
④ 同上书，第279页。

【出拨换】调换。

（1）《民国二十三年龙景珠得岑田拨换契》："立拨换田字人龙景珠。二比自己心平意愿，日后不有悟（翻）悔。自己愿将先年得买之业，地名得岑田三坵，……要行出拨换与本寨族侄龙运嵩名下承拨换管业。当日凭中三面拨换。日后不得异言，其田自拨换之后，恁凭拨换修理管业。日后不有悟（翻）悔。"①

（2）《民国十八年龙应彪立拨换屋地契字》："立拨换屋地契字人龙应彪。二比甘愿土名寨中屋地一坪。上抵换主，下抵路，右抵路，左抵换主，四抵分明。拨换与堂叔龙金汉、龙云汉名下，愿承愿换，永后不得异言。"②

对比例（1）、例（2）可知"出拨换"当同于"拨换"。"拨换"即"调换"之意，故"出拨换"亦当是"调换"之意。

【出换】"出换"亦即"拨换"，可释作"调换"。

（1）《光绪三年（1877）潘宏义弟兄毫沟换田约》："立换田约人潘宏义、潘宏恩弟兄。为因先年先祖得买对门毫沟埂外小田一坵，计谷三斗，随代粮钱五文。……要行出换与陆凤元名下承换为业。当日凭中言定二比自愿相换。其田换定各管修理管业。二比换主不得异言。"③

（2）《光绪十六年（1890）龙士林同孙道燊立拨换字约》："立拨换字约人龙士林同孙道燊。公孙商议愿将得买之业坐落土名奄领田大小叁坵，……要行出换。请中问到房侄龙兴廷叔侄承换为业。照依拨换耕种管业，不得异言。"④

---

① 高聪、谭洪沛：《贵州清水江流域明清土司契约文书——九南篇》，民族出版社 2013 年版，第 230 页。
② 张新民：《天柱文书》，江苏人民出版社 2014 年版，第 13/179 页。
③ 高聪、谭洪沛：《贵州清水江流域明清土司契约文书——九南篇》，民族出版社 2013 年版，第 266 页。
④ 同上书，第 173 页。

将例（1）、例（2）与"出拨换"之例（1）进行比对，可以断定"出换"当同于"出拨换"。"出拨换"即"拨换"，故"出换"亦即"拨换"，亦可释作"调换"。

【出辦】【出办】"出辦"即"出办"，意为"置办，筹措"。

(1)《乾隆二年（1737）程国珍同子朝圣立卖明水田文契》："立卖明水田文契人程国珍同子朝圣。为因缺用，无处出辦，情愿将祖父遗下科田贰块，地名坐落坟底下，……凭中出卖与汪世荣名下耕种管业。"①

(2)《乾隆十二年（1747）汪再昆同弟朝昆、荣昆立卖田文约》："立卖田文约人汪再昆同弟朝昆、荣昆。为因缺少使用，无处办，凭中将分内田壹块，坐落名小山，……情愿出卖与汪世荣名下管业耕种。"②

(3)《乾隆四十五年（1780）汪子龙立卖明水田文契》："为因年岁饥馑，缺少使用，无处出办，只得向本族商议，将祖父遗留分受（授）自己水田壹块，坐落地名军轮屯，……请凭中上门，出卖与汪子重名下永远耕种。"③

(4)《乾隆四十九年（1784）汪子富立卖明水田文契》："立卖明水田文契人汪子富。为因年岁饥荒，无处出办，只得请凭中上门，将父留明水田乙（壹）块、地乙（壹）块，坐落地名鲍家树林，……出卖明与族兄子重名下为业。"④

(5)《嘉庆二十二年（1817）汪朝德立卖明科田文契》："立卖明科田文契人汪朝德。为因乏用，无处出辦，只得将祖父遗留田壹蚯，地名坐落坟底下，……请凭中上门，出卖与汪朝礼名下耕种。"⑤

(6)《同治九年（1870）石维机立卖明科田文契》："立卖明科

---

① 孙兆霞：《吉昌契约文书汇编》，社会科学文献出版社 2010 年版，第 2 页。
② 同上书，第 3 页。
③ 陈金全、杜万华：《贵州文斗寨苗族契约法律文书汇编——姜元泽家藏契约文书》，人民出版社 2008 年版，第 4 页。
④ 孙兆霞：《吉昌契约文书汇编》，社会科学文献出版社 2010 年版，第 5 页。
⑤ 陈金全、杜万华：《贵州文斗寨苗族契约法律文书汇编——姜元泽家藏契约文书》，人民出版社 2008 年版，第 112 页。

田文契人石维机,为因乏用,无处出辦……将祖父遗留分受(授)自己名下科田贰块,坐落地名阿朗寨门口……请凭中上门出卖与田治名下管业耕种。"①

"辦"乃"办"之繁体字,"出辦"即"出办"。将例(2)"无处办"与其他五例"无处出辦"进行比对,可知"出办"当与"办"义同。"办"有"置办,筹措"之意,故"出办"亦可释作"置办,筹措"。

【出辨】置办,筹措,同于"出辦"。"出辨"或写作"出变、出便"。

(1)《乾隆二十八年(1763)龙先玉等屋场断卖契》:"立断卖屋场约人龙先玉、儿龙明耀、婶母潘氏。为因家下缺少银用,无处出辨。是以父子商议,愿将自己屋场三间,宽二丈八尺,深内外凭坎,要行出断。"②

(2)《道光十八年(1838)汪起明立卖明科田文契》:"立卖明科田义契人堂侄汪起明。为因乏用,无处出辨。只得请凭中上门,将祖父遗留分授自己名下科田壹块,坐落地名坟底下,……凭中出卖与叔母汪田氏名下管业。原日议定卖价纹玖各半,共银壹拾捌两伍钱整。"③

(3)《咸丰十一年(1861)汪郑氏同子汪兴学立卖明科田文契》:"立卖明科田文契人汪郑氏同子汪兴学。为因托(拖)欠账务,无处出辨,只得将到祖父遗留分受(授)分内名下科田贰坵,……亲请凭中上门,出卖与伯娘汪田氏名下为业。原日三面议定价值足色纹银伍拾叁两叁钱整。"④

(4)《同治四年(1865)汪郑氏同子兴学立杜卖明科田文契》:"立杜卖明科田文契人汪郑氏同子兴学。为因拖欠账务,无处出辨。

---

① 孙兆霞:《吉昌契约文书汇编》,社会科学文献出版社2010年版,第34页。
② 高聪、谭洪沛:《贵州清水江流域明清土司契约文书——九南篇》,民族出版社2013年版,第338页。
③ 孙兆霞:《吉昌契约文书汇编》,社会科学文献出版社2010年版,第14页。
④ 同上书,第26页。

第三章　贵州契约文书词汇研究与大型辞书编纂　　217

亲请凭中上门，今将到祖父遗留分授本己名下小山科田大小伍块，……情愿议卖与汪田氏名下为业。原日三面议定卖价足色纹银叁两壹钱整。"①

"辨"是"辦"的古字。"辨"《广韵》作"蒲苋切"②。对比诸例"无处出辨"与"无处出辦"，可以判定"出辨"当与"出辦"义同。"出辦"即"辦"，可释为"置办，筹措"。故可知"出辨"实即"辦"，亦当释为"置办，筹措"。"出辨"或写作"出变、出便"。例如：

（5）《道光十三年（1833）胡永清立卖明水田文契》："立卖明水田文契人胡永清。为因乏用，无处出变，只得请凭中上门，将祖父遗留自己名下水田壹块，坐落地名白泥，情愿出卖与堂叔祖胡永德名下管业。三面议定卖价文银伍两陆钱整。永清亲手领明应用。"③

（6）《民国十二年田活立卖明水田文契》："立卖明水田文契人田活。为因乏用，无处出变，只得亲请凭上门，将祖父遗留本己名下水田乙（壹）块，坐落地名革老（仡佬）坟，……亲请凭忠（中）出卖与石钟琳名下为业。原日三面议定价银洋元贰拾贰元整。"④

（7）《民国二十六年石长毛、石纪昌、石顺前三人立卖明菜地文契》："立卖明菜地文契人石长毛、石纪昌、石顺前三人。为因乏用，无处出便，只得亲请凭中上门，将到祖父遗留分受（授）本己名下菜地壹块，坐落地名后园，……言（原）日三面异（议）定中洋壹拾玖元整。"⑤

将"出辨"写作"出变、出便"，当是书写时同音替代的结果。
【承理】承担修理。

（1）《嘉庆二十五年（1820）杨正莫立准兄卖沟引水灌养老田

---

① 孙兆霞：《吉昌契约文书汇编》，社会科学文献出版社2010年版，第29页。
② 周祖谟：《广韵校本》，中华书局1960年版，第328页。
③ 孙兆霞：《吉昌契约文书汇编》，社会科学文献出版社2010年版，第10页。
④ 同上书，第74页。
⑤ 同上书，第226页。

字》:"恐有修砌坟茔,正莫恁承理。"①

"承理"文中指"承担修理"。"正莫恁承理",即"杨正莫甘愿承担修理坟茔"。

【承收】承受接收。

(1)《乾隆五十五年(1790)彭常位等立分关拨约字》:"为因有祖遗山场杉木历来公共。今凭房族彭臣伍叔侄,自愿分拨坐落土名阳拿二处、包逸一处、皆也鸠告一处、□乜党一处、扰卖一处,共有六处山场杉木共在其内。俱拨与彭泽□一人名下承收管业。"②

(2)《光绪二十四年(1898)姜尚文立将山还账务字》:"立将山还账务字人文斗上寨姜尚文。为因伯父缠疾,屡借贷姐丈银费用,后施(拖)日久,手内不便付还。庶将亲手用价得买开智冉学诗山一所,界限股数亦照老契,就此便还伯母手,屡用之数,概扫还清。亲自登门凭中立字与平鳌上寨姜为明姐丈名下承收为业。当日凭还之后,子孙永远照字管业,而我还主房族兄弟毫无异言。恐后无凭,立此清还字为据是实。凭中:傅志恒。光绪二十四年十一月二十日尚文亲笔立。文斗上寨承卖伯父际清。引学[诗]皆里故开山场契老契。"③

"拨"意为"分配","分拨"即"分配"。据文意可知"承收管业"即"承受接收管业"。"承收为业"指"姜为明承受接收了冉学诗山一所作为永远性的产业"。

【承业】接收产业。

(1)《乾隆三十四年(1769)姜引番立卖山场字》:"今引番将

---

① 高聪、谭洪沛:《贵州清水江流域明清土司契约文书——九南篇》,民族出版社 2013 年版,第 109 页。
② 张应强、王宗勋:《清水江文书》第 3 辑共 10 册,广西师范大学出版社 2011 年版,第 3/1/79 页。
③ 唐立、杨有赓、武内房司:《贵州苗族林业契约文书汇编》卷 3,东京外国语大学 2003 年版,第 3/F/29 页。

分内一股出卖与兴佐，定价六钱整。其木并山俱在买主承业是实。"①

"承业"文中指"接收产业"。《大词典》中仅有二义：①遵命从事；②继承先代的基业。

【承卖】卖。

在上文"承收"之例（2）中见有"承卖"一词，该词又见于《苗》第1卷中。例如：

（1）《道光二年（1822）姜本伸立断卖山场字》："立断卖山场字人姜本伸。为因要银使用，无处得出。自愿将到祖遗之山二处，一处土名雍垎，又一处土名皆冲，出卖与堂叔姜朝玕名下承买为业。……此山雍垎分为四大股，朝琦弟兄占二股，朝瑚弟兄占一股，我本伸名下占一股，承卖与朝玕叔，四至分明。"②

根据文意，两例"承卖"皆可释为"出卖"，亦即"卖"。"承卖与朝轩叔"即"出卖给朝轩叔"；"承卖伯父际清"即"出卖给伯父姜际清"。

【承断】承受断卖，亦即"永远购买"。

（1）《乾隆三十四年（1769）姜老睆三卖木并山契》："立断卖杉木并地约人姜老睆三。为因家下缺少费用，无出，情愿将亲手所栽杉木二块，一块［坐］落地名倍翻，九股占一股；一块地名对门阿烂，九股占一股。凭中出断与姜廷显名下承断为业。当［日］议价纹银贰两叁钱整，亲收应用。"③

（2）《乾隆三十五年（1770）姜应保卖田契》："立断卖田约人下文堵寨姜应保。为因家中缺少银用，亲自同中问到出情愿将名下受分祖遗水田壹块坐落土名格眼翁，并上下左右田角荒坪在内，出断与

---

① 唐立、杨有赓、武内房司：《贵州苗族林业契约文书汇编》卷1，东京外国语大学2001年版，第1/A/11页。
② 同上书，第1/A/146页。
③ 陈金全、杜万华：《贵州文斗寨苗族契约法律文书汇编——姜元泽家藏契约文书》，人民出版社2008年版，第14页。

上寨中房姜义勷兄名下承断为业。当日凭中议定断价纹银肆十柒两整,亲手领回应用。"①

"断卖"亦即"绝卖",即"一旦出卖便永远不能够再赎回之卖"。"出断"即"永远出卖"。可见例(1)、例(2)中的"承断"当即"承受断卖"。对买主而言,"承断"意味着"一次购买之后便永远拥有所买之物"。

【承换】承受交换。

(1)《光绪三十二年(1906)姜登选菜园换山场契》:"立将菜园换山场契约字人房侄姜登选。自愿将祖遗分落我名下所占之菜园壹块,地名晚中党,……今将凭中换与房叔姜世美名下承换为业。当日凭中三面换山场壹块,地名冉休,界限俱照我登选所执换之张,任凭照所换契修理管业,日后二比不得异言。"②

(2)《民国二十一年王定银土冲岭核桃山换字》:"立换字核桃山人高寨王定银。今因本名得买之业,坐落土名冲令冲口核桃山一块。……又有上断核桃山一块,……今因先侭族内无人承换,自己请中三面对换陆凤先名下承换为业。此山对换,王姓不得异言,倘有典当不清,俱在王姓上前理落,不与陆姓相干。"③

(3)《光绪十六年(1890)龙士林同孙道揆立拨换字约》:"立拨换字约人龙士林同孙道揆。公孙商议愿将得买之业坐落土名奄堂领田大小叁坵,……要行出换。请中问到房侄龙兴廷叔侄承换为业。照依拨换耕种管业,不得异言。"④

根据文意,可知以上三例都是交换契约,交换双方中的一方拿出需要交换之物来与他人进行交换,而另一方则承受了来自对方的需要交换之

---

① 陈金全、杜万华:《贵州文斗寨苗族契约法律文书汇编——姜元泽家藏契约文书》,人民出版社 2008 年版,第 15 页。
② 同上书,第 500 页。
③ 高聪、谭洪沛:《贵州清水江流域明清土司契约文书——亮寨篇》,民族出版社 2014 年版,第 93 页。
④ 同上书,第 173 页。

物。由此可见"承换"当即"承受交换"之意。

【承典】承受典当。

(1)《乾隆五十九年（1794）姜文甫典田契》："立典田约人中房姜文甫，为因家下缺少银用，无出，自愿将到祖田坐落地名眼翁大田壹坵，凭中出典与邓大朝名下承典为业。"①

(2)《嘉庆三年（1798）姜文甫典田契》："为因缺少口粮，无出，自愿将到土名坐落眼翁禾田贰坵，凭中出典与邓大朝名下承典为业。"②

(3)《同治八年（1869）立典田字人姜生长》："立典田字人姜生长。为因缺少银用，无处得出。自愿将到先年得典吴正才之田，坐落地名中培，田二坵，今出典与姜发春、姜发顺二人承典为业。"③

"典"即"抵押，典当"，指"以物作抵押换钱物"。根据文意，一方"向外典当"，即"出典"；一方"承受典当"，即"承典"。可见"承典"实即"承受典当"之意。

【承照】接受契文等以作为证明。"承照"或写作"承召""承炤""呈照"等。

(1)《乾隆四十九年（1784）姜国政卖山契》："自卖之后，山木任从老妹女修理砍伐等情，卖主父子兄弟无得争论。如有争论，俱在卖主理论，不干买主之事。……今欲有据，立此卖契承照。"④

(2)《嘉庆廿三年（1818）姜环德、朝相卖木契》："自卖之后，任凭买主管业，卖主弟兄不得异言。如有不清，卖主向（上）前理落，不干买主之事。任凭买主□近，日后长大坎（砍）尽，地归原

---

① 陈金全、杜万华：《贵州文斗寨苗族契约法律文书汇编——姜元泽家藏契约文书》，人民出版社2008年版，第53页。

② 同上书，第59页。

③ 唐立、杨有赓、武内房司：《贵州苗族林业契约文书汇编》卷3，东京外国语大学2003年版，第3/D/49页。

④ 陈金全、杜万华：《贵州文斗寨苗族契约法律文书汇编——姜元泽家藏契约文书》，人民出版社2008年版，第35页。

主。今欲有凭，立此卖字承照。"①

（3）《光绪卅年（1904）姜世臣、姜凤文等主佃分成合同》："此山土栽分为五股，地主占叁股，栽手占贰股。木已成林，二比特立合同各执，日后坎（砍）伐下河照依合同均分，不得生端异言。书立合同，各执一纸承照。"②

（4）《民国二十四年石周氏同子立卖明水田文契》："自卖之后，任随买主子孙永远承照，卖主房族子侄异姓人等亦不得前来争论。"③

"照"有"证明，凭证"之意。从文中可以看出，"承照"即"接受契文以作为证明"之意。"承照"或写作"承召""承炤""呈照"等。例如：

（5）《光绪十年（1884）强远立典断卖田字》："族弟家兰批：此约内之业出卖与族兄家兴名下承买为业。凭中言定价钱乙（一）千四百文典钱整。代原粮乙（一）合，承召。"④

（6）《乾隆四十九年（1784）姜国政卖山契》："自卖之后，山木任从老妹女修理砍伐等情，卖主父子兄弟无得争论。如有争论，俱在卖主理论，不干买主之事。其山界至左凭古井之木，右凭文成之木，上凭应生之木，下凭路。今欲有据，立此卖契承炤。"⑤

（7）《光绪十四年（1888）杨胜智立断卖田字》："立断卖田字人杨胜智。……其田自卖之后，恁凭买主管业耕种，卖主不得异言。恐后无凭，立此断卖字呈照为据。"⑥

---

① 陈金全、杜万华：《贵州文斗寨苗族契约法律文书汇编——姜元泽家藏契约文书》，人民出版社2008年版，第167页。
② 同上书，第495页。
③ 孙兆霞：《吉昌契约文书汇编》，社会科学文献出版社2010年版，第110页。
④ 高聪、谭洪沛：《贵州清水江流域明清土司契约文书——亮寨篇》，民族出版社2014年版，第82页。
⑤ 陈金全、杜万华：《贵州文斗寨苗族契约法律文书汇编——姜元泽家藏契约文书》，人民出版社2008年版，第35页。
⑥ 高聪、谭洪沛：《贵州清水江流域明清土司契约文书——九南篇》，民族出版社2013年版，第106页。

将"承照"写作"承召""承炤""呈照"当是书写时同音替代的结果。

【承借】借出。

（1）《嘉庆十五年（1810）阳通显当契》："立当字人阳通显，为因家下缺少银用，无从得出，自愿将到土名党加、鸣冉、培格、皆粟四处四股，自愿将到屋一间出当与姜绍熊、姜绍华名下承借本银十两六钱，亲手领回应用。"①

（2）《嘉庆二十二年（1817）姜老二、金简借契》："立借字人姜老二、金简，情因要银使用，无从得出，自己问到堂伯爷应辉名下承借本银柒钱整，其银照加叁行利。不限远近。本利交还，不得有误。立有借字为据是实。"②

根据文意，例（1）、例（2）均是一方因需钱用而向另一方借钱来用，被借钱者承受了借钱者的借款行为，将钱借出。故"承借"即"承受借款行为"，当可释为"借出"。

【承耕】耕种。

（1）《光绪丙子年（1876）周长流立出转当约》："请将自己得当周长万屋后坎子面上土一福，自愿一并出转当与邹德高大爷名下耕种。……自当之后，恁异邹姓承耕，房中老幼不得阻滞。"③

契文前文说"出转当与邹德高大爷名下耕种"，后文则是"恁异（意）邹姓承耕"，可见"承耕"当与"耕种"表意相同，当可释作"耕种"。

【承补】承受补充。

（1）《嘉庆十七年（1812）姜之模立相补山场杉木约》："立相

---

① 陈金全、杜万华：《贵州文斗寨苗族契约法律文书汇编——姜元泽家藏契约文书》，人民出版社 2008 年版，第 111 页。
② 同上书，第 154 页。
③ 汪文学：《道真契约文书汇编》，中央编译出版社 2014 年版，第 193 页。

补山场杉木约人姜之模。为因缺少用费，补为情愿将上场一团，坐落地名洗奇，上凭延魁山，下其山作二大股均分，凭中相补一股与子姜启道名下承补为业。当面言定价银壹两陆钱正。"①

(2)《嘉庆十七年（1812）姜之模立相补山场杉木约》："立相补山场杉木约人姜之模，为因欲银使用，情愿将先年的买文奇山场一团，坐落士名洗其。上凭延魁山，下抵水沟，左凭起文山，右凭之正山，四至分明。今补与姜氏研桥名下承补为业。当面言定价银壹两伍分整。"②

据文意，所谓"承补"应为"承受补充"之意。文中姜启道与姜氏研桥皆是"承受产业补充"的人。

第二节　贵州契约文书《大词典》未收词义举例

贵州契约文书中有许多词语虽然在《大词典》中已有收录，但其在贵州契约文书中的意义，在《大词典》对该词所出的义项中却找不到。很明显，这些词语的意义对于丰富《大词典》词语的释义是有裨益的。试举例如下。

【塚】量词，用以指称坟墓。

(1)《道光十七年（1837）唐绍元、唐发贵包修墓圈契》："立包墓圈字人唐绍元、唐发贵，今包到文斗寨姜绍雄，绍齐、钟太祖父墓一塚，凭中议定价银叁两贰钱正，岩石门面，岩共九块，工夫完成，定在十月之内，不俱（拘）谷子银钱开发。"③

(2)《同治七年（1868）姜凌云等立清白字》："此山内有阴堆乙（一）塚，上下左右除离此坟五尺，切勿伤犯坟中，五尺之外恁

---

① 唐立、杨有赓、武内房司：《贵州苗族林业契约文书汇编》卷1，东京外国语大学2001年版，第1/A/83页。

② 同上。

③ 陈金全、杜万华：《贵州文斗寨苗族契约法律文书汇编——姜元泽家藏契约文书》，人民出版社2008年版，第331页。

凭买主挖砍开地栽杉，不得异言。"①

例（2）之"阴堆"即本契下文中的"坟"。例（1）、例（2）中的"塚"皆用作"量词"，文中用以指称坟墓。

【棺】量词，用以指称"坟墓"或"坟地"。

（1）《咸丰十年（1860）龙君相等立分合同约》："今将山场、屋坪，堪取阴地，上坪堪取一排三棺，忠占上左一棺。"②

（2）《光绪四年（1878）姜海闻、姜海瑛立拨换田字人》："立拨换田字人姜海闻、姜海瑛。今因延地师看到海瑛之田，地名中培，堪取阴地。海闻自愿将到中培上坎之田，凭亲戚宗族等调换以为窀穸之所。内准海瑛取二棺，准东书取一棺，准启光取一棺。除外任凭海闻多寡取用。"③

（3）《民国十年龙怀邦立卖阴地字》："左手隔湾辞楼下殿，右先弓格形阴地一棺出卖。……先问房族无人承受，自己请中上门问到本街吴瑞文名下承买阴地一棺进葬。"④

（4）《民国十年龙炳恩立卖山坡阴地字》："自愿将到土名寨岑山坡阴地一幅。即去岁庚申得出卖阴地横直四丈与吴瑞文安葬母亲坟墓一棺至今。"⑤

（5）《民国二十四年黄壇保卖阴地契》："情愿自己叔侄商议先年父亲得买杨姓阴地一穴，……四抵分明。要行出卖。……亲自上门出卖与杨胜富、杨胜贵、杨胜全名下承买为塚。……其阴地卖与杨姓子孙永远安葬际（祭）扫。……以后黄姓坟一棺祭扫，日后不许进葬。"⑥

---

① 唐立、杨有赓、武内房司：《贵州苗族林业契约文书汇编》卷3，东京外国语大学2003年版，第3/F/34页。

② 同上书，第3/F/21页。

③ 同上书，第3/D/55页。

④ 张应强、王宗勋：《清水江文书》第3辑共10册，广西师范大学出版社2011年版，第3/2/38页。

⑤ 同上书，第3/2/37页。

⑥ 张新民：《天柱文书》，江苏人民出版社2014年版，第1/109页。

"阴地"即"坟地"。据契文可见,"棺"作为量词,既可以指称"阴地",如例(1)—(3);又可以指称"坟墓",如例(4)、例(5)。

【穴】量词,用以指称"坟地"。

(1)《民国四年胡国辉立送阴地字》:"情因祖父遗下土名过弄山灯盏型阴地一穴。前被杨政炳偷卖与潘老乔承买。后经查出,实系我胡姓之山,历管无异。今潘姓虽备价得买,不敢进葬。转自向我胡姓乞讨阴地一棺。当念潘姓前所买者情属不知。怜其忠朴,愿送[阴]地一棺,任其安葬。不得反悔异言。潘姓亦不得藉坟多葬。"①

(2)《民国十六年龙运保、龙鑑荣立卖阴地字》:"当日凭中言定价钱十千八百八十文整。其钱领足,其阴地一穴付与买主永远进葬发达,不得异言。"②

(3)《民国二十九年张亮清等立出义卖阴地壹穴字据》:"立出义卖阴地壹穴字据人张亮清、张兴奎、张蓝芝暨亲族人等。为因胡云阶逝世,请地师看获阴地壹穴,落于张府祭祀地中,请凭内亲张兰仙上门相退张府,念其亲谊,均皆吹兑承应义让与胡树森、胡树贤、胡树德弟兄名下安葬父亲。"③

(4)《民国三十年张洪邹立卖明阴地契》:"亲请凭□□□□本己名下阴地壹穴,坐落地名何家大园壹厢□边,凭中出卖与田兴宗安葬先父。原日三面议定法币叁佰陆拾元整,张姓亲手领银应用,并未拖欠角仙。自卖之后,任随田姓修理坟墓,张姓房族人等不得前来争论异言。"④

在上述契文中,"穴"作为量词均是用来指称"阴地"。

"棺、穴、塚"的量词用法《大词典》未见收录。

【橙】量词,可以用来指称"屋场""仓楼地""房屋基地墦土""墦地("坟地")""大坪小冲""菁林""团田"等。"橙"或写作"撜""鄧""磴"等。

---

① 张新民:《天柱文书》,江苏人民出版社 2014 年版,第 20/13 页。
② 同上书,第 20/30 页。
③ 孙兆霞:《吉昌契约文书汇编》,社会科学文献出版社 2010 年版,第 269 页。
④ 同上书,第 270 页。

（1）《民国十九年刘良汉、刘良葵、刘修文连关分书》："刘良葵分落上墱，正屋场右边一墱，连仓楼地基在内。又并左边坎内屋场一墱。……刘良汉分落上墱……又并坎脚仓楼地左边一墱……刘修文分落下墱……又并左边路内仓楼地一墱。"①

（2）《民国廿三年杨文朗立付约字》："先年得买宋贵林、宋景江房屋基地墦土合共陆墱，租与宋贵林耕管住座（坐）。"②

（3）《民国二十九年杨再明等立契卖墦地屋场字》："兄弟等商议自愿将到祖遗之业土名岩子田过路坵田坎上大墱一团，其开四抵：……又并補家门首又大路上坎一连大小二墱……其开四抵：……要行出卖。"③

量词"墱"又有写作"撜""鄧""磴"者。例如：

（4）《民国十二年杨昌锦立契卖田柴山墦地》："立契卖田柴山墦地人杨昌锦。……又并黄土园墦地四撜……又并黄土园坎脚墦一团……又并碗刑（型）墦地一连二团。"④

（5）《民国十五年杨昌锦卖田契》："立契卖田字人杨昌锦。……又并黄土园墦地四撜……又并碗型墦地一连二团。"⑤

（6）《光绪二十六年（1900）杨元金立卖墦冲地土阴阳字》："自愿将到土名亚梭右边墦土乙（一）团。……又右边路坎上大坪小冲二鄧，共一团。……四至分明，要行出卖。"⑥

（7）《（时间不详）邹庆兰弟兄四房名下分受之业粮单》："周伯福名下座宅屋基园趾宅下水田一段，大河沟水田二坵。粮二分六厘。仲家沟宅下水田一段，又连大河沟柴林粮二分，宅下团田二磴，粮五分。"⑦

---

① 张新民：《天柱文书》，江苏人民出版社2014年版，第9/64页。
② 同上书，第1/130页。
③ 同上书，第1/2页。
④ 同上书，第9/59页。
⑤ 同上书，第9/62页。
⑥ 同上书，第11/287页。
⑦ 汪文学：《道真契约文书汇编》，中央编译出版社2014年版，第505页。

(8)《(时间不详)周王二氏家族田土交易明细单目》:"又得卖之业地名顺山大田嘴堰塘,二处团田全幅,三处菁林二磴一幅钱三百七十廿千文。周伯祥收团田菁林粮二钱。二磴之业并与粮在王时太户内。"①

将"磴"的"土"部换作"手"部,即为"撜"。不过这样的变换恰巧与"撜"字混同了。"撜"既读作"成",意为"接触";又读作"整",意为"救援"。从"磴"的使用实例中可以看出,作为量词的"磴"可以用来指称"屋场""仓楼地""房屋基地墦土("墦"即"坟墓")""墦地("坟地")""大坪小冲""菁林""团田"等。"磴",《大词典》中只有名词一种用法,贵州契约文书中"磴"的量词用法无疑丰富了"磴"的词义。

【坉】量词,可以用来指称"荒坪""牛草撩""园""地基""屋场地基"等。"坉"或写作"圫""屯"等。

(1)《光绪十七年(1891)杨秀辉立换字》:"自愿将到屋山头菜园乙(一)团,与弟杨秀文换寨脚开领田以坎荒坪乙(一)坉。此平分为三股,将换秀文乙(一)股。"②

(2)《光绪十七年(1891)吴见益、吴见鑑立契卖屋基》:"母子商议自愿将到岑板都甫坡脚垮内左边垄上老屋地基左边一间,左边坎上牛草撩一坉在内,……四字分明,要行出卖。"③

(3)《光绪十九年(1893)吴开坤、吴开定、吴见鑑卖园字》:"自愿将到面分分落非将冲园一坉,并上塝上园一连三坉,出卖。"④

(4)《光绪二十二年(1896)杨胜金立换字》:"自愿将先年得买杨通举地基右边三间二坉,换与侄秀文为业。秀文将坐屋一间,又外边与叔所共地基一幅,秀文得买左边一□,一共二坉,换与叔为

---

① 汪文学:《道真契约文书汇编》,中央编译出版社2014年版,第518页。
② 张应强、王宗勋:《清水江文书》第3辑共10册,广西师范大学出版社2011年版,第3/1/4页。
③ 张新民:《天柱文书》,江苏人民出版社2014年版,第8/157页。
④ 同上书,第8/158页。

第三章　贵州契约文书词汇研究与大型辞书编纂　　229

业。二比心平意愿，二比日后不得反悔争论。"①

（5）《民国二十一年吴祖伯立卖墦场地土字》："夫妻商议自将土名屋背大树脚大园、坎脚园一坨一连。左边偏坡园一团，……又并纵粑树边园一坨，并坎脚左边奔滥园一坨，……四至分明，要行出卖。"②

量词"坨"又写作"㘭""屯"。例如：

（6）《民国五年刘昌奇立契卖屋场地基》："父子商议情愿将到祖遗土名瓦窑江中间寨正屋基一㘭，……又并瓦窑江中间寨（俗字简省）黄土园屋基一㘭，……一并出卖。"③

（7）《民国五年刘昌其等立领卖屋场地基钱》："今因领到刘良汉、刘良葵、刘良先三人得买瓦窑江中间寨屋场内外二㘭，砍（坎）上黄土园屋基一㘭，照契一并领清，并不下欠分文。"④

（8）《民国二十年吴杨氏白娇立契卖屋场地基字》："自愿将到已面分地名瓦窑江寨中杨家门口楼内屋场地基一连二屯连间，……又并门口右手边路坎脚屋场地基一屯，……要行出卖。"⑤

从贵州契约文书中的用例，可以看出量词"坨"可以用来指称"荒坪""牛草撩""园""地基""屋场地基"等。"坨"的这一量词用法《大词典》未见。

【抔】量词，用以计算田禾的重量单位。

（1）《乾隆五十一年（1786）唐故领叔、唐尚明立断田约》："为因先年所欠银两，至今无处归还。情愿将到祖［遗］水田一坵，

---

① 张应强、王宗勋：《清水江文书》第3辑共10册，广西师范大学出版社2011年版，第3/1/9页。
② 张新民：《天柱文书》，江苏人民出版社2014年版，第8/177页。
③ 同上书，第9/47页。
④ 同上书，第9/48页。
⑤ 同上书，第9/65页。

坐落土名卧随，共计约禾二十秆，逐年应纳条丁银一厘四毫。"①

（2）《道光五年（1821）龙用熙大塘断卖契》："自己问到本寨表兄龙用熙潘志道名下承断为业。坐落土名大塘，禾六秆半，要行出断。"②

（3）《咸丰八年（1858）龙榜大塘断卖契》："自己愿将受分祖业大塘一古（股），先年得买要要塘乙（一）分，又得买富结塘半股，共计禾十七秆半。请中问到龙用飞承买为业。"③

（4）《同治元年（1862）潘再琏池塘断卖契》："自己请中问到本寨表兄龙兴旺名下承买为业。坐落土名大塘，禾三秆半，要行出断。"④

从上述契文可以看出，"秆"乃是用以计算田禾的重量单位，而具体"一秆"的重量是多少？唐智燕以为："秆同𦮼，为当地俗字，即秆从二手会意，表示两手所握持的禾的量。"⑤ 可资参阅。

【把】【手】 "把" "手"是贵州清水江流域苗族、侗族人民计量时使用的量词单位。"把与手"是十进制的关系，即"一把等于十手"。人们收割禾谷时，以手捏禾谷满手作为"一手"，"十手"是为"一把"。

（1）《乾隆三十七年（1772）陆在乾立典田约》："将田出典，坐落地名大凹田一坵，计禾一把整。请中问到族内陆宗林名下承典为业。"⑥

（2）《乾隆五十四年（1789）龙宗玉立永远断卖田契约》："坐落土名洞头溪边冲水田大小五坵，计禾三把五手，载源（原）粮三

---

① 唐立、杨有赓、武内房司：《贵州苗族林业契约文书汇编》卷3，东京外国语大学2003年版，第3/D/2页。
② 高聪、谭洪沛：《贵州清水江流域明清土司契约文书——九南篇》，民族出版社2013年版，第344页。
③ 同上书，第362页。
④ 同上书，第370页。
⑤ 唐智燕：《清水江文书中特殊计量单位词考源》，《原生态民族文化学刊》2018年第4期。
⑥ 同上。

合五勺，连荒坪在内，要行出断。"①

（3）《嘉庆四年（1799）吴得友立典田约》："自己请愿将祖业水田坐落土上洞头人形坡脚溪边田一坵，计禾二把，要行出典。请中问到本寨龙书成名下承典为业。"②

（4）《嘉庆二十四年（1819）龙明蛟寨脚秧田断卖契》："是以商议愿将受分祖业，坐落土名寨脚大路边湾内秧田二坵，计禾二把五手，随戴（代）原粮二合七勺，要行出断。"③

（5）《嘉庆十二年（1807）王德隆父子卖田契》："又冲脚田一块，……收禾花五把，要银出卖。"④

（6）《嘉庆二十二年（1817）姜廷亮父子立断卖田约人》："自己情愿将到祖遗田一坵，坐落土名羊后，约禾六把，应纳条丁银四厘二毛，请中出断与堂侄姜文恒名下承买为业。"⑤

"把""手"是贵州清水江流域苗族、侗族人民计量时使用的量词单位。"把"与"手"是十进制的关系，即"一把等于十手"。人们收割禾谷时，以手捏禾谷满手作为"一手"，"十手"是为"一把"。"把"与"手"的上述量词用法《大词典》未见。

【承值】承担。

（1）《光绪二年（1876）李栋樑父子立出和议澄清文字》："语外有邹姓亦不问及邹姓称云账目不清，词外有邹姓借约，李姓原契。后日两造揭出，以为故纸无用。倘后称言异说，一应有地方首等

---

① 唐智燕：《清水江文书中特殊计量单位词考源》，《原生态民族文化学刊》2018 年第 4 期。
② 高聪、谭洪沛：《贵州清水江流域明清土司契约文书——亮寨篇》，民族出版社 2014 年版，第 187 页。
③ 高聪、谭洪沛：《贵州清水江流域明清土司契约文书——九南篇》，民族出版社 2013 年版，第 108 页。
④ 陈金全、杜万华：《贵州文斗寨苗族契约法律文书汇编——姜元泽家藏契约文书》，人民出版社 2008 年版，第 84 页。
⑤ 唐立、杨有赓、武内房司：《贵州苗族林业契约文书汇编》卷 3，东京外国语大学 2003 年版，第 3/D/3 页。

承值。"①

(2)《同治十二年（1873）骆永见立出卖契文约》："自卖之后，恁随邹姓耕管，骆姓再不得称言阻滞。倘有人来业上兹（滋）扰，一应有卖主承担。"②

(3)《光绪三十一年（1905）邹庆兰等立出併契文约》："李骆二姓皇粮无人承当。至今兄弟商议凭亲戚将业出并与胞弟庆堂、庆辉名下承主管理。屡年以作粮钱。亦不与胞兄庆兰、庆孔胞弟庆夫相涉。日后李骆二姓言其皇粮不清，亦（一）应有胞弟庆堂、庆辉弟兄承当。两下心甘意愿，并无勉强压逼。"③

对比例（2）、例（3），可以判定"承担、承当"当与"承值"表意相同。"承当"即"承担"，故"承值"亦可释作"承担"。"一应有地方首等承值"即"全部由地方首人等承担"。

【承抵】承受抵当。

(1)《光绪十二年（1886）王玉荣立抵字》："立低（抵）字人岑凸寨王玉荣。……自愿将到岑凸寨脚田乙（一）坵，三股平（俗字简省）分。仰玉荣一股作抵。自己上门问到漠寨刘二见、刘忝元、刘宗照三人承抵。当日言定价银拾两零陆钱整。任照月加三银息。"④

"抵当"交易要实现，需要有人"承受抵当"。由此可知所谓"承抵"即"承受抵当"之意。"承抵"在《大词典》中仅有"认罪抵命"一个义项。

【承领】承担领取。

(1)《道光廿八年（1848）杨登魁领条》："文斗寨姜钟英、绍奇等与姜相吉、相荣等，所为木地具控之案，今已和息清楚，其帮原差等盘缠销案，一切费用交与龙贵、杨登魁、董兴领出开支。倘开支

---

① 汪文学：《道真契约文书汇编》，中央编译出版社2014年版，第184页。
② 同上书，第138页。
③ 同上书，第328页。
④ 张新民：《天柱文书》，江苏人民出版社2014年版，第2/180页。

不清,惟承领之人是问,不与事主相干。所领是实。"①

根据文意,所谓"承领"即"承担领取"。"承领之人"即"承担领取费用任务的人"。"承领"在《大词典》中仅有"答理,承认"一个义项。

【承应】承诺答应。

(1)《民国二十九年张亮清等立出义卖阴地壹穴字据》:"立出义卖阴地壹穴字据人张亮清、张兴奎、张蓝芝暨亲族人等。为因胡云阶逝世,请地师看获阴地壹穴,落于张府祭祀地中。请凭内亲张兰仙上门相退张府,念其亲谊,均皆吹兑承应义让与胡树森、胡树贤、胡树德弟兄名下安葬父亲。"②

根据文意,"承应"可释为"承诺答应"。文中指"张府人等承诺答应将阴地义卖给胡树森弟兄以便安葬亡父"。《大词典》中"承应"一词,仅有一个义项:指妓女、艺人应宫廷或官府之召表演侍奉。

【承认】承担。

(1)《光绪三十二年(1906)龙道铣叔侄立断卖田字》:"外批:原粮一合仍照注口完纳,其钞粮以外所有饷钱,以及各项款子军米诸般未受,均在卖主承认。恐口无凭,特批契尾为据。"③

根据文意,可知"承认"当为"承担"之意,即"钞粮以外所有饷钱,以及各项款子军米诸般未受,均由卖主承担"。"承认"在《大词典》中仅有两个义项:1. 表示肯定、同意、认可;2. 指一国肯定另一新国家为主权国家或肯定另一国新政府为该国合法政府的表示。

【画字】①在契文上画押签字的人称为"画字人","画字人"或简

---

① 陈金全、杜万华:《贵州文斗寨苗族契约法律文书汇编——姜元泽家藏契约文书》,人民出版社2008年版,第564页。
② 孙兆霞:《吉昌契约文书汇编》,社会科学文献出版社2010年版,第269页。
③ 高聪、谭洪沛:《贵州清水江流域明清土司契约文书——九南篇》,民族出版社2013年版,第191页。

称"画字";②请人在契文上画押签字要支付一定数额的费用,这种费用称为"画字"。

(1)《光绪十三年(1887)冯朝臣立杜卖明科田文契》:"将到祖父遗留自己名科田一块,坐落地名老貌(豹)河,……冯姓请凭中出卖与石维阁名下为业。……领画字人:汪兴龙。凭中:冯发立、冯朝陲。"①

(2)《光绪九年(1883)陈照文立杜卖明山场陆地文契》:"将本己买明湾山陆地壹股,……情愿出卖与田盛廷名下为业。原日三面议定卖价时银拾肆两贰钱整。即日当席亲手领明应用,酒水画字一并交清,并无货物准拆(折),亦非逼勒成交,实系二彼情愿。……领画字:侄陈泽培。凭中:冯兴才、叔陈至明。代字:陈化南。"②

(3)《嘉庆二十三年(1818)龙用之立断卖茶山杉木核桃约》:"当日凭中三面议定断价银陆两贰钱整。亲手领回应用。……凭证:族祖明章。画字人:大权。代书:族叔大学。"③

(4)《道光元年(1821)陆美才立断茶树山土契》:"即日凭中言定断价银柒两四钱整,其银亲手领足,无欠。……执契:陆登榜。画字:陆德。凭中:龙在洋、龙在陞。笔:陆在清。立契:陆美才。"④

(5)《道光十四年(1834)杨一勋立断卖杉山契》:"当日凭中三面议定断价银壹拾五两叁钱整。亲手领回应用。……化(画)字:杨正豪。"⑤

(6)《道光十八年(1838)汪起明立卖明科田文契》:"将祖父遗留分授自己名下科田壹块,坐落地名坟底下,……凭中出卖与叔母汪田氏名下管业。原日议定卖价纹玖各半,共银壹拾捌两伍钱

---

① 孙兆霞:《吉昌契约文书汇编》,社会科学文献出版社2010年版,第43页。
② 同上书,第151页。
③ 高聪、谭洪沛:《贵州清水江流域明清土司契约文书——九南篇》,民族出版社2013年版,第11页。
④ 同上书,第12页。
⑤ 同上书,第29页。

第三章　贵州契约文书词汇研究与大型辞书编纂　　235

整。……画字伍钱伍分，当席领清。"①

（7）《咸丰十一年（1861）胡登学立卖明水田文契》："……将祖父遗留分授自己名下水田壹块，坐落地名白泥，……今凭中出卖与田瑞廷名下耕种管业。原日三面议定卖价足色纹银陆两整。其田画字开清。自（此）买卖系是贰比（彼）情愿，卖主亲手领银家中应用。"②

（8）《宣统三年（1911）汪兴富同子绳美立杜卖明]科田文契人》："原日三面议定卖价玖伍银叁拾陆两整。即日过付清白，卖主当席亲手领明应用，画字当席交清，未欠分厘。"③

"画字"有"在契文上画押签字"之意。在契约交易活动中，在契文上画押签字的人称为"画字人"或简称"画字"，如例（3）—（5）。契约交易活动中，请人在契文上画押签字要支付一定数额的费用，这种费用亦称"画字"，如例（6）—（8）。相应的领取画押签字费用的人即称为"领画字人"或简作"领画字"，如例（1）、例（2）。

"画字"在《大词典》中见有三个义项：1. 在文据上签字、画押；2. 写字；3. 特指练习书法。

【出息】置办，筹措。

（1）《嘉庆八年（1803）龙永贵、龙德高立断卖柴山坡杉树核桃约》："立断卖柴山坡杉树核桃约人龙永贵、龙德高二人。今为家下缺少银用，无处出息。愿将祖业坐落土名对门坡背柴山杉树核桃一块，……请中问到本族龙鸣凤名下承断为业。当日凭中言定断价银壹两玖钱整。亲手领回应用。"④

（2）《嘉庆十八年（1813）陆在清立卖荒坡契约》："立卖荒坡契约人陆在清。为因家下缺少银用，无处出息。自己愿将祖业坐落地名大圳头高扬草坡一块，……请中问到本寨吴正武名下承买为业。言

---

① 孙兆霞：《吉昌契约文书汇编》，社会科学文献出版社2010年版，第14页。
② 同上书，第25页。
③ 同上书，第64页。
④ 高聪、谭洪沛：《贵州清水江流域明清土司契约文书——九南篇》，民族出版社2013年版，第112页。

定价银伍两整,亲手领足。"①

(3)《嘉庆二十三年(1818)龙用之立断卖茶山杉木核桃约》:"立断卖茶山杉木核桃约人龙用之。为因缺少用费,无处出息。自愿将到名下受分祖业坐落地名冲得献茶山一块,……凭中出断与伯父大儒名下承断为业。当日凭中三面议定断价银陆两贰钱整。亲手领回应用。"②

(4)《咸丰九年(1859)吴世礼借谷字》:"立借谷字人吴世礼。为因家下缺少口粮,无[处]出息。自己问到本寨陆月梅名下,实借过本谷壹石整。言定每石加五行利,不得短少。限至秋收归还不误。"③

(5)《民国二十三年龙景钦高冲田典断卖契》:"立典断卖田字人龙景钦。为因缺少耕牛,无处出息。自己愿将先年得买之业,……自己请中上门问到本寨愚表弟陆德祥名下承卖为业。当日凭中言定典断大洋四十元零二角,清(亲)手收足分文不欠。"④

(6)《民国二十七年杨胜广排田出典契》:"立典田字人杨胜广。为因家下缺少钱用,无处出息。自己愿将先年祖父遗留之业,坐落地名排田田一干,……自己请中上门问到刘兴花名下承典为业。当日凭中议定典价钱贰拾伍仟文整。其钱亲手领足,分文无欠。"⑤

将诸例"无处出息"与"无处出辦"(详见第三章第一节第217页。)、"无处出辨"(详见第三章第一节第218页。)进行对比,可以判定"出息"当与"出辦""出辨"义同,亦可释作"置办,筹措"。

在《九南》中,又有"无从得出""无处出银""无处设法"等表达。例如:

(7)《乾隆五十四年(1789)龙宗玉立永远断卖田契约》:

---

① 高聪、谭洪沛:《贵州清水江流域明清土司契约文书——九南篇》,民族出版社2013年版,第5页。
② 同上书,第112页。
③ 同上书,第304页。
④ 同上书,第226页。
⑤ 同上书,第329页。

"立永远断卖田契约人龙宗玉。为因家下缺少银两费用,无从得出。"①

(8)《嘉庆十八年(1813)陆在清窎溪茶山断卖契》:"立断茶山约人陆在清。为因缺少银用,无从得出。自愿将窎溪茶山大圳头茶山,杉树在内,……请中问到吴正武名下承断为业,言定价银三十两整。其银亲领应用。"②

(9)《嘉庆二十四年(1819)龙万元德洞岭上水田典契》:"立典田契约人龙万元。为因家下缺少银用,无处出银。自愿将受分祖业坐落德洞岭上水田壹坵,……自己请中上门问到本寨龙文彬名下承典为业。当日凭中议定典价时银拾肆两贰钱整。亲手领回以应用。"③

(10)《道光三年(1823)龙用周归引沟坎下山坡断卖契》:"立断卖山坡、塝坪、杉木契约人龙用周。为因缺少用费,无处出银。自愿将受分祖业,……自己请中问到张文全名下承买为业。当日凭中三面言定价银柒钱叁分整。亲手领回应用。"④

(11)《民国三年□□□断卖田契》:"为因家下缺少钱用,无处设法。自己愿将先年祖遗之业,……自己请中上门问到族弟龙运培名下承买为业。当日凭中三面议定断价肆仟伍佰贰拾元整。其洋亲手领足,并无下欠分文。"⑤

对比可见,"无从得出、无处出银、无处设法"等表达当与"无处出息"义同。可见将"出息"释作"置办,筹措"应是妥当的。"出息"之"置办,筹措"义《大词典》中未见收录。

【一手】同于"亲手",即"亲自用手"。

(1)《道光六年(1826)陆登明高达茶山断卖契》:"当日凭中

---

① 高聪、谭洪沛:《贵州清水江流域明清土司契约文书——九南篇》,民族出版社2013年版,第103页。
② 同上书,第8页。
③ 同上书,第288页。
④ 同上书,第14页。
⑤ 同上书,第238页。

三面言定断价银九两四钱八分。一手领足。"①

(2)《同治八年（1869）龙嗣聪、龙嗣明弟兄荒茶山等断卖契》："当日议定断价钱壹仟捌佰肆拾肆文整。一手领足应用。"②

(3)《光绪十八年（1892）潘在溶兄弟竹山卖契》："当日凭中言定价钱肆佰叁拾捌文整。一手领足。"③

(4)《光绪十三年（1887）龙兴田、甫燕海竹山断卖契》："当日凭中言定断价钱肆佰陆拾文整。亲手领足。"④

(5)《光绪十九年（1893）欧阳永开长岭坡头茶山断卖契》："当日凭中议定断价钱肆佰捌拾捌文整。亲手领足应用。"⑤

(6)《光绪廿三年（1897）杨通余新盘路对门杉山卖契》："当日凭中三面议定价钱壹仟壹佰零捌拾捌文整。亲手领足应用。"⑥

(7)《光绪三十四年（1908）胡家屯胡泽富大陆核桃山断卖契》："当日议定断卖价钱捌佰捌拾文整。亲手领足，分文无欠。"⑦

将例（1）—（3）之"一手"与例（4）—（7）之"亲手"进行比对，可以判定"一手"当同于"亲手"，即"亲自用手"。"一手"的"亲手"义项《大词典》未见收录。

【还主】归还钱物等的人。

(1)《光绪二十四年（1898）姜尚文立将山还账务字》："立将山还账务字人文斗上寨姜尚文。为因伯父缠疾，屡借贷姐丈银费用，后施（拖）日久，手内不便付还。庶将亲手用价得买开智冉学诗山一所，界限股数亦照老契，就此便还伯母手，屡用之数，概扫还清。亲自登门凭中立字与平鳌上寨姜为明姐丈名下承收为业。当日凭还之

---

① 高聪、谭洪沛：《贵州清水江流域明清土司契约文书——九南篇》，民族出版社 2013 年版，第 17 页。
② 同上书，第 69 页。
③ 同上书，第 72 页。
④ 同上书，第 70 页。
⑤ 同上书，第 74 页。
⑥ 同上书，第 77 页。
⑦ 同上书，第 83 页。

后，子孙永远照字管业，而我还主房族兄弟毫无异言。恐后无凭，立此清还字为据是实。"①

据文意可知，"还主"指"归还钱物等的人"。"还主"在《大词典》中有两个义项：1. 惑乱君主；2. 归还给主人。其中未见"归还钱物等的人"这一义项。

【土主】"土"即"土地"，故"土主"实即"地主"。

（1）《道光二年（1822）姜应元立卖山场杉木约》："立卖山场杉木约人姜应元。为因先年所欠之银两无归，情［愿］将到杉木山场一块，坐落地名污茶溪鸠奇，……其山杉木五股均分，栽主占二股，土主占三股。此三股分为五股，本名占一股半，凭中出卖与姜起辉名下承买为业。当日凭中议定价银六钱五分，入手领回应用。其山杉木自卖之后，恁（任）凭买主修理管业，卖主不得异言。"②

（2）《道光十二年（1832）姜光照立断卖山场杉木字》："外批：皆粟地主分为四股，光绪、［光］照二人名下占二股，连木并地卖在内。白号一块，地主栽手分为五股，地主运亨占地主三股，本名占栽手二股出卖。培拜一块，土栽分为五股，本名占土主三股，并地在内。"③

（3）《道光十四年（1834）姜启辉等立准字》："立准字人姜启辉、姜壁彰、姜启凤、姜文燮、姜东才、姜汉等。先年得佃七桐山栽种，因人多难与齐心，伙等自愿准与龙三星兄弟填补杉木，挖修八年足。仍后二比同心挖修，土主占三股，龙三星弟兄占一股，姜启辉等伙占一股，公合五股。倘有龙姓弟兄有悞，木不得成林，龙三星兄弟无系分。"④

---

① 唐立、杨有赓、武内房司：《贵州苗族林业契约文书汇编》卷3，东京外国语大学2003年版，第3/F/29页。
② 唐立、杨有赓、武内房司：《贵州苗族林业契约文书汇编》卷2，东京外国语大学2002年版，第2/B/69页。
③ 同上书，第2/B/101页。
④ 同上书，第2/C/46页。

据文意可知,"土"即"土地",故"土主"实即"地主"。例(2)中的"土栽"即"土主和栽手"。例(1)中的"栽主"与例(2)中的"栽手"义同,均指"租种土地从事种树栽杉等活动以谋生的劳动者"。

"土主"《大词典》中释为"泥塑的偶像",与贵州契约文书中的"土主"意义有别。可见"土主"当可增补"地主"这一义项。

综上所述,对贵州契约文书进行词汇研究,不但可以为辞书收词提供大量可用的资源,而且可以进一步丰富辞书中词语的释义。足见贵州契约文书词汇研究对于辞书编纂的重要意义。

此外,贵州契约文书数量大,可供辞书编纂选用的词语例证非常丰富。对贵州契约文书的词汇进行研究,可以帮助我们发现更早的词语例证,从而提前《大词典》中某些词语的书证。"血叔"即"嫡亲的叔父",《大词典》所举书证为《太平天国·天父下凡诏书一》。该诏书刊布于清咸丰七年(1857),显然较《道光六年(1826)龙大权立断房屋约》① 稍晚。"买手"即"买主",《大词典》释作"方言,采购员",所举书证为欧阳山的《苦山》。欧阳山的《苦山》成书于1962年,显然较《同治十年(1871)伍万昌卖田契》② 为晚。"敝人"是"对自己的谦称",《大词典》所举书证为鲁迅《华盖集·牺牲谟》,与《光绪十六年(1890)龙兴廷盘圳头冲伯田》③ 相较稍晚。"事主"指"一般民事纠纷中双方当事人",此义项《大词典》所举书证为赵树理的《李家庄的变迁》,较《道光廿八年(1848)杨登魁领条》④ 稍晚。"短欠"即"少,欠缺"。《大词典》中"短欠"所举书证为成书于1958年的王汶石的《风雪之夜·春节前后》,书证稍晚。从贵州契约文书看,"短欠"书证至少可以提前到咸丰二年(1852),例见《汪起贵立杜卖明科田文契》⑤。

---

① 高聪、谭洪沛:《贵州清水江流域明清土司契约文书——九南篇》,民族出版社2013年版,第345页。

② 张新民:《天柱文书》,江苏人民出版社2014年版,第17/167页。

③ 高聪、谭洪沛:《贵州清水江流域明清土司契约文书——九南篇》,民族出版社2013年版,第317页。

④ 陈金全、杜万华:《贵州文斗寨苗族契约法律文书汇编——姜元泽家藏契约文书》,人民出版社2008年版,第564页。

⑤ 孙兆霞:《吉昌契约文书汇编》,社会科学文献出版社2010年版,第20页。

第四章

贵州契约文书词汇研究与贵州契约文书的整理校注

在目前已整理出版的贵州契约文书中，有标点校注的是《姜元泽》《姜启贵》《亮寨》《九南》《吉昌》《苗》《道真》《清水江》。文书整理者们筚路蓝缕的开创之功不可磨灭。然而，智者千虑，难免一失，在阅读这些文书录文的过程中，发现部分文书在标点、释义、校勘等方面存在着一些可商榷之处。而之所以会出现这些情况，我们发现词语理解失误是主要原因。因此，贵州契约文书词汇研究对弥补这些缺失无疑是大有裨益的。

第一节 贵州契约文书整理本的标点

要对契约文书进行正确标点，必须正确理解文书文意，而理解文书文意的关键在于词语的理解。词义晓，则文意明，文意明，则句读准。词义未通，断句就会有疏漏，标点就难免有失。例如：

（1）《清乾隆五十一年（1786）杨文元等佃契》："立佃字人天柱县属居仁里干洞寨杨文元、杨文显、龙求才，鸠还寨林天益。佃到文堵寨姜佐周之地土名鸠怀，住坐开山种粟等，顾求经主法，毫无过犯，亦不得停留，面生歹人，连累地主，执字赴公禀究，自干罪戾。所字是实。"[①]

[①] 陈金全、杜万华：《贵州文斗寨苗族契约法律文书汇编——姜元泽家藏契约文书》，人民出版社2008年版，第40页。

契文"天柱县"之"县""干洞寨"之"干""龙求才"之"求""鸠还寨"之"鸠""林天益"之"益""佃到"二字、"姜佐周"之"佐周""住坐"之"坐""顾求经主法"之"法""毫无过犯"之"犯""面生歹人"之"歹",诸字或字迹模糊,或有残缺,此处所引依据整理者之释读及所录图版。

契文"亦不得停留面生歹人",整理者断句为"亦不得停留,面生歹人",笔者以为不妥,当校改。

尽管由于字迹不清或残缺等造成了契文文字表达不甚明了,但通读全契还是可以大致把握出契文的行文脉络。玩味文意,笔者认为"亦不得停留面生歹人"中"留"后不当用"逗号"断开,因为这句话是一个完整的句子结构。在这个句子结构中,其主语承前省略,补出当是"杨文元、杨文显、龙求才、林天益"等人;谓语是"停留",在这里"停留"用作使动,即"让……停留"之意;宾语是"面生歹人"。全句的意思可解作"也不得让面生歹人停留"。为什么"不得停留面生歹人"?因为如果"停留面生歹人"将会发生意外情况,一旦意外情况发生,势必会"连戾地主",而一旦"连戾地主",地主将"执字赴公禀究",其结果将是"自干罪戾"。此契中"连戾"之"戾"可以解作"至",亦即"到"的意思。"连戾"可以解释为"连累到"。"罪戾"之"戾"为"罪恶"之意,"罪戾"亦即"罪恶"的意思。

综上所述,"亦不得停留面生歹人"规范的断句标点应当删除"留"后的"逗号",在"人"字之后加"句号"。

(2)《天柱县告示》:"贵州镇远府天柱县正堂加三级刘,为再行严催事照得三里均粮,本县业已缮给册式颁发条规,又复开诚晓谕速为办理。合寨在案,迄今半载有余,呈到册籍不过一十余本。岂因本县公出尔等切肤之事,竟视为漠外者,如果有界至不清或典当不明,前已示输尔等报明户首、甲长秉公勘处。若户首、甲长偏向徇私,许具禀官究治;倘地阢阻挠,亦应鸣官提奡,容佥嘿不言致良法终阻。若谓无此弊端,尤当趁此地不加赋之时,急宜速为开报,一经均定载之版册,以除日后之累。为子孙计久远者,善莫善于此矣。乃尔玩乎成风,迟延观望,转瞬又届东作告竣，无期示。"①

此段文字的断句标点有三处值得商榷。

其一，"岂因本县公出尔等切肤之事，竟视为漠外者。"

"漠"，原《告示》中作"䑛"，当是"膜"字，整理者释读作"漠"，不妥，当据正。所谓"膜外"，犹"身外"。如宋代刘克庄《沁园春·九和林卿韵》词："贪膜外荣，遗身后臭，哗也平生漫传香。"其中的"膜外"即"身外"之意。"者"，原《告示》中作"乎"，整理者释读作"者"，笔者以为当是"乎"字。"岂……乎"，构成表反问的句子结构，即"难道……吗"。笔者以为此处"竟视为膜外乎"的"乎"后用"逗号"不妥，应该为"问号"。

其二，"倘地㲵阻挠，亦应鸣官提奚，容仐嘿不言致良法终阻。"

原文书中"容"字后是"仐"，字迹有些模糊，整理者用"□"标出。此处"仐"恐为"金"，"金嘿"同义并举，与"不言"连用，表示沉默不语。"地㲵"之"㲵"，整理者将其释读作"棍"，笔者以为当释读作"混"为宜。在该书中有"倘有争竞不明或田亩典当不清或地混从中阻挠"②一句，这里的"倘地混从中阻挠"与"倘地㲵阻挠"③一句几无二致，可证"地㲵"当是"地混"，"㲵"当即"混"的俗字异文。

此处书写者为何会将"混"字写作"㲵"？这应该是文字的"偏旁同化"或"类化"的结果。关于"偏旁同化"，王彤伟先生有过讨论，他认为："在日常阅读和使用中，我们注意到了一种异形词产生的潜规则，即长期组合在一起使用的汉字，其字形往往有趋同的倾向，我们称为'偏旁同化'。"④ 关于"类化"的问题，张涌泉先生指出："人们书写的时候，因受上下文或其他因素的影响，给本没有偏旁的字加上偏旁，或者将偏旁变成与上下文或其他字一致，这就是文字学上所谓的类化。类化是

---

① 陈金全、杜万华：《贵州文斗寨苗族契约法律文书汇编——姜元泽家藏契约文书》，人民出版社 2008 年版，第 574 页。

② 同上书，第 547 页。

③ 同上书，第 574 页。

④ 王彤伟：《异形词规范中不容轻视的一种潜规则——偏旁同化》，《柳州师专学报》2005年第 2 期。

俗字产生的重要途径之一。"① 上引《天柱县告示》中的"混"字在书写过程中受到下文"阻挠"的"阻"字的影响，将形旁"氵"变换成了"阝"，于是一个全新的俗字"䧞"便产生了。

类似"混"字因"偏旁同化"或"类化"而变成"䧞"的例子在《姜元泽家藏契约文书》中还有很多。例如，将"缺银用"之"缺"字写作"金"字旁的"鈌"②，将"耕种"之"耕"写作"𦔼"③，将"缺少粮食"之"少"字写作"鈬"字④，等等。

"亦应鸣官提。奚容金嘿不言，致良法终阻？"原文整理者标点作："亦应鸣官提奚，容□嘿不言致良法终阻。"根据文意，此处于"奚"后加"逗号"不妥，应当在"提"后加"句号"，"奚"当归属下句，"终阻"之"阻"后加"句号"亦未妥，当改作"问号"。即引文后面部分的标点应为："倘地混阻挠，亦应鸣官提。奚容金嘿不言，致良法终阻？"因为"倘地混阻挠，亦应鸣官提"紧承上文"若户首、甲长偏向徇私，许具禀官究治"而出，一个"亦"字，说明"鸣官提"与"禀官究治"为并列关系。"鸣"同"禀"，即禀告。"提"与"究治"同，即追究处理。此句中"地混"指"地方上的无业游民；地方上的流氓"。"奚"是表反诘语气的副词，用于动词性词语前表达反问语气，这里可以理解为"怎么"。"嘿"指"闭口不说话"。全句的意思是：倘若地混阻挠，也应该禀告官府追究处理。怎么可以沉默不言，致使好的法律受到阻挠呢？

其三，"乃尔玩乎成风，迟延观望，转瞬又届东作告竣，无期示。"

"乎"，原《告示》作"匆"。"匆"字契文有残缺，根据上下文意，认为当作"忽"。"玩忽"即"不严肃认真对待；忽视之意"。整理者将"匆"字释读作"乎"，笔者以为不妥当，当据正。

该句文书整理者的断句标点不妥当，正确的断句标点当为：乃尔玩忽成风，迟延观望，转瞬又届东作。告竣。无期示。"东作"，谓"春耕"。《书·尧典》："寅宾出日，平秩东作。"《孔传》："岁起于东，而始就耕，

---

① 张涌泉：《汉语俗字研究（增订本）》，商务印书馆2010年版，第63页。
② 陈金全、杜万华：《贵州文斗寨苗族契约法律文书汇编——姜元泽家藏契约文书》，人民出版社2008年版，第49页。
③ 同上书，第59页。
④ 同上书，第300页。

谓之东作。"① "告",即"此份告示","竣"意为"事毕","告竣"即"告示完毕"。

(3)《乾隆四十四年（1779）龙廷福上洞头溪边田断卖契》："立断田契约人龙廷福、龙廷贵。……自己愿将祖业地名上洞头溪边水田乙（一）坵，……四至分明，要行出卖。先侭族内无人承就，请中问到龙大儒名下承买为业。……自断之后，恁凭买主管业。倘若不清，卖主理落。"②

"先侭族内无人承就请中问到龙大儒名下承买为业",《九南》整理者断句为：先侭族内无人承［买］，就请中问到龙大儒名下承买为业。《九南》整理者的断句标点失当。笔者以为规范的断句标点应是——先侭族内无人承就，请中问到龙大儒名下承买为业。不解"承就"一词词义，是《九南》整理者断句标点失误的主要原因。文中之"承就"实与"承买"意同。

贵州契约文书见有"承就""承买""承受""承留""承断""承手"等词语。通过对具体契文的对比不难发现，它们当可视为一组同义词，均可以表达"承受购买"之意义。在此作一比较分析。

【承买】

(4)《民国七年杨氏新运、吴祖庚母子卖田契》："立契卖田人杨氏新运、吴祖庚母子。……四至分明，要得出卖。先侭亲房，无人承买。自己请中招到荒田伊亲蒋景要名下承买为业。"③

(5)《民国二十六年龙常鉴立卖子杉木字》："自愿将到对河冲碗溪子杉木大小三块。……四抵分明，欲行出卖。先问亲房，无人承

---

① （汉）孔安国传，（唐）孔颖达等正义：《尚书正义》，上海古籍出版社2007年版，第27页。
② 高聪、谭洪沛：《贵州清水江流域明清土司契约文书——九南篇》，民族出版社2013年版，第102页。
③ 张新民：《天柱文书》，江苏人民出版社2014年版，第8/16页。

受，而方凭中卖与本祠内堂侄龙安翼名下承买为业。"①

（6）《民国三十一年陈门杨氏姜彩子陈世冬、陈世良卖柴山树木墦地契》："立契卖柴山树木墦地字人陈门杨氏姜彩子世冬、世良二人。……四抵分明，要行出卖，无人承就。先问亲房。自己请中上门问到亲识乐贤章名下承买。"②

（7）《民国三十四年魏求林、魏松柏、魏松祥等卖柴山墦地阴阳地契》："立契卖柴山墦地阴阳两卖字人魏求林、魏松柏、［魏］松祥、［魏］松有、［魏］松成。……四抵分明，要行出卖。先准房族，无人承就。自己请中上门问到亲识乐宫林名下承买。"③

"承买"或写作"成买"。

（8）《民国六年吴祖树、吴祖璠等四人立卖田契》："立契卖田人吴祖树、吴祖璠、吴祖庚、吴祖钧。……自愿将到土名杨前坳坳田一坵，计谷十运，载税六分整。……四至分明，要行出卖。先佺亲房，无人承受。自己请中问到蒋景要名下成（承）买为业。"④

据文意可知，所谓"承买"即"承受购买"之意。

【承受】

（9）《乾隆三十九年（1774）姜国才立断卖杉山约》："立断卖杉山约人姜国才。为因前欠伙内会禾，至今无禾填还，无处应得出洗。自愿将名下得买眼悠一团，又呼眼对岳一团，其山二处地名之杉山六股均分，名下实占一股。请中断与会伙姜廷盛、廷英、国栋三人名下承受为业。"⑤

---

① 唐立、杨有赓、武内房司：《贵州苗族林业契约文书汇编》卷3，东京外国语大学2003年版，第3/G/3页。
② 张新民：《天柱文书》，江苏人民出版社2014年版，第1/5页。
③ 同上书，第1/13页。
④ 同上书，第8/11页。
⑤ 唐立、杨有赓、武内房司：《贵州苗族林业契约文书汇编》卷1，东京外国语大学2001年版，第1/A/13页。

第四章　贵州契约文书词汇研究与贵州契约文书的整理校注　　247

(10)《嘉庆二十三年（1818）姜绍敬立断卖杉木山场契》："立断卖杉木山场契人姜绍敬。今因家下要银应用，自将到承受光明叔侄杉木山场一块，地名党楼，出卖与姜绍韬兄承买蓄禁为业。"①

(11)《民国二年梁悬德立典田字约》："立典田字约人梁玄德。……自愿将先年得买之业坐落土名地崩铁山坡子榜田一坵，……四抵分明，要行出典，无人承受。自己请中上门问到黄牛山族弟梁系贵名下承典为业。"②

(12)《民国十二年吴源淮卖杉木山契》："立契卖杉木山人吴源淮。……父子商议，自愿将到土名船冲坝头田板上杉木山一副，……四至分明，要行出卖。先进（侭）亲房无人承受，请中招到伊亲蒋景要名下承买为业。"③

(13)《民国二十八年（公元一九三九年）龙承远父子立卖杉木字》："今将本己之土栽占一大股欲行出卖，先问亲族，无人承受。自己请中上门，问到八洋吴开德、宋炳生夫妻名下承买为业。"④

文中"承受"即"接受"。将例（9）与例（4）、例（10）、例（12）、例（13）之"承买"进行比对，可证"承受"实与"承买"同意。

【承留】

(14)《民国三十六年陈代云卖基地契》："立契卖基地字人陈代云。……四抵分明，要行出卖。先问亲房，无人承留，只得请中上门问到随娘之子曾求成名下承买。……自卖之后，任从买主耕管为业或造屋居住。滴水共沟。共路衬走。共井吃水。不得随人异言阻挡。"⑤

---

① 唐立、杨有赓、武内房司：《贵州苗族林业契约文书汇编》卷2，东京外国语大学2002年版，第2/B/52页。

② 高聪、谭洪沛：《贵州清水江流域明清土司契约文书——亮寨篇》，民族出版社2014年版，第206页。

③ 张新民：《天柱文书》，江苏人民出版社2014年版，第8/28页。

④ 唐立、杨有赓、武内房司：《贵州苗族林业契约文书汇编》卷3，东京外国语大学2003年版，第3/G/4页。

⑤ 张新民：《天柱文书》，江苏人民出版社2014年版，第1/124页。

(15)《道光元年（1821）陆美才立断茶树山土》："立断茶树山土人陆美才。……情愿将受分祖业有地名高达茶山树杉木壹块。……要行出断。亲自先侭族内，无人承留。然后请中通到陆登榜名下承断为业。即日凭中言定断价银柒两肆钱整。其银亲手领足无欠。其茶树任凭承主蓄禁斫伐无阻。"①

将两例"承留"与例（4）之"承买"进行比对，可知"承留"当与"承买"意同。

【承就】

(16)《乾隆四十四年（1779）龙廷福上洞头溪边田断卖契》："立断田契约人龙廷福、龙廷贵。……自己愿将祖业地名上洞头溪边水田壹坵。……先侭族内无人承就，请中问到龙大儒名下承买为业。……自断之后，恁凭买主管业。倘若不清，卖主理落。一卖一了，父卖子休，再无异说。"②

(17)《民国四年吴见春卖油树字》："立卖油树人吴见春。……自愿将到土名岩坪坡油树，……四至分明，先问亲房无人承就，要行出卖。自己请中招到伊亲蒋景耀承买为业。"③

(18)《民国十一年蒋氏爱春卖田山场等项契》："立契卖田山场等项人吴门蒋氏爱春。……要行出卖，先问亲房无人承就，自己请中招到蒋景耀名下承买为业。"④

(19)《民国三十八年蒋有春卖水田契》："立契卖田字人蒋有春。……四抵分明，要行出卖。先侭亲房，无人承就，自己请中上门问到亲识乐贤章名下承买。"⑤

(20)《民国七年乐氏月桂吴祖钧兄弟母子卖田契》："立契卖田字人乐氏月桂吴祖钧兄弟。……要行出卖。先侭亲房，无钱成就，自

---

① 高聪、谭洪沛：《贵州清水江流域明清土司契约文书——九南篇》，民族出版社2013年版，第13页。
② 同上书，第102页。
③ 张新民：《天柱文书》，江苏人民出版社2014年版，第8/6页。
④ 同上书，第8/25页。
⑤ 同上书，第1/17页。

己请中招到堂兄、堂叔吴建恒名下承买。"[1]

"就"有"受"义,又有"留"义。故"承就"可释作"承受"或"承留"。上文已证"承受"或"承留"皆与"承买"意同,故"承就"亦可视作"承买"的同义词。将例(16)—(19)与例(4)进行对照,亦可得证"承就"实同于"承买"。"承就"或写作"成就",如例(20)。"成就"即"成全",指"帮助别人达到目的",此义于契文甚合。贵州契约文书在书写的过程中同音替代的情况颇多,"承就"或许就是"成就"? 俟再考。

【承断】

(21)《道光八年(1828)吴总庆深冲田断卖契》:"立断卖田契约人吴总庆同子之碎。父子商议,……自愿将祖业坐落土名深冲岭上水田壹坵,冲内盘坡田二坵,共合三坵。……四至分明,要行出断。先尽(侭)族内无人承买,请中问到本寨杨昌云、杨昌兴弟兄名下承断为业。"[2]

据文意可知"承断"之"断"即"断卖"。"承断"即"承断卖"。"断卖"即"绝卖",指"产业卖出之后永远再也不能够赎回之卖"。"族内无人承买",于是问到"杨昌云、杨昌兴弟兄承断",对比可知"承断"实与"承买"意同。

【承手】

(22)《嘉庆十八年(1813)陆在清宓溪茶山断卖契》:"立断茶山约人陆在清。为因家下缺少银用,无从得出。自愿将地名宓溪大圳头茶山,杉树在内,要行出断,无人承手,请中问到吴正武名下承断为业。"[3]

---

[1] 张新民:《天柱文书》,江苏人民出版社2014年版,第8/162页。
[2] 高聪、谭洪沛:《贵州清水江流域明清土司契约文书——九南篇》,民族出版社2013年版,第114页。
[3] 同上书,第8页。

水田要实现出典目的，需要有人来接手接受。故"承手"当即"接手，接受"之意。与诸例"承买"进行比对，可知"承手"亦可视为"承买"的同义词。

综上可见，"承就"实为一个词，故不宜将其拆分；"承就"之意同于"承买"，故不宜再于"承"后添加"买"字。

第二节　贵州契约文书整理本的释义

词语的释义，必须占有充足的可靠的例证，有了这个基础，才可能对词语做出准确的训释。若拥有的例证很少，甚至只看到个别的例子便对词语的意义下结论，这样得出的词语意义是难以经受得住语言实践的检验的。在已整理出版的贵州契约文书中，便有这样的一些词语释义，如"纹银""二比""二造"。本节以这几个词为例加以讨论。

一　"纹银"类词

在贵州契约文书中，"纹银"一词多见，其俗写形式多种多样，概括起来主要有"銀""𨨏""𨭎""𨭝""𨭆""𨭏""𨭑""𨭓""𨭔""艰"十种，其中"銀"使用最为广泛。语言具有社会性。随着社会的发展，"纹银"作为流通货币逐渐退出了历史舞台，淡出了人们的视野。然而那些"纹银"的曾经的俗写形式却依然活跃在契文书写人的笔端。于是乎渐渐出现了词形与词义不对应的情况。贵州契约文书整理者因未能查考此种不对应，导致对俗字"銀"的释读出现了偏差，甚是令人遗憾。试予以分析订正如下。

俗字是相对于正字而言的字体，准确辨识俗字对契约文书的整理与研究意义重大。"銀"是贵州契约文书中很独特的一例俗字。《九南》中有2例"銀"，整理者均释读作"纹银"；《姜元泽》有"銀"59例，整理者除将其中一例释读作"文（纹）银"外，其余均释读作"银"；《吉》有"銀"76例，《苗》有"銀"171例，二书的整理者皆释读作"银"；在《清水江》的选择性释读中，"銀"亦皆被释读作"银"。可以看出，除《九南》外，其他契文整理者基本上把"銀"释读作了"银"。这样的释读是否有问题呢？通过遍考上述五种文书全部用例，我们认为,《九南》整理者对 2 例 "𫈼" 所作的释读是恰当的,而其他契文整理者对 "𫈼" 的释读则值得商榷。本书根据 "𫈼" 在贵州契约文书中的实际用例,对其进行系统考辨,以此探求 "𫈼" 在贵州契约文书中的本来面貌。

(一)"最初"的"𫈼"及其形成

"𫈼" 如何释读比较合适呢?先看下面两则契文。

(1)《乾隆十八年(1753)王宁潭等立断卖山场约》:"立断卖山场约人砚洞王宁潭、王老惯、王老神、王老裡生。为因家下缺少银用,无从得出。四人合同商议,情愿将乌康溪中岭山场壹岭,至于界限:上凭顶为界,下凭溪为界,左抵冲为界,右抵冲为界,四肢(止)界限清楚。方登门请中出断卖与革翁寨彭金岩、彭银三、范金保三人名下承买为业。当即三面议定断价足色𫈼壹两壹钱整,亲手领回家中应用。……代笔:李卓群造。"①

(2)《乾隆十三年(1748)王宁潭等立断卖山场约》:"立断卖山场约人砚洞王宁潭、王老惯、王老神、王老岩。为因家下缺少费用,无从得出。四人合同商议,情愿将乌康溪山场上岭壹岭,至于界限:上凭盖为界,下凭溪为界,左抵冲为界,右抵冲为界,四支(止)界限分明。方登门出断卖与革翁寨彭金岩、彭银三、范金保、彭乔保四人名下承买为业。当即三面议定断价足色纹银壹两柒钱整,亲收领回应用。……代笔:李卓群。"②

例(1)中的 "𫈼" 文书整理者未作释读。此二例均为李卓群代笔书写,对比两例契文可以发现,它们从形式到内容都很相似。既然断卖的同样是 "乌康溪山场壹岭"——例(1)为中岭壹岭,例(2)为上岭壹岭,那么根据公平交易的原则,两次买卖交易中使用的货币应当是一致的,即例(1)的 "足色𫈼" 应当与例(2)的 "足色纹银" 相同。故可知 "𫈼" 当为 "文艮" 二字的合文,"艮" 为 "银" 的俗体省形字,"文" 为 "纹" 的古字或为省形,所以 "𫈼" 即 "纹银" 的省形俗体合

---

① 张应强、王宗勋:《清水江文书》第 3 辑共 10 册,广西师范大学出版社 2011 年版,第 3/1/67 页。

② 同上书,第 3/1/66 页。

文。"纹银"是清代通行的一种标准银两，以大条银或碎银制成，形似马蹄，表面有皱纹。清代法定作为交易核算的标准的纹银成色为93.5374%，又称"足色纹银"。贵州地区契约交易活动中广泛使用的货币"纹银"，除"足色纹银"①外，另有"玖捌纹银"②"九九纹银"③等记录。由于对"銀"真相的失察，有的契文整理者将许多本该释读作"纹银"的"銀"释作了"银"，如下面的几例契文。

(3)《乾隆三十二年（1767）姜文进、姜文彬等立卖杉木山地约》："凭中面议卖价纹银陆两叁钱正（整），亲手领銀回家应用。"④

此例极能说明问题，既然凭中面议的货币写作"纹银"，那么亲手领回家应用的亦应当是"纹银"，故可断定"銀"当是"纹银"，而整理者释读作"银"，未妥，当据正。

(4)《道光二十二年（1842）姜凌有卖山契》："立卖山场杉木契人姜凌有。为因要银使用，情愿将到祖遗山场杉木壹块，地名卧腰，界至：上凭绍熊与买主之山为界，下抵盘路，左凭岭，右凭岭以朱姓之木为界。此山地主、栽手分为五股，栽手占贰股，地主占叁股，一人名下一股断卖。又先年得买姜老兄玉魁之栽手壹块，地名卧腰，界趾：上凭盘路，下凭犁觜，左右凭冲。此山地主、栽手分为伍股，地主占叁股，栽手占贰股；栽手贰股分为叁小股，壹人名下占一股，今将栽手手贰块出断卖与姜绍熊、姜绍齐、姜种泰三人名下承买主为业。凭中议定价纹银壹两柒钱柒分，亲手领回应用。其山场自卖之后，任凭买主修理管业，卖主不得异言。今欲有凭，立此断卖字存

---

① 张应强、王宗勋：《清水江文书》第3辑共10册，广西师范大学出版社2011年版，第3/1/66页。
② 孙兆霞：《吉昌契约文书汇编》，社会科学文献出版社2010年版，第49页。
③ 同上书，第159页。
④ 唐立、杨有赓、武内房司：《贵州苗族林业契约文书汇编》卷1，东京外国语大学2001年版，第1/A/7页。

照。凭中：老齐。亲笔。道光贰拾贰年拾壹月拾柒日立。"①

(5)《道光二十二年（1842）姜凌汉、凌青兄弟卖木契》："立卖山场杉木契人姜凌汉、凌青弟兄。为因要银使用，情愿将到祖遗山场杉木壹块，地名卧腰，界至：上凭绍熊与买主之山为界，下抵盘路，左凭岭，右凭岭以朱姓之木为界。此山地主、栽手分为五股，栽手占贰股，地主占叁股，二人名下占地主贰股断卖。又先年得买姜老兄玉魁之栽手壹块，地名卧腰，界趾：上凭盘路，下凭犁觜，左右凭冲。此山地主、栽手分为伍股，地主占叁股，栽手占贰股；栽手贰股分为叁小股，弟兄名下占贰股，今将山场栽手贰块出断卖与姜绍熊、姜绍齐、姜种泰三人名下承买为业。凭中议定价𥹉叁两伍钱肆分，亲手领回应用。其山场自卖之后，任凭买主修理管业，卖主不得异言。今欲有凭，立此断卖字存照。内添一字。凭中：姜老齐。道光贰拾贰年拾壹月拾柒日凌汉笔立。"②

此二例在内容上密切相关，对比它们的文字可知，姜凌汉、姜凌青、姜凌有三人是地名为"卧腰"的两块杉木的股份占有人，他们在凭中姜老齐见证下，于道光二十二年十一月十七日，与买主姜绍熊等三人共同协商订立了卖木契。例（4）凭中议定的货币是"纹银"，例（5）凭中议定的货币写作"𥹉"。同一日，密切相关的几个人共同订立的契约，共同认定的流通货币应该是一致的，据此也可以初步判断"𥹉"当是"纹银"省形俗体合文。例（4）中姜凌有占有的二股杉木共计断卖得"纹银"一两七钱七分。货币单位两、钱、分三者之间的换算关系为：一两等于十钱，一钱等于十分。根据等价交易原则，例（5）姜凌汉、姜凌青弟兄占有的四股杉木共应断卖得"纹银"叁两伍钱肆分。而例（5）姜凌汉、姜凌青弟兄亲手领回的价"𥹉"恰好正是"叁两伍钱肆分"，由此进一步可以确定"𥹉"即"纹银"无疑。此例"𥹉"，整理者释读作"银"，未妥，当据正。例如：

---

① 陈金全、杜万华：《贵州文斗寨苗族契约法律文书汇编——姜元泽家藏契约文书》，人民出版社2008年版，第373页。

② 同上书，第372页。

(6)《道光贰十贰年（1842）姜老福卖木契》："立断卖栽手杉木字人姜老福。为因家下缺纹银用，无处得出，自愿将到杉木三处，……出卖与姜绍齐、姜钟英、姜昌宗三人名下承买为业。当日凭中议定价𰻝贰两一钱伍分，亲手收回应用，未欠分厘。"①

(7)《同治柒年（1868）汪郑氏立杜绝卖明房屋地基文契》："原日叁面议定卖价足色纹银拾壹两陆钱整。"②

(8)《民国柒年汪郑氏立杜绝卖明房屋地基文契税验员契》："员价𰻝拾壹两陆钱整。"③

例（6）是说杉木栽手姜老福缺"纹银"用，所以当日议定并亲手收回的"贰两壹钱伍分"应该就是"纹银"。例（8）是民国七年例（7）的《税验员契》，在例（7）中使用的交易货币是"纹银"，而在例（8）中则写作"𰻝"，两相比勘，"𰻝"即"纹银"无疑。不过在例（8）中"纹银"是有特指的，即例（7）中的"足色纹银"。例（6）例（8）中的"𰻝"，整理者皆释读作"银"，未妥，当据正。

在五种贵州契约文书中，"𰻝"最早出现在清乾隆十六年（1751）的一件契约中，即如下之例（9）。

(9)《乾隆十六年（1751）姜凤宇卖基地约》："凭中義（议）定价𰻝伍两正（整），亲手收回用。"④

就贵州契约文书而言，"纹银"一词最晚于明万历十四年（1586）已经出现，如"凭中作价纹银贰钱陆分"⑤，所以，不能排除首例"𰻝"出现的时间可能会更早。"纹银"如何会写作"𰻝"呢？

---

① 陈金全、杜万华：《贵州文斗寨苗族契约法律文书汇编——姜元泽家藏契约文书》，人民出版社 2008 年版，第 371 页。

② 孙兆霞：《吉昌契约文书汇编》，社会科学文献出版社 2010 年版，第 238 页。

③ 同上。

④ 张应强、王宗勋：《清水江文书》第 1 辑共 13 册，广西师范大学出版社 2007 年版，第 1/12/231 页。

⑤ 高聪、谭洪沛：《贵州清水江流域明清土司契约文书——九南篇》，民族出版社 2013 年版，第 100 页。

第四章　贵州契约文书词汇研究与贵州契约文书的整理校注　　255

在贵州契约文书中，"纹银"的"纹"多有写作"文"者，如"（乾隆式拾八年）当日凭中议定价文银壹两整"①　"（乾隆三十六年）当日凭中议定断价文银拾叁两整"② 等；"银"字多有写作"艮"者，如"（乾隆十贰年）当日三面议定实价纹艮壹拾贰两正（整）"③"（乾隆十七年）当日凭中议定价银足色纹艮叁两捌钱整"④ 等；"纹银"多有写作"文艮"者，如"（乾隆四十年）当日凭中三面议定断价文艮式拾叁两整"⑤"（乾隆四十年）当日凭中三面议定断价文艮式拾壹两玖钱整"⑥ 等。这些"纹银"的书写形体表明，"𥅽"应是"纹银"二字先省形再拼合的产物，即先将"纹银"省作"文艮"，再将"文""艮"拼合，是为"𥅽"。贵州契文皆为直行书写，"𥅽"皆占据一字位置，故更进一步说明"𥅽"实为"文"（"纹"）与"艮"（"银"）二字的合文。而"文艮"⑦"𥅽"⑧ 等字形则反映出在"文"与"艮"拼合作"𥅽"过程中应该经历过一个拼合书写不甚紧密的阶段。

根据我们的统计，在本书所引贵州地区的五种契约文书中，"𥅽"共有1528例。其中《清水江》1220例，用作"纹银"的有1109例，约占总例数的91%；《苗》171例，皆用作"纹银"；《吉》76例，用作"纹银"的有36例，约占总例数的48%；《姜元泽》59例，用作"纹银"的有58例，约占总例数的99%；《九南》2例，均用作"纹银"。

（二）"𥅽"用作"银"

如上所述，"𥅽"本"纹银"二字的省形俗体合文。然而，在贵州

---

① 张应强、王宗勋：《清水江文书》第1辑共13册，广西师范大学出版社2007年版，第1/9/1页。

② 张应强、王宗勋：《清水江文书》第3辑共10册，广西师范大学出版社2011年版，第3/10/182页。

③ 张应强、王宗勋：《清水江文书》第1辑共13册，广西师范大学出版社2007年版，第1/3/1页。

④ 唐立、杨有赓、武内房司：《贵州苗族林业契约文书汇编》卷1，东京外国语大学2001年版，第1/A/2页。

⑤ 张应强、王宗勋：《清水江文书》第1辑共13册，广西师范大学出版社2007年版，第1/7/62页。

⑥ 同上书，第1/7/135页。

⑦ 唐立、杨有赓、武内房司：《贵州苗族林业契约文书汇编》卷2，东京外国语大学2002年版，第2/B/108页。

⑧ 同上书，第2/B/144页。

契约文书中，不是每一例"银"都宜释读作"纹银"，这是因为有的契约文书写人将"银"当作"银"字使用了。请看《吉》中如下二例。

（10）《民国丙寅十五年田庆华立卖科田文契》："原日三面议定卖价银大洋正版柒拾元零陆角整。……此是实银实契，并无贺（货）物准折，亦非逼勒等情，系是二被（彼）情愿。"①

（11）《民国二十年七马开文立卖房屋文契》："言（原）日议定正版大洋壹佰零捌元整。卖主当面领银应用，并未拖欠角仙。"②

二例契文中议定卖价时使用的货币是"大洋"，"大洋"即"银圆"的俗称。"银圆"亦作"银元"，是银质圆形货币的通称。显然，"大洋"与形似马蹄、表面有皱纹的"纹银"有别，故上述例子"此是实银实契""卖主当面领银应用"中的"银"都不宜释读作"纹银"。揣摩文意，我们以为"银"在这两例契文中应该是在表达"银"的意思，即书写契文的人将"银"当作"银"字使用了。

在《清水江》中，亦有不少将"银"作"银"使用的例子，聊举数例为证。

（12）《民国十一年陆相宏等立分山股数合同字》："立合夥共卖平鳌寨姜承英弟兄五人。将田掉（换）得山场地名鸟首、另名白岩岭。其山股数分为肆拾两，得买叁拾两。众等商议书立股系合同，各执一纸。占山多寡开列于后：……胜银占山壹两五钱整。"③

（13）《民国十一年陆相宏等立分山股数合同字》："立合夥共卖平鳌寨姜承英弟兄五人。将田掉（换）得山场地名鸟首、另名白岩岭。其山股数分为肆拾两，得买叁拾两。众等商议书立股系合同，各执一纸。占山多寡开列于后：……胜银占山壹两伍钱整。"④

（14）《民国十一年陆相宏等立分山股数合同字》："立合夥共卖

---

① 孙兆霞：《吉昌契约文书汇编》，社会科学文献出版社2010年版，第77页。
② 同上书，第238页。
③ 张应强、王宗勋：《清水江文书》第3辑共10册，广西师范大学出版社2011年版，第3/10/301页。
④ 同上书，第3/10/299页。

平鳌寨姜承英弟兄五人。将田掉（换）得山场地名鸟首、另名白岩岭。其山股数分为肆拾两，得买叁拾两。众等商议书立股系合同，各执一纸。占山多寡开列于后：……胜银占山壹两伍钱整。"①

尽管三张契文书写人不尽相同，例（12）、例（14）为陆相镒，例（13）是陆相仁，但对比这三张契文可以发现它们实为同一份契文的不同抄件。故可确认"胜银"当即"胜银"无疑，"银"应释读作"银"。

（15）《民国十二年陆相仁等立分钱单合同字约》："立分钱单合同字陆相仁、陆相福、陆相兴、陆相镒、陆相银、陆相高、陆相田、陆胜昌、陆胜厚、（陆）宗文、（陆）胜金、（陆）相熾、林荣旺、罗于金等。今有共山壹所，……照依拾贰股分派，其有所占之股系开列于后，又呼作十二两派山：……陆相银占山壹两整……陆相银存相仁笔乙（壹）纸……相仁笔。"②

（16）《民国十二年陆相仁等立分钱单合同字约》："立分钱单合同字陆相仁、陆相福、陆相兴、陆相镒、陆相银、陆相高、陆相田、陆胜昌、陆胜厚、（陆）宗文、（陆）胜金、（陆）相熾、林荣旺、罗于金等。今有共山壹所，……照依拾贰股分派，其有所占之股系开列于后，其山分作拾贰两派山：……陆相银占山壹两整……陆相银存壹纸相仁笔……陆相兴笔。"③

契文例（15）、例（16）书写人分别为陆相仁、陆相兴。对比两张契文，二者也为同一份契文的不同抄件。可见"陆相银"当即"陆相银"，故"银"应释读作"银"为宜。例（15）中同一个"陆相银"，一处作"陆相银"，另外两处写作"陆相银"，契文书写者的随意性可窥一斑。

（17）《民国廿二年陆相福等立卖木合同分银单字》："今此照山契据股系分清派定，共作为式拾两山分派，人名录列于后：……黄

---

① 张应强、王宗勋：《清水江文书》第 3 辑共 10 册，广西师范大学出版社 2011 年版，第 3/10/296 页。

② 同上书，第 3/10/308 页。

③ 同上书，第 3/10/309 页。

银开占山乙（壹）两式钱伍分整……黄银开存乙（壹）纸。"①

（18）《民国廿二年陆相福等立卖木合同分银单字》："今此照山契据股係分清派定，共作为式拾两山分派，人名开列于后：……黄银开占山壹两式钱伍分整……黄银开存乙（壹）纸。"②

（19）《民国廿年陆相福等立卖木合同分银单字》："今此照山契据股系分清派定，共作为式拾两山分派，其有人名录列于后：……黄银开占山壹两式钱伍分……黄银开存壹纸。"③

例（17）—（19）三张契文的书写人分别为胜能、相福、陆胜河。尽管三者书写人不同，但仍为同一份契文的不同抄件，"黄银开"即"黄银开"，"银"当释读作"银"为宜。

查考上述五种贵州契约文书，我们暂未找到在清代的契文中有将"银"当"银"用的例子，最早将"银"作"银"用的例子见于民国二年（1913）的《吉》④中，最晚的用作"银"字的"银"例出现在1953年的《清水江》⑤中。这说明，"银"作"银"用应是在"纹银"已不再作为一般等价物的情况下出现的。五种文书中，《清水江》中"银"除47例因时间不清、语境不明无法确释外，用作"银"的有64例，约占总例数的6%；《吉》中"银"除1例无法确释外，用作"银"的有39例，约占总例数的52%；《苗》与《九南》中均没有"银"用作"银"；《姜元泽》59例"银"中有58例作"纹银"用，剩下的1例难以断定是否用作"银"，姑且存疑。

"银"的实际使用情况说明，"纹银"是"银"的多数，"银"是"银"的少数。如何看待它们，应当本着实事求是的态度，具体问题具体分析，不能因为"纹银"是"银"的主体而忽视"银"的存在，也不能因为有用作"银"的特例，而无视"银"最初作"纹银"用的大量客

---

① 张应强、王宗勋：《清水江文书》第3辑共10册，广西师范大学出版社2011年版，第3/10/464页。

② 同上书，第3/10/463页。

③ 同上书，第3/10/465页。

④ 孙兆霞：《吉昌契约文书汇编》，社会科学文献出版社2010年版，第65页。

⑤ 张应强、王宗勋：《清水江文书》第3辑共10册，广西师范大学出版社2011年版，第3/10/590页。

观事实。

（三）"艰"的九种异体形式

在贵州契约文书中，俗字"艰"的写法多样，归纳起来，主要有如下九种异体形式：

其一，𱎃①

"𱎃"实为"艰"的颠倒体。

其二，𱎃②

"𱎃"实是对"艰"右边的"艮"进行简省后形成的。

其三，𱎃③

将"𱎃"（"艰"的第二种异体）右边的"艮"作进一步简省，即成"𱎃"。

其四，𱎃④

将"艰"左边的"文"写作"交"即成"𱎃"。

其五，𱎃⑤

将"艰"中的"艮"上面部分加上一点即成为"𱎃"。

其六，𱎃⑥

我们推测"𱎃"的形成有三种可能：一是，将"艰"中"文"的一点移至"艮"上创造而成；二是，将"𱎃"中的"文"省略一点得来；三是，将"艰"（见下文"艰"的第九种异体）中的"艮"上面部分添加一点变化而成。

其七，𱎃⑦

---

① 陈金全、杜万华：《贵州文斗寨苗族契约法律文书汇编——姜元泽家藏契约文书》，人民出版社 2008 年版，第 326 页。

② 同上书，第 372 页。

③ 张应强、王宗勋：《清水江文书》第 1 辑共 13 册，广西师范大学出版社 2007 年版，第 1/13/143 页。

④ 张应强、王宗勋：《清水江文书》第 3 辑共 10 册，广西师范大学出版社 2011 年版，第 3/7/75 页。

⑤ 唐立、杨有赓、武内房司：《贵州苗族林业契约文书汇编》卷 2，东京外国语大学 2002 年版，第 2/B/147 页。

⑥ 孙兆霞：《吉昌契约文书汇编》，社会科学文献出版社 2010 年版，第 189 页。

⑦ 陈金全、杜万华：《贵州文斗寨苗族契约法律文书汇编——姜元泽家藏契约文书》，人民出版社 2008 年版，第 371 页。

"银"字有写作"⿰钅⿱㇇⿱一㇄"者①,故"銀"又常写作"[字形]"。

其八,"[字形]"②

"[字形]"与"[字形]"("銀"的第七种异体形式)的区别仅在右边一笔。

其九,艰

"艰"应是将"銀"中的"文"省去上面的一点演变而成。而"艱苦"的"艱"早在明刊本《薛仁贵跨海东征白袍记》中已简化为"艰"③,故由"銀"简省而来的"艰"很容易与"艰苦"的"艰"字混同,这是阅读契文时需要留心的。例如:

(20)《宣统三年(1911)胡双喜立当陆地文契》:"立当明陆地文契人胡双喜,为因乏用,……将祖父遗留分授自己名下陆地乙(壹)块,……亲请凭中出当与石维洪名下耕种。言日三面议定玖陆[字形]拾肆两整。胡双喜当席领艰应用。自当之后,其于年月住定三载。有艰赎起(取),无艰任随石维洪永远耕种。"④

此处三面议定的是"玖陆[字形]",即"玖陆纹银",指"成色是96%的纹银"。既然"胡双喜当席领艰应用",那么他领走的就应是"拾肆两整玖陆纹银",可见"领艰应用"的"艰"即"[字形]"。而"有艰赎起(取),无艰任随石维洪永远耕种"则明确了胡双喜与石维洪各自的权利。可以预见将来胡双喜在赎取田块时,所使用的货币亦应当是"玖陆[字形]",而不应是其他货币形式,这样才符合公平交易的原则。可见"有艰""无艰"的"艰"都应当是"[字形]"。

正如不是每一例"[字形]"都宜释读作"纹银"一样,"[字形]"的异体字有时也用作"银"。在《吉》中,表示货币之义的"艰"共计17例,有的用作"银"。例如:

---

① 张应强、王宗勋:《清水江文书》第3辑共10册,广西师范大学出版社2011年版,第3/7/407页。

② 张应强、王宗勋:《清水江文书》第1辑共13册,广西师范大学出版社2007年版,第1/13/143页。

③ 杨敦伟:《现代常用汉字溯源字典》,湖南人民出版社2012年版,第192页。

④ 孙兆霞:《吉昌契约文书汇编》,社会科学文献出版社2010年版,第309页。

(21)《民国十九年石亮清立卖明阴阳陆地文契》:"原日三面议定卖价艰正版小洋肆拾壹元整。"①

(22)《民国式拾壹年田盛廷立当明陆地文契》:"言日三面议定当价正版洋银伍拾壹元整。……至(自)当之后,言定五年,有艰取赎,无艰任随石明先耕安。"②

(23)《民国二十九年胡焕奎立当明陆地文契》:"言日三面议定当价正[版]洋艰壹佰元整。……自当之后,准定三年,有艰取赎,无艰任随耕种。"③

一元以下的小银币,称为角子或小洋,④故例(21)中"卖价艰"即"卖价银","艰"即"银"。例(22)中议定当价为正版洋银,"洋银"与"纹银"显然有别,故"有艰""无艰"的"艰"都是"银"。对比例(22)可知例(23)"洋艰""有艰""无艰"中的"艰"亦当是"银"。

异体"艰"在契约文书中除表示"纹银"⑤外,也常用作"银"。例如:

(24)《民国二十九年陆胜艰、陆胜根、陆胜能立分山合同字》:"今幸有凭,立合同三纸,每公一纸存照为据。……胜艰存一纸,胜能存一纸,胜根存一纸。"⑥

(25)《民国二十九年陆胜艰、陆胜根、陆胜能立分山合同字》:"今幸有凭,立合同三纸,每公一纸存照为据。……胜艰存一纸,胜能存一纸,胜根存一纸。"⑦

(26)《民国二十九年陆胜艰、陆胜根、陆胜能立分山合同字》:

---

① 孙兆霞:《吉昌契约文书汇编》,社会科学文献出版社2010年版,第169页。
② 同上书,第315页。
③ 同上书,第320页。
④ 彭信威:《中国货币史》,上海人民出版社1988年版,第797页。
⑤ 张应强、王宗勋:《清水江文书》第1辑共13册,广西师范大学出版社2007年版,第1/12/311页。
⑥ 张应强、王宗勋:《清水江文书》第3辑共10册,广西师范大学出版社2011年版,第3/10/472页。
⑦ 同上书,第3/10/470页。

"今幸有凭，立合同三纸，每公一纸存照为据。……胜䘵存一纸，胜能存一纸，胜根存一纸。"①

三张契文尽管书写人不同——例（24）为胜煜、例（25）为陆胜根、例（26）为胜䘵，但内容一致，实为同一份契文的不同抄件。故例（24）中"胜䘵"当即"胜䘵"，"䘵"即"䘵"。上文已论证"（陆）胜䘵"即"（陆）胜银"，故"䘵"亦当释读作"银"字为宜。

（27）《民国十二年田活立卖明水田文契》："原日三面议定卖价䘵洋元贰拾贰元整。……系是实䘵实契，并无货物准折，亦非逼迫成交。"②

（28）《民国三十五年石灿章立卖明水田文契》："原日三面议定卖价法币市用洋䘵贰拾贰万玖仟元整。"③

（29）《民国三十年田双福立卖名（明）陆地文契》："言日三面议定卖价法币卷洋肆佰玖拾式元捌角整。卖主当席亲手领䘵应用，并未拖欠角仙。"④

（30）《民国十四年陈宋氏等立当陆地文契》："原日参面议定当价正版实洋䘵伍拾捌元整。……陈姓有䘵取赎，无䘵任随胡姓永远耕安，不得异言。"⑤

（31）《民国廿六年冯才显、冯宋氏立出分关字》："冯才显补出冯宋氏小洋贰拾元整，冯宋氏当席亲首（手）［领］䘵应用。"⑥

例（27）—（31）中的"䘵"均不应释读作"纹银"，因为洋元、法币市用洋、法币卷洋、正版实洋、小洋均不是"纹银"。

关于"䘵"的释读，《九南》整理者指出，"凡'银'字写作

---

① 张应强、王宗勋：《清水江文书》第 3 辑共 10 册，广西师范大学出版社 2011 年版，第 3/10/471 页。
② 孙兆霞：《吉昌契约文书汇编》，社会科学文献出版社 2010 年版，第 74 页。
③ 同上书，第 124 页。
④ 同上书，第 183 页。
⑤ 同上书，第 311 页。
⑥ 同上书，第 372 页。

'bank'的，都应把它当作'纹银'来看待，这是清水江流域文书的通常写法"①，"锦屏文书中出现'bank'一字，也是指'纹银'"②，"在锦屏文书中，写为'足银'或'bank'，都应当按'足色纹银'来解释"③。根据上文对"bank"使用情况的考索，我们以为《九南》整理者将"bank"解释为"纹银"，对绝大多数的用例是合适的。然而智者千虑，难免一失。结合"bank"在上述五种契约文书中的使用全貌，《九南》整理者的观点需要作如下完善和订正。

首先，从历时来看，"bank"起初当是"文""艮"（"纹""银"）二字（非一个字）的合文，并不是"银"字写作"bank"。

其次，并非锦屏文书（又称清水江文书）中出现的每一例"bank"都宜释读作"纹银"，有的"bank"当释读作"银"。

再次，在锦屏文书中，即便是那些应该释读作"纹银"的"bank"，也不宜都按"足色纹银"来解释。贵州安顺地区的《吉》显示，实际交易中出现的"纹银"有许多种成色，除"足色纹银"外，另有"玖捌纹银""九九纹银"等。锦屏地区"纹银"的成色的恐怕也应是如此，"为地方银两不齐"④ 之故。

在明、清、民国时期的贵州标的物的交易活动中，"纹银"使用极为广泛。多达1528例的事实充分说明，"bank"这一书写形式已为人们所乐用，它是一例使用频率很高的俗字。对"bank"的释读，必须结合契文的语言环境，具体"bank"具体分析。我们认为，除了有的契文书写人因不识"bank"真相而导致将"bank"误用作"银"外，将"bank"释读作"纹银"应是妥当的。

二 "二比""二造"类词

显然，贵州契约文书的词汇研究有利于订正贵州契约文书整理本的词语释义。试再举"二比""二造"为证。

---

① 高聪、谭洪沛：《贵州清水江流域明清土司契约文书——九南篇》，民族出版社2013年版，第41页。
② 同上书，第275页。
③ 同上书，第338页。
④ 张应强、王宗勋：《清水江文书》第1辑共13册，广西师范大学出版社2007年版，第1/10/159页。

(1)《民国二十二年翁老寨岑老憧立绝卖文契字》:"立绝卖文契字人翁老寨岑老憧。……自将祖遗之业坐落地名抱哉田一坵……自请凭中上门出绝卖与顶甏王甫强名下为业。……此系二比情愿。诚恐无凭,立绝卖田永远存照。"①

"二比"一词,文书整理者解释为"二人"。

(2)《乾隆二十三年(1765)李桃立出合约》:"立出合约人李桃。情缘古堰一所,原系大沟接水,管历多年。祸由昨年六月涌水堆沙坝塞源流之处。李姓现年淘水上堰。有周明仁古堰在下,以为李姓所凿掘阻。是以具控在公。官差到乡。地邻人众念两造俱属戚谊,不忍坐视,参商从公临堰剖论。"②

"两造"一词,文书整理者解释为"二人"。

单就例(1)、例(2)而言,将"二比""两造"解释为"二人"是可以的。然而将二词的"二人"释义放到整个贵州契约文书的大语境下去检验,便会发现这一解释是欠妥当的。大量的语言事实表明,"二比""两造"确切的解释当为"双方"。

贵州契约文书在表达"双方"这一意义时,使用了多个词语。除"二比""两造"外,另有"双方、彼此、二彼、二被、二家、二造、二共、两共、两下、二下"等。试举例分析如下。

【双方】

(3)《民国三十二年石仲和立当明房屋字据》:"立当明房屋字据人石仲和。为因有事应用,只得亲请凭中上门,将到祖父遗留之屋,坐落地名大街中间房屋右边正房间半、东司一个,天井公共,经凭中出当与冯发荣名下住坐管理。即日议定当价法币纸洋陆仟柒佰元整。仲和领明应用,其房准当五年。期满有洋取赎,无洋任随当主住坐。双方意愿,并非逼勒等情。"③

---

① 汪文学:《道真契约文书汇编》,中央编译出版社2014年版,第429页。
② 同上书,第3页。
③ 孙兆霞:《吉昌契约文书汇编》,社会科学文献出版社2010年版,第330页。

【彼此】

(4)《道光元年（1821）姜启辉、傅德万立分合约》："立分合约人姜启辉、傅德万。为因先年得买姜启翠栽股杉木，地名鸠污蕨些，未经书立合约。兹木植成林，凭中书立合约。议作二大股均分，地主姜之谟、[姜]之正、[姜]启文、[姜]启姬等占一大股；栽手傅德万、姜启辉共占一大股。二比心平意愿。其山自书合约之后，仍仰栽手逐年修理，不得间年荒芜。异日长大伐卖获价，照约股数均摊，不得争多竞寡。今欲有凭，立此合约二纸，各执一纸存照。外批：先年启爵、启凤二人佃栽此山上截，同日面议，仍照二大股均分，地主栽主各占一股，彼此心平意愿，日后长大伐卖，照约二股平分。"①

(5)《民国五年杂契（山林纠纷)》："殊知彼以共山罩进，我即以伊四抵地名不符，概然离开，彼此无干。"②

据文意可知两例"彼此"皆可释为"双方"之意。例（4）中的"彼此"具体指"地主和栽手双方"。例（5）中的"彼此"具体指"彼我双方"。

【二比】

(6)《乾隆三十五年（1770）姜老管、老岩卖田契》："立卖断日约人文堵下寨姜老管、姜老岩弟兄二人。……请中间到自愿将祖遗坐落土名南鸠田大小三坵，出断卖与上文堵寨姜廷盛名下承买为业。……自断之后，其田任从买主子孙世代管业，断主房族弟兄外人不得异言。如有来历不明，俱在卖主理落，不干买主之事。一卖一买，二比心干（甘）。"③

---

① 唐立、杨有赓、武内房司：《贵州苗族林业契约文书汇编》卷 2，东京外国语大学 2002 年版，第 2/C/34 页。

② 唐立、杨有赓、武内房司：《贵州苗族林业契约文书汇编》卷 3，东京外国语大学 2003 年版，第 3/F/40 页。

③ 陈金全、杜万华：《贵州文斗寨苗族契约法律文书汇编——姜元泽家藏契约文书》，人民出版社 2008 年版，第 16 页。

(7)《乾隆五十六年（1791）范老乔立断卖山场字》："立断卖山场字人岩湾寨范老乔。今因家下要银用度，情愿将己分下山场一团，坐落地名培拜山，出卖以（与）下文斗寨姜天九名下承买管业。二比依中处定断价钱肆钱伍分正（整）。入手应用。"①

(8)《乾隆五十九年（1794）姜相周、老领父子卖木契》："立断卖嫩杉木字人下文斗寨姜相周、子老领。今因要银用度，自愿将己所栽之木一团，坐落地名皆攸。请中卖以（与）李安远、正绅、巫香远、华远夥计名下承买蓄禁管业。二比依中处定断价银口两贰钱正（整）。入手应用。"②

(9)《嘉庆十三年（1808）姜保魁、范腾高主佃分成合同》："立合同字人范腾高。以前佃种栽杉，佃到文斗姜保魁之山，土名抱鬼。……四至分明。今木成林，二比自愿所分合约。前言二股均分，地主占一股，栽手占一股。日后长大发卖，两家不得异言。"③

(10)《道光五年（1825）姜之尧父子立卖杉大山场约》："立卖杉大山场约人平敖寨姜之尧父子。为因要银使用，情愿将到祖遗山场一所，坐落土名黄草坡。……先问房族，无人成买，自己问到陈玉昆兄弟名下承买为业。……此系两厢情愿，中间并无压逼等情，二比不得翻悔，恁凭陈姓耕种管业。如有山土不清，俱卖主向前理落，不干买主之事。"④

(11)《光绪二年（1876）姜正科、姜正茂佃契》："立佃栽杉木字人姜正科、姜正茂弟兄二人，佃栽姜世模、姜世俊弟兄之山，坐落地名鸠翁的。此山界至：……四至分明。地主、栽手分为五股，栽手占二股。二比言定，限五年成林；若不成林，栽手无分。"⑤

(12)《民国六年吴秀培父子立佃字合同字》："立佃字合同字人

---

① 唐立、杨有赓、武内房司：《贵州苗族林业契约文书汇编》卷1，东京外国语大学2001年版，第1/A/43页。
② 陈金全、杜万华：《贵州文斗寨苗族契约法律文书汇编——姜元泽家藏契约文书》，人民出版社2008年版，第51页。
③ 同上书，第99页。
④ 唐立、杨有赓、武内房司：《贵州苗族林业契约文书汇编》卷1，东京外国语大学2001年版，第1/A/152页。
⑤ 陈金全、梁聪：《贵州文斗寨苗族契约法律文书汇编——姜启贵家藏契约文书》，人民出版社2015年版，第397页。

八洋寨吴秀培父子名下。情因佃到平略上牌龙绍清、龙彦贤父子二人所共洞头上边从兜大冲之私土一块。……其山自佃之后，议定三年搞修成林。但所栽之杉木，嗣后长大砍伐下河，三比面议，土栽自愿四六层（成）均分，栽主占六层（成），土主占四层（成）。以后二比不得争论之理。盖待所栽大小之木一律伐尽，合同仍还原主。二盖吴姓再栽，双方另写合同。"①

（13）《民国二十三年杨文朗立付约字》："立付约字人杨文朗。先年得买宋贵林、宋景江房屋基地墙土合共六墱。租与宋贵林耕管住座（坐）。……双方情想意愿，中人并不压逼等情。日后双方不得藉事生断（端）。自愿书立租帖付约承认合同二张，各收一张。二比不得异言。"②

据例（6）—（13）文意可知，"二比"皆当释作"双方"。将"二比"释作"二人"，在例（7）例、（9）、例（13）中可以疏通文意。但与例（6）、例（8）、例（10）—（12）文意则明显有悖，因为在这五例契文中，"二比"所指均多于"二人"。例（12）、例（13）中"二比"与"双方"同现，结合文意可以确证"二比"实同于"双方"。在例（4）中"二比"与"彼此"同现，对比可知"二比"当与"彼此"意同，皆为"双方"之意。

【二彼】

（14）《乾隆四十九年（1784）汪子富立卖明水田文契》："立卖明水田文契人汪子富，为因年岁饥荒，无处出办。只得请凭中上门，将父留明水田乙（一）块、地乙（一）块……出卖明与族兄子重名下为业。言（原）日议定卖价足色纹银贰拾壹两整。子富亲手领明应用。此系实银实契，并无货物准拆（折），亦无逼迫成交，二彼情愿，子富房族人等不得异言。"③

（15）《嘉庆四年（1799）龙德臣等因母错葬断买阴地契》："立

---

① 唐立、杨有赓、武内房司：《贵州苗族林业契约文书汇编》卷3，东京外国语大学2003年版，第3/G/14页。
② 张新民：《天柱文书》，江苏人民出版社2014年版，第1/130页。
③ 孙兆霞：《吉昌契约文书汇编》，社会科学文献出版社2010年版，第5页。

断买阴地约人龙德臣、龙舒臣、良用兴。因本年正月二月内二家母亲潘氏、杨氏亡故,将二亲错葬在族内龙大儒、龙大藏、龙大权名下地名洞头沙冒(纱帽)形血棺二塚。大儒等不服,蒙中劝改,二比心服。言定价银伍两整。大儒弟兄领足。前后左右离坟二丈,恁从买主管理进葬,其地界外得臣弟兄不得争论。此系式彼心平意愿,凭中立此断买清白一纸,永远存照为据。"①

(16)《同治三年(1864)立杜卖明科田文契人陈思畴》:"立杜卖明科田文契人陈思畴。……将祖父遗留分授自己名下科田贰块,……出卖与田荣名下耕种管业。原日议定卖价纹银拾两零肆钱整。陈姓当席亲手领明应用。此系实银实契,并无货物准折,亦非逼勒等情,实系二彼情愿。"②

(17)《光绪二十七年(1901)姜为邦立卖山场杉木字》:"立卖山场杉木字人姜为邦。为因急需,自愿将冉碑皆在宜鸡之山场杉木,本名所占之土股栽手,卖与弟为蝗名下为业。议定价银壹两零捌分,收足应用。其山界限并股数照老契分派定界。二彼不得异言。"③

(18)《民国三十三年石仲和立卖房屋地基天井朝门出入等壹半文契》:"立卖房屋地基天井朝门出入等壹半文契人石仲和。……今将祖父遗留分授本己名下正房间半、堂屋半间,一慨(概)通顶天井,右边东司一个,坐落地名庙东边,其房四至:东抵过道路,南抵阴沟,二比所共,西抵卖主,二家共梁,北抵田姓界,四至分明为界。……当凭证出卖与冯发荣名下管业住坐。原日三面议定卖价随市洋肆万叁仟元整。卖主当席亲手领明应用,未欠角仙,酒水画字当席交清。此系二彼情愿。……双方族证:冯俊臣、石仲元、石仲华。"④

(19)《(时间不详)九怀山买卖租佃抄单》:"合同干洞杨文显

---

① 高聪、谭洪沛:《贵州清水江流域明清土司契约文书——九南篇》,民族出版社2013年版,第340页。
② 孙兆霞:《吉昌契约文书汇编》,社会科学文献出版社2010年版,第27页。
③ 唐立、杨有赓、武内房司:《贵州苗族林业契约文书汇编》卷2,东京外国语大学2002年版,第2/B/267页。
④ 孙兆霞:《吉昌契约文书汇编》,社会科学文献出版社2010年版,第257页。

弟兄与姜佐周二彼分。九怀之合同栽手占壹股,地主占壹股。"①

据例(14)—(19)文意,可以判定"二彼"当即"双方"之意。例(15)中"式彼"与"二比"同现,可证"式彼"同于"二比"。例(18)中"二比""二彼""双方"同现,可以断定"二比""二彼""双方"三者意同。

【二被】

(20)《嘉庆四年(1799)吴息开兄弟原粮租约清白字》:"立断原粮租约人吴息开、吴息圣兄弟。为因所有祖父所遗土名洞头干溪虎形坡脚田一处。载原粮六斤。吴姓递年上门取讨原粮。至今凭中议定龙姓尊补禾一百三十斤整。日后不得生端口口覆(复)讨。二被心平议(意)愿,并无压逼情由。久远吴姓上纳,不干龙姓之事。恐后无凭,立此断粮清白一纸,久远为据。"②

(21)《光绪三十二年(1906)冯李氏同子法贵立卖明菜园文契》:"立卖明菜园文契人冯李氏,同子法贵。……今将祖父遗留分授本己名下菜园乙(壹)厢,……请凭中出卖与汪兴灿名下为业。……此系二被情愿。自卖之后,任随汪姓子孙永远管业,冯姓房族人等不得前来尊(争)论异言。"③

(22)《民国七年田陈氏同子保臣立卖明干田文契》:"立卖明干田文契人田陈氏同子保臣。……今将祖父遗留分授本己名下干田乙(壹)块。……请凭中出卖与族叔田庆昌名下为业。……此系二被情愿。自卖之后,任随[买主]子[孙]永远管业,陈氏母[子]亲支人等不得前来争论异言。"④

据例(20)—(22)文意可知,"二被"亦可释作"双方"。"二被"

---

① 陈金全、杜万华:《贵州文斗寨苗族契约法律文书汇编——姜元泽家藏契约文书》,人民出版社2008年版,第585页。
② 高聪、谭洪沛:《贵州清水江流域明清土司契约文书——九南篇》,民族出版社2013年版,第248页。
③ 孙兆霞:《吉昌契约文书汇编》,社会科学文献出版社2010年版,第222页。
④ 同上书,第163页。

在例（20）中指称"吴姓与龙姓双方"，在例（21）中指称"冯李氏母子与汪兴灿双方"，在例（22）中指称"田陈氏母子和田庆昌双方"。

【二家】

(23)《嘉庆十二年（1807）唐德身、张和位、李元高三人立分杉木合同约》："立分杉木合同约人唐德身、张和位、李元高三人，栽到平〔敖〕寨有主家姜文勋、有章、文焕、文杰、文望、廷华、文煌、之林、启姬、文召、文荣等有众山一块，坐落地名东格。……凭中言定杉木二股均分，主家占一股，栽手三人占一股。日后杉木成林发卖，二家不异言，日后照股数分木，是实。"①

(24)《咸丰五年（1855）立出分关永无后患字据人田应孝、田尚于》："立出分关永无后患字据人田应孝、田尚于。为因二家法嗣所遗留山场陆地，于咸丰五年二房凭族长均分，田立、田成、田庆、田瑞廷、田相廷、田有廷六家得受蜂子岩左边下一段，右边上一段、田家草堆坡、岩下偏坡地凭族长均分明白。自分之后，二彼不得幡（翻）悔异言。倘有此情，天理难容。若照右分关管业，二彼百子千孙长发其祥。"②

(25)《光绪十七年（1891）姜熙成、姜世俊二家立分合同字》："立分合同字人姜熙成、姜世俊二家。得买地名党楼之山。……其山二比争论股数多少，蒙中劝解，莫依以前契具股数，今将分为四股：姜世俊、世作弟兄名下占二股半，姜熙成、超梅叔侄占一股半。日后二比照依合约股数管业分派，不得异争。"③

(26)《民国五年龙盛美弟兄四人立佃墦地土字》："立佃墦地土字人令冲龙盛美、龙盛登、龙盛堂、龙盛亮弟兄四人。今佃到茅坪大码头龙耀泽、耀准弟兄二人名下大白里溪盘头大田坎上地土一团。……三面言定三年栽杉成林，地主占三股，栽主占七股。木成林

---

① 唐立、杨有赓、武内房司：《贵州苗族林业契约文书汇编》卷2，东京外国语大学2002年版，第2/C/12页。
② 孙兆霞：《吉昌契约文书汇编》，社会科学文献出版社2010年版，第346页。
③ 唐立、杨有赓、武内房司：《贵州苗族林业契约文书汇编》卷3，东京外国语大学2003年版，第3/E/38页。

第四章　贵州契约文书词汇研究与贵州契约文书的整理校注　　271

蓣修三年以后，二家蓣修，不得异言。"①

（27）《民国三十年胡银昌同子仲奎立卖陆地文契》："立卖陆地文契人胡银昌同子仲奎。……将祖父遗留分授自己名下陆地壹股，坐落地名老柴山，……请凭中上门出卖与胡张氏名下。……此系二比意愿，并无勒迫等情。……自卖之后，任随买主子孙永远管业，房族人等不得前来争论异言。如有此情，卖主一面承耽。……后批：老契系是二家共契。"②

"二家"或写作"两家"，如例（9）。综合例（23）—（27）契文文意，可知"二家"释作"双方"更为确切，而不宜作"两户人家"解。例（9）（25）（27）中均是"二家"与"二比"同现，可证"二比"与"二家"意同。例（24）中"二家"与"二彼"同现，可证"二家"同于"二彼"。在例（18）中"二家""二比""二彼""双方"同现，可以确证"二家"实与"双方"意同。

【两造】

（28）《嘉庆十四年（1809）姜荣诉状》："诉状生员姜荣，二十九岁，系循礼里、居文斗距城百二十里录情备诉，叩究奸捏。缘生父于乾隆二十八年去田二坵、银一两，掉得姜乔包土名阳球山场。……阴阳历管数十余年无异。今岁被姜绍吕等勾奸王宏玉，藉以砍伐故叩山木，跨坎生山木植。生情控仁台蒙准，公差票提，登山查验，越坎生木一十八株，原差可讯。仁天验契集审，断令照契各管各业。两造遵依在卷。孰知海波复扬，纵奸王宏玉捏耸案下。……及七月十一［日］仁台审结，照契管业，两造遵依在卷。"③

（29）《光绪二年（1876）李栋樑父子立出和议澄清文字》："立出和议澄清文字人李栋樑同男李天球、李天荣。情因由来于上年凭中将己分受得买之业，出卖与邹裘格父子耕输管理。后因邹姓云及李姓

---

①　唐立、杨有赓、武内房司：《贵州苗族林业契约文书汇编》卷3，东京外国语大学2003年版，第3/G/13页。
②　孙兆霞：《吉昌契约文书汇编》，社会科学文献出版社2010年版，第186页。
③　唐立、杨有赓、武内房司：《贵州苗族林业契约文书汇编》卷3，东京外国语大学2003年版，第3/F/30页。

前借之账不清,向李姓取讨。因李姓由此起衅。……今有地方首等不忍两造久按不休。苦劝两造和议澄清了息。其有业内界畔水源,仍照原契原界原水耕管灌救。……词外有邹姓借约,李姓原契,后日两造揭出,以为故纸无用。"①

(30)《民国六年张双奎立分关给付字》:"立分关给付字人张双奎。情生二子,长名松林次名松福。……讵时变迁继遭林逝,致关延今未书。今幸吾老收存。林遗嫡孙文魁、文标、文榜等弟兄三人理合,当凭族亲友等书立分关二纸,给付叔侄两造等各持为凭,免后滋事。"②

"两造"或写作"二造",如例(31)。

(31)《某某卖童养媳契》:"立断卖童媳嫁婚字人某处某姓某,各兹因先年凭媒订到某某处某姓名之女为媳,过门抚养多载,尚未与儿圆婚,欲思异日利期完成,谁料儿、媳二运,六命弗合,刑克有碍,奈因高峰种菜,两下无缘。况吾子之亡,鸳鸯拆散,万难得已。自云方逸出口另嫁,四处开放,只得专人登门访查,问到平略街某某名下作合结配为婚。当日凭中媒证,言定聘礼足银若干,其银二比原限。择定良辰于某月吉日,卖主自愿将媳送出沿途,俱立卖婚契据,可以银人两交,二比不得异言。交婚之后,不许猖狂人等拦阻去路、妄为等语。倘后别人内中挑拨潘、姜二姓,远近族房亲友及团甲地方首十粪(纷)杂人等前往路途,藉此妄为诈口等情,俱归我卖主尚(上)前一面承担,不关潘姓之事。……惟贺凤结丝箩,佳偶天成,可喜二造,蠡斯衍庆,瓜瓞绵绵,世代桂子兰芝,富贵悠久长庆矣。"③

据例(28)—(31)契文文意,可知"两造"亦即"双方"。"两

---

① 汪文学:《道真契约文书汇编》,中央编译出版社2014年版,第184页。
② 张应强、王宗勋:《清水江文书》第3辑共10册,广西师范大学出版社2011年版,第3/2/81页。
③ 陈金全、杜万华:《贵州文斗寨苗族契约法律文书汇编——姜元泽家藏契约文书》,人民出版社2008年版,第546页。

造",例(28)中指"原告姜荣和被告姜绍吕王宏玉等人",例(29)中指"李栋樑父子三人与邹裘格父子",例(30)中指"文魁、文樑、文榜等弟兄三人与其叔张松福",例(31)中指"被卖出的儿媳与其新嫁配偶"。很明显,在例(28)—(30)中"两造"均不宜作"二人"释。

【两共】

(32)《光绪二十七年(1901)姚开榜、姚开举兄弟分关合约》:"立分关合约字人姚开榜、姚开举。今因创造已成,兄弟商议各间分居。请凭族戚等将新旧房屋两股均匀,颁仁义字号,阄定订关。……其厅堂中间外边屋宇地基[归仁]义两共。……其楼上自中柱分口归仁字,外归仁义两共。其厢房楼下后边五尺屋宇地基归仁字,前一大半归仁义两共。楼上亦归两共。"①

"两共"或写作"二共",如例(33)。

(33)《光绪九年(1883)陈万祖立卖杉木字约》:"因所刘陈二共之地,二股均分。卖主陈万祖一股出卖,请中问到本寨刘发科承买。"②

据例(32)、例(33)文意可知,"两共"即"双方"。例(32)中指"姚开榜、姚开举兄弟双方",例(33)中指"刘姓与陈姓买卖双方"。

【两下】

(34)《民国二十八年龙承远父子立卖杉木字》:"自卖之后,恁凭买主管业,卖主不得异言。如有来历有(不)清,俱在卖主理落,不与买主之事。待后砍伐下河之时,木去之后,土归原主,两下不得异言。"③

---

① 张新民:《天柱文书》,江苏人民出版社2014年版,第15/3页。
② 同上书,第2/176页。
③ 唐立、杨有赓、武内房司:《贵州苗族林业契约文书汇编》卷3,东京外国语大学2003年版,第3/G/4页。

（35）《民国三十六年吴见云卖田契》："立契卖田字人吴见云。……请中人上门问到孙婿刘修槐名下承买。……自卖之后，此系两下情愿，并不压逼二家等情。任从付与买主子孙永远耕管存照为业，卖主不得异言。"①

"两下"或写作"二下"，如例（36）。

（36）《民国十五年周福淇立出当约》："立出当约人周福淇。今因无钱用度，故将自己之业，地名梨树湾水田一坵。凭中出当与邹彩洪名下耕栽。彼日面议当价铜钱八千文足，彼日现交本人清（亲）领明白。并无下欠，一无折扣。其业一当三春，是古本人依期退取，钱到业回。二下心甘意愿。恐人心有变，口说无凭，故出当约为用。"②

据例（31）、例（34）—（36）契文文意，知"两下"亦当释作"双方"。"两下"例（31）中指"儿子与儿媳"，例（34）中指"买卖双方"，例（35）中指"卖主吴见云和买主刘修槐"，例（36）中指"周福淇与周彩虹双方"。

总之，将"二比"与"两造"放到更广阔的贵州契约文书的大语言背景下考察，可知"二比"与"两造"皆应释作"双方"，将"二比"与"两造"释作"二人"是不妥当的，应予以订正。关于"二比"与"两造"更为详细的论述详见黑文婷的《契约文书"二比"类词语释义》③，此不赘述。

第三节　贵州契约文书整理本的校勘

贵州契约文书的整理工作有利于贵州契约文书的社会价值的最大化的实现。而要保证整理工作的高效与优质，贵州契约文书的词汇研究必不可少。毋庸置疑，贵州契约文书整理者的整理工作是谨严的，同时也是卓有

---

① 张新民：《天柱文书》，江苏人民出版社2014年版，第9/140页。
② 汪文学：《道真契约文书汇编》，中央编译出版社2014年版，第444页。
③ 黑文婷：《契约文书"二比"类词语释义》，《甘肃高师学报》2012年第6期。

成效的，整理本为贵州契约文书的接受与传播打开了方便之门。然而智者亦难免有失，由于对文书中的词语理解失当，致使整理者在对文书进行校勘时出现了一些瑕疵，如"当校而错校""当校而未校""不当校而校"。对契约文书词汇进行专门研究可使校勘整理工作更加完善，试举例分析如下。

一 弥补"当校而错校"的缺憾

阅读贵州契约文书原图版可以发现，有的文书应当校勘，而整理者的确进行了校勘。但由于整理者缺乏对词语意义的准确把握，导致了校勘的失误。试举"阻滞""耕官"为证。

"阻滞"一词在贵州契约文书中多见。例如：

(1)《乾隆十四年（1749）陆仁远立分关遗嘱》："（义子陆福保）上坟拜扫祖，不许阻滞。"[1]

(2)《光绪五年（1879）陈见泽立出借字》："今（经）手借到邹武氏名下铜钱贰仟文正（整）。彼即面议利息每年每千恁包谷子二市斗不误，秋收应明。若友（有）亦（一）年秋收不楚，将自己耕食田土悉行作抵，恁随邹姓耕种，陈姓不得异言阻滞。"[2]

(3)《光绪七年（1881）邹秀发立出当约》："自当之后，随骆姓耕收，邹姓不得阻滞。其有年限不定，本人赎取，钱到田回。两无异言。"[3]

(4)《光绪二十七年（1901）邹庆辉弟兄立出借字》："倘若一季子立（籽粒）不楚，愿将自己弟兄二人分来之业悉行作抵。兄长庆堂名下或耕或佃，有胞弟庆辉、庆夫弟兄二人不得必（别）生异言阻滞。"[4]

(5)《民国二十一年田发廷立出当字文契》："其有年限限定于四年后发廷赎取，以后洋到，房契并回，不得留难阻滞。发廷自出当之

---

[1] 高聪、谭洪沛：《贵州清水江流域明清土司契约文书——九南篇》，民族出版社 2013 年版，第 253 页。

[2] 汪文学：《道真契约文书汇编》，中央编译出版社 2014 年版，第 213 页。

[3] 同上书，第 219 页。

[4] 同上书，第 300 页。

后，兴之照原指界限管理，任随或坐或佃，发廷老幼人等亦不得异言称说。"①

根据文意可知，"阻滞"实即"阻碍滞留"之意。"阻滞"一词，唐代吕岩的《七言》诗之十七中已见："渡海经河稀阻滞，上天入地绝敲倾。"②"阻滞"在贵州契约文书中或写作"祖滞"，如下三例即是。

(6)《道光四年（1824）刘王氏母子立出当约》："地名岩户坪宅左边土乙（一）塴（幅）出当与龚姓耕种，刘姓母子二人不得祖滞。钱道（到）土回。"③

(7)《同治十二年（1873）郑文刚立出借谷字》："个（过）八月无钱，将己耕食田土作抵，恁异邹姓或耕或佃，郑姓不得异言祖滞。"④

(8)《光绪十二年（1886）邹德高立出当约》："自当之后，恁随王姓耕栽，邹姓不得异言祖滞。"⑤

例（6）中"恁异邹姓或耕或佃"之"恁异"实即"恁意"，"恁意"即"任凭"之意⑥。

整理者因未明"阻滞"一词词义，对例（2）—（4）之"阻滞"以及例（6）—（8）之"祖滞"出校记曰："当作'阻止'。"从文意的理解上似乎没有问题的，但是仔细斟酌，"阻滞"与"阻止"有别。"阻滞"意为"阻碍滞留"，在例（2）—（8）中除含"阻止"意外，又有将"产业留下"这一层内涵。若将"阻滞"换作"阻止"，则此层内涵便没有了。可见《道真》整理者的校勘是欠妥当的。结合契文文意，对比"阻滞"可知，"祖滞"实为"阻滞"，将"阻滞"写作"祖滞"应是

---

① 孙兆霞：《吉昌契约文书汇编》，社会科学文献出版社 2010 年版，第 329 页。
② （清）彭定求等编：《全唐诗》，中州古籍出版社 1996 年版，第 5312 页。
③ 汪文学：《道真契约文书汇编》，中央编译出版社 2014 年版，第 18 页。
④ 同上书，第 142 页。
⑤ 同上书，第 244 页。
⑥ 卢庆全：《贵州契约文书"任凭"类词语研究》，《原生态民族文化学刊》2018 年第 3 期。

书写时同音替代的结果。可见例（6）—（8）三例之"祖滞"当校勘为"阻滞"。而《道真》原图版为"阻滞"者则无需出校。

"耕官"的校勘亦属此类。

（9）《民国五年谢志桃立断卖田字》："其业自卖之后，任凭买主耕官修理官业。卖主不得异言。一卖一了，记（既）卖永休。"①

原图版"耕官修理官业"整理者校勘作"耕官（种）修理官（管）业"。将"耕官"校作"耕种"欠妥当。"耕管"一语在贵州契约文书中多见，实即"耕种管业"的缩略语，意为"耕种管理产业"。关于"耕管"详见本书第一章第一节第63页，此不赘言。

在贵州契约文书中，"阴平、阳平、上声、去声"四个声调多有混同的情况。"阴平"与"阳平"混同者，如"堂叔"《九南》中写作"堂赎"②，"赎取"《亮寨》中写作"叔取"③，"赎收"《亮寨》中写作"叔收"④，"出息"《九南》中写作"出习"⑤，"当席"《吉》中写作"当希"⑥，"收回"《姜元泽》中写作"收挥"⑦。"阴平"与"去声"混同者，如"房屋"《九南》中写作"房物"⑧，"俱在"《九南》中写作"居在"⑨，"不拘"《九南》中写作"不俱"⑩。"阳平"与"上声"混同者，

---

① 高聪、谭洪沛：《贵州清水江流域明清土司契约文书——九南篇》，民族出版社2013年版，第200页。

② 同上书，第276页。

③ 高聪、谭洪沛：《贵州清水江流域明清土司契约文书——亮寨篇》，民族出版社2014年版，第79页。

④ 同上书，第198页。

⑤ 高聪、谭洪沛：《贵州清水江流域明清土司契约文书——九南篇》，民族出版社2013年版，第370页。

⑥ 孙兆霞：《吉昌契约文书汇编》，社会科学文献出版社2010年版，第189页。

⑦ 陈金全、杜万华：《贵州文斗寨苗族契约法律文书汇编——姜元泽家藏契约文书》，人民出版社2008年版，第573页。

⑧ 高聪、谭洪沛：《贵州清水江流域明清土司契约文书——九南篇》，民族出版社2013年版，第398页。

⑨ 同上书，第45、48、62、69、91页。

⑩ 同上书，第311、319页。

如"在于卖主理落"之"在于",《九南》中常写作"在与"①。"阴平"与"上声"混同者,如"管业"《九南》中写作"官业"②,"四抵分明"《九南》中常写作"四低分明"③。

例(9)中将"耕管"写作"耕官",将"管业"写作"官业",亦当是"阴平"与"上声"相混同的产物。《九南》整理者将"官业"校作"管业",很明显是注意到了声调混同的情况;但将"耕官"校作"耕种",显然是因不明"耕管"语义导致的。这里"耕官"稳妥的校勘应为"耕管"。

二 弥补"当校而未校"的缺憾

由于缺乏对词语意义的全面把握,有的贵州契约文书整理者在一些本应当出校的地方却未能准确出校,未免让人遗憾。例如"一亲永亲""一捍永捍""一併永併"。

《道真》中见有"一清永清"的文字表述。例如:

(1)《民国十六年郭绍云弟兄立出清收足领文字》:"自清收足领之后,亦无货物折(拆)算。此系二下心甘悦服,并无中证压逼。一清永清,系是价明契足。"④

根据文意,可知"一清"当即"收清,结清"之意;"永清"之"清"应为"了结"之意。故所谓"一清永清"实即"一次收清便永远了结"。正如文中所说,"自清收足领之后",郭姓"大小诸色人等在(再)不向此业言及粮界价纸不清不楚之语,绝齿无言"。

"一清永清"或写作"一亲永亲"。例如:

(2)《民国二十一年邹道宝弟兄立出捍约》:"今因父亲亡故,无好阴地。请凭中证愿将自己受分之业,地名龙硐沟山土一踏,界畔上其(齐)大坎脚,右边其(齐)本人之界。左边祗(抵)墙,下面

---

① 高聪、谭洪沛:《贵州清水江流域明清土司契约文书——九南篇》,民族出版社 2013 年版,第12、20、25、34、35、343 页。
② 同上书,第281 页。
③ 同上书,第323、412、417、418、438 页。
④ 汪文学:《道真契约文书汇编》,中央编译出版社 2014 年版,第415 页。

其（齐）人行大路经界。借证情，凭证言说书画，出捍与乡邦于堂弟邹道洪子孙世代耕管为业。彼凭中三家议架（价）值条粮，一言不说之与。一捍永捍，一亲永亲。子孙为耕种为业。"①

据例（2）文意可知"一亲永亲"当即"一清永清"。将"一清永清"写作"一亲永亲"可能是因为当时方言中没有前鼻音韵母。将"清"字写作"亲"的例子还有很多。例如，《道真》中将"本人凭中一亦（一）领明清楚"写作"本人凭中一亦（一）领明亲楚"②，将"即日凭中一手现交清楚"写作"即日凭中一手现交亲楚"③，将"邹姓领明清楚"写作"邹姓领明亲楚"④，将"傅姓收清"写作"傅姓收亲"⑤，将"亲手收明清楚"写作"亲手收明亲楚"⑥等。"一亲永亲"《道真》整理者当校而未校。

例（2）中之"一捍永捍"，《道真》整理者出校注曰："捍，疑作'掉'，实际上当作'调'。"这个校注不妥。

据例（2）文意来看，此契乃是交换契约，邹道宝弟兄用地名为龙硐沟的山土一踏，与邹道洪交换"好阴地"，以便安葬亡父。故文中之"捍"实即"换"字。"一换永换"可释为"一次交换永远交换"。

将"换"字写作"捍"，当是方言开口呼与合口呼相混的结果。在贵州契约文书中，因方言导致的开口呼与合口呼相混的例子有很多。在《姜元泽家藏契约文书》中共有30例将"文斗"写作"文堵"的例证。从时代分布来看，集中在乾隆24年到道光19年，如将"文斗下寨姜映辉"⑦写作"文堵下寨姜映辉"⑧等。《九南》全书总计出现了9例"涂改"义的"涂"字，其中有5例写作"头"。从时代分布来看，集中在道

---

① 汪文学：《道真契约文书汇编》，中央编译出版社2014年版，第423页。
② 同上书，第194页。
③ 同上书，第216页。
④ 同上书，第219页。
⑤ 同上书，第241页。
⑥ 同上书，第248页。
⑦ 陈金全、杜万华：《贵州文斗寨苗族契约法律文书汇编——姜元泽家藏契约文书》，人民出版社2008年版，第63页。
⑧ 同上书，第55页。

光 29 年至民国 6 年，如将"内涂二字"写作"内头二字"①等。在《道真》中有将"过"字写作"个"者，如将"过八月无钱"写作"个八月无钱"②。等等诸例，不一而足。可见，例（2）"一捍永捍"的恰当校勘当是："一捍永捍"，当作"一换永换"。

阅读《道真》契约文书，会看到诸多"一某永某"类句式结构，除"一清永清""一捍永捍"（实即"一换永换"）外，还有"一卖永卖、一收永收、一左永左、一掉永掉、一分永分"等，分别举例如下：

【一卖永卖】

（3）《光绪六年（1880）骆周氏母子立出併契文约》："自卖之后，恁随堂叔子孙耕管，堂侄母子并房诸色人等不得业上别生枝节，取讨加补书画。非干中证压逼，卖主娘母了心断心，一卖永卖。"③

（4）《光绪元年（1875）周长细安立出卖契文约》："其业屋基青坎悉行并卖，一卖永卖，永不回头。周姓人等以（已）在未在，不得别生异言。"④

"一卖永卖"即"一次出卖便意味着永远出卖"。关于"一卖永卖"详见下文。

【一收永收】

（5）《光绪三十一年（1905）陈远仲弟兄二人立出射破收字》："立出射破收字人陈远仲、陈远仁弟兄二人。清（亲）手收到邹庆兰邹庆孔弟兄之账项，其钱系是沈兴金所请之会。其有邹姓所还之会钱，前后一并收明清楚。已有陈姓弟兄日后不能向及邹姓弟兄取讨。一收永收，再不能言及会钱账项不明。"⑤

---

① 高聪、谭洪沛：《贵州清水江流域明清土司契约文书——九南篇》，民族出版社 2013 年版，第 165 页。
② 汪文学：《道真契约文书汇编》，中央编译出版社 2014 年版，第 142 页。
③ 同上书，第 221 页。
④ 同上书，第 176 页。
⑤ 同上书，第 325 页。

据文意可知,"一收永收"即"一次收清之后便意味着永远收清"。就像文中所讲,此次将账项收明清楚之后,陈姓弟兄日后再不能向及邹姓弟兄取讨,再不能言及会钱账项不明。

【一左永左】

(6)《光绪二年(1876)周长万、周长流立出左田土荒山屋基字文》:"立出左田土荒山屋基字文人周长万、周长流。弟兄商议,长万屋基熟土园子左长流所买叔父之业一地名桐将岭,二处地名包通平。凭中说明其业对左,长流补长万铜钱肆千文正(整)。其钱现交明白,其业屋基园土,凭中脚踏手指为界。自左之后,恁随长流子孙永远管理。一左永左,永不回头。同姓叔侄以(已)在未在人等,一不别言多说。今恐人心不一,故出左字各执一张,子孙永远存据。"①

"左"在西南官话中有"交换,兑换"之意,如四川成都方言"一斗米左两斗小麦"、贵州桐梓方言"请左一张十元的零票"中的"左"皆是②。例(6)中的"左"亦是"交换"之意,故所谓"一左永左"即"一次交换便意味着永远交换"。用文中的话说就是:自左之后,恁随长流子孙永远管理,周长万永远也不能后悔,同姓叔侄在场不在场的人,均不能别言多说。

【一掉永掉】

(7)《光绪三十四年(1908)邹庆荣立出掉约》:"立出掉约人邹庆荣。今将受分之屋基,地名仲家沟屋基一塔,出掉与李园林名下耕管为业。……凭中脚窖为界,各就方圆,一掉永掉,永无翻悔,再不得别生支节。今恐人心巧变,故出掉约一纸为据。"③

"掉"即"掉换",意为"调换","一掉永掉"即"一次调换之后便意味着永远调换"。就像文中所言,此次调换之后,永无翻悔,再不得别

---

① 汪文学:《道真契约文书汇编》,中央编译出版社2014年版,第187页。
② 许宝华、宫田一郎主编:《汉语方言大词典》,商务印书馆1999年版,第1133页。
③ 汪文学:《道真契约文书汇编》,中央编译出版社2014年版,第353页。

生支节。

【一分永分】

(8)《光绪三十一年（1905）邹庆兰弟兄四人立出分关文约》："今因人口甚多，分居各灶。将祖父遗留房廊屋基园铺水田山土毛面荒山大小诸杂树木悉行配搭均分。……自分之后，再不言其哪踏未分，亦（一）分永分。弟兄并无翻悔，两下心甘悦服。并非中证压逼。永敦和睦，富贵绵远，长发其祥。"①

"亦"即"一"。据文意知，"分"即"分配"之意，"一分永分"即"一次分配便意味着永远分配"。正如文中所言，自此配搭均分之后，弟兄们再不能说哪一块田土还未分配，都不能够对分配结果翻悔。

根据"一某永某"这种词语构成模式，可以对现有的残缺的契文图版进行校勘还原，如例（9）。

(9)《民国三十三年李国超书立永卖文约》："书立永卖文约人李国超，今因无钱支用，愿将昔年得併邹姓之业，地名易新庙椒坝之水田山土一全股，出退卖与邹道洪名下承买耕管。所有业内树木茨草悉行在内，未能抽出毫毛。此系二家心甘意悦，并非中证压逼。自併之后，一併□併，永无翻悔。"②

"一併□併"中之"□"处文书原图版残破。不知是何字，《道真》整理者用"□"标出。

根据上述诸例"一某永某"类句式结构，结合契文文意，可知此处残缺之字当为"永"。契文开篇便说"书立永卖文约"，文后又言"自併之后，一併□併，永无翻悔"，对比可以判定："自併之后""一併永併"之"併"当与"卖"义同。"一併永併"即"一卖永卖"。"得併"之"併"据文意知当与"买"义同。这里"併"一词兼具了"卖"与"买"相对的两种意义。

---

① 汪文学：《道真契约文书汇编》，中央编译出版社2014年版，第330页。
② 同上书，第467页。

《道真》整理者用□将残缺的"永"标出,是严谨的。但未能据文意和"一某永某"这种句式结构将"永"补出,则多少有些令人遗憾。

三 弥补"不当校而校"的缺憾

贵州契约文书有的整理本在本不当出校勘的地方却出了校勘,致使录文与原图版内容文意不相吻合,失去了原图版内容的真实性。究其原因,亦是因为不明词语意义。例如"一卖一了"。

(1)《光绪三十四年(1908)杨再荣立断卖田契字约》:"立断卖田契字约人杨再荣。……自己愿将先年得买高美代之田大一坵,并冲子田一坵,……自己请问到洞头龙口艮名下承买为业。……其田卖之后,任凭买主耕管业,卖主并无异言。如有年不清,在卖主上前理落,不管(关)[买]主相干。一卖一了。"①

契文原图版在"一卖一了"之后,并无"父卖子休"四字。《九南》整理者添加了"父卖子休"四字,并用【】标出。于是原图版的"一卖一了"变成了"一卖一了,【父卖子休】"。这样的校勘是不符合原文事实的。试分析如下。

在民间交易活动中,"卖"有"活卖"和"绝卖"之分。"活卖"指标的物卖后双方约定可以回赎之卖。"绝卖"指标的物卖后双方约定永远不可以赎回之卖。"绝卖"又称"杜卖""断卖"。贵州契约文书在表达"绝卖"即"永远出卖"这一意义时,表达的形式丰富多彩。有二字结构的,如"百了";有四字结构的,如"一卖永卖""一卖一了"等;有四字以上结构的,如"一卖永卖,了心断心"等。

【百了】

(2)《同治十四年(1875)龙在文达合山断卖契》:"其山恁凭买主修理管业,卖主不得异言。竹木子草一并百了,口无异言。"②

---

① 高聪、谭洪沛:《贵州清水江流域明清土司契约文书——九南篇》,民族出版社2013年版,第195页。
② 高聪、谭洪沛:《贵州清水江流域明清土司契约文书——亮寨篇》,民族出版社2014年版,第14页。

"断卖"即"绝卖"。所谓"百了"实即"一断百了",即"一次出卖永远出卖"。

【一卖永卖】

(3)《咸丰元年(1851)周伯玠兄弟立出卖水田山土文契》:"自卖之后,其界内诸杂树木悉行在内,田土一全股。并无寸土石刁出。一卖永卖,邹姓世代子孙永远管理。周姓弟兄子孙绝齿不加补书画之资。"①

(4)《同治十二年(1873)周长蛟兄弟二人立出卖契文约》:"恁随邹姓世代永远耕管。有周姓叔侄老幼载(再)不能别生支节。一(亦)不能加补书画之资。一卖永卖,周姓世世永不异言。一(亦)不能言其不清等语。"②

"一卖永卖"即"此一次出卖便意为着永远出卖"。

【一卖永卖,永不复还】

(5)《光绪四年(1878)李天朋立出清足领文约》:"其有水源界畔系是凭中脚踏手指,李姓价明契足。一卖永卖,永不复还。"③

"一卖永卖,永不复还"即"此一次出卖意为着永远出卖,所卖出之产业永远不能够再收回"。

【一卖永卖,永不回头】

(6)《光绪四年(1878)周长安立出卖契文字》:"界内次草寸木寸石寸土树木,息行少(扫)卖,并无则(择)留。一卖永卖,永不回头。周姓人等,以(已)在未在,不得言级(及)别生异言。"④

---

① 汪文学:《道真契约文书汇编》,中央编译出版社2014年版,第47页。
② 同上书,第149页。
③ 同上书,第210页。
④ 同上书,第199页。

"一卖永卖，永不回头"即"此一次出卖意为着永远出卖，永远不能够翻悔"。

【一卖永卖，了心断心】

(7)《光绪二十六年（1900）周福禄父子立卖契文约》："无钱用度，愿将自己先祖之业，……请凭中证邹庆堂名下耕管。……此系二家心甘意愿，并非中证押逼。一卖永卖，了心断心。再不言其后唤（患）家（加）补二字。得业者世代耕管，卖业者永无异言。子孙世代永远长发其样。"①

"了心断心"即"了断心思"。这里的"心思"文中既有卖前"无钱用度的忧思"，亦包括卖后"加补差价""忧虑后患"等心思。而此次永远出卖之后，将各种心思都了断了。

一卖永卖，已生未生，了心断心

(8)《同治五年（1866）陈后麒立出卖契文约》："自卖之后，恁随李姓子孙世首（守）为业。陈姓一卖永卖，已生未生，了心断心。子子孙孙再不得言及加补画字之资。"②

"已生未生"指"已经出生的人和尚未出生的人"。此次永远出卖之后，卖主户内不光是"已经出生的人"要了断心思，即便是"那些尚未出生的人"也必须了断心思。契文用这样的语言意在强化此份卖契文约对卖主严格的约束力。

【一卖永清】

(9)《宣统二年（1910）邹庆铭立出卖契文约》："系是邹姓心口悦服，一卖永清，并非威证欺逼。即房分亲疏，均无码持。"③

"清"意为"终了，了结"。此一次出卖对卖主而言，意味着出卖交易的

---

① 汪文学：《道真契约文书汇编》，中央编译出版社2014年版，第296页。
② 同上书，第99页。
③ 同上书，第361页。

永远终了。故称"一卖永清"。可见"一卖永清"实同于"一卖永卖"。

【一卖百了】

(10)《乾隆四十年(1775)姜腾蛟立卖山场约》:"其山自卖之后,恁从买主照股栽插,收租管业,卖主并外人不得异言。倘有不清,俱在卖主理落,不干买主之事。一卖百了,永不翻悔。"[1]

(11)《道光十三年(1833)龙宝珍立断卖荒坡杂木杂木等项约》:"买主不清,俱在卖主理落,不干买主之事。一卖百了。"[2]

"一卖百了"即"一次出卖,永远出卖"。

【一卖百了,父卖子休】

(12)《乾隆十七年(1752)姜老井山林断卖契》:"其山恁从买主管业。如有来路不明,俱在卖主理落,不干买主之事。其山犹如高坡滚石,永不回头。一卖百了,父卖子休,日后卖主子孙纵有余钱,万不能赎。"[3]

(13)《道光贰年(1822)杨胜清弟兄上坡背田断卖契》:"其田自断之后,恁凭银主下田耕种管业,不许外人相干。一卖百了,父卖子休。日后子孙纵有黄金,不得归赎。"[4]

"高坡滚石,永不回头",石头从高坡上滚下,永远再也不能回归到原处。借"高坡滚石,永不回头"来说明此次出卖意味着永远出卖。日后子孙纵然有黄金万两,亦不能再赎回所卖之田。契文中所说之"断卖"即"绝卖"。"一卖百了,父卖子休"意在说明一次出卖,永远出卖,永

---

[1] 唐立、杨有赓、武内房司:《贵州苗族林业契约文书汇编》卷1,东京外国语大学2001年版,第1/A/14页。

[2] 高聪、谭洪沛:《贵州清水江流域明清土司契约文书——亮寨篇》,民族出版社2014年版,第7页。

[3] 唐立、杨有赓、武内房司:《贵州苗族林业契约文书汇编》卷1,东京外国语大学2001年版,第1/A/2页。

[4] 高聪、谭洪沛:《贵州清水江流域明清土司契约文书——九南篇》,民族出版社2013年版,第112页。

远再没有回赎的可能。"一卖百了，父卖子休"同于"一卖一了，父卖子休""一卖一了，父断子休"。

【一卖一了】

（14）《乾隆五十二年（1787）姜有德等立卖杉木并地约》："其山自断之后，恁从买主管业，日后卖主不得异言争论。如有异言，俱在卖主理落，不干买主之事。此山一卖一了。"①

（15）《嘉庆八年（1803）龙永贵、龙德高二人立断卖柴山坡杉树核桃约》："其山自断之后，恁从买主管业，不许外人争论，如有不清，在于卖主理落，不与买主相干。一卖一了。"②

表面上看，这里是说此次出卖，此次终了。而根据文意，实则是说此次出卖终了以后，卖主永远失去原产业权，再没有二次出卖之可能，即"一次出卖，永远出卖"。"一卖一了"同于"一卖百了"。

【一卖一了，既卖永休】

（16）《乾隆四十九年（1784）姜绍宗立卖山场杉木契人》："若卖业不明，在卖主理落，不干得业人之事。一卖一了，既卖永休。"③

（17）《民国五年谢志桃立断卖田字》："乙（一）卖乙（一）了，記（既）卖永休。"④

"休"即"终了，结束"。所谓"一卖一了，既卖永休"即"一次出卖，永远出卖"。

【一卖一了，父卖子休】

---

① 唐立、杨有赓、武内房司：《贵州苗族林业契约文书汇编》卷1，东京外国语大学2001年版，第1/A/36页。
② 高聪、谭洪沛：《贵州清水江流域明清土司契约文书——九南篇》，民族出版社2013年版，第4页。
③ 唐立、杨有赓、武内房司：《贵州苗族林业契约文书汇编》卷1，东京外国语大学2001年版，第1/A/25页。
④ 高聪、谭洪沛：《贵州清水江流域明清土司契约文书——九南篇》，民族出版社2013年版，第200页。

(18)《乾隆二十四年（1759）姜文华卖田契》："其田信凭永相父子耕管为业。一卖一了，父卖子休。永相父一子永远存业，文华父子房叔弟兄并外人不得异言。如有异言，俱在卖主当前理落，不与买[主]何干。"①

(19)《乾隆四十四年（1779）龙廷福上洞头溪边田断卖契》："立断田契约人龙廷福、龙廷贵。……自己愿将祖业地名上洞头溪边水田壹坵。……先佟族内无人承就，请中问到龙大儒名下承买为业。……自断之后，恁凭买主管业。倘若不清，卖主理落。一卖一了，父卖子休，再无异说。"②

(20)《道光二十六年（1846）吴立贤盘圳领冲田断卖契》："如业不清，在于卖主理落。买主上田耕种管业，卖主不德议（得异）言。一卖一了，父卖子休。滚水下滩，永不服（复）流；如花落地，永不服（复）枝。"③

滚滚流水冲下沙滩，永远不会再流回；花朵坠落大地，永远不能再长回枝头。契文用形象生动的比喻，意在说明此次出卖活动一经完成，即意味着永远出卖，卖主再也无权赎回所卖之田。如果是父亲出卖的，子女亦将永远失去所出卖标的物的所有权。此即为"一卖一了，父卖子休"。

【一卖一了，父卖子休，如高坡滚石，永不回头】

(21)《嘉庆九年（1804）龙先玉等屋场断卖契》："其屋场恁买主永远子孙笠（竖）造居住。不许卖主族内人等相干。不得异言。一卖一了，父卖子休，如高坡滚石，永不回头。"④

"高坡滚石，永不回头"，石头从高坡上滚下，永远再也不能回归到

---

① 陈金全、杜万华：《贵州文斗寨苗族契约法律文书汇编——姜元泽家藏契约文书》，人民出版社2008年版，第5页。
② 高聪、谭洪沛：《贵州清水江流域明清土司契约文书——九南篇》，民族出版社2013年版，第102页。
③ 同上书，第121页。
④ 同上书，第338页。

原处。借"高坡滚石，永不回头"来说明此次出卖意味着永远出卖。

【一卖一了，父断子休】

  （22）《乾隆三十一年（1766）姜彩臣立断卖田约》："自卖之后，恁从买主下田耕种，日后不得异言。如有异言，俱在卖主向前理落，不干买主之事。一卖一了，父断子休。"①

  自卖之后，"恁从买主下田耕种"，表明此次出卖乃是"绝卖"，契文中称"断卖"。可见，"一卖一了，父断子休"即"一卖一了，父卖子休"。

【一卖一了，二卖子休】

  （23）《乾隆五拾四年（1789）龙宗玉立永远断卖田契约》："此系二比愿买愿卖。当日凭有酒席画字。一卖一了，二卖子休。如高坡滚［石］，永不回头；似水归海，在（再）不复转。日后子孙纵有黄金，不得归赎。"②

  （24）《嘉庆二年（1797）吴显达等申冲榜上田断卖契》："日后纵有余钱，不得赎。壹卖一了，二卖子休。"③

  石头从高坡上滚落，永远再也不能回到原来的位置；流水归向大海，再也不能重复流转。契文（23）借此比喻，意在说明此次出卖意味着永远出卖。纵使日后卖主有了多余的钱财，也不能够再赎回田地。可见"一卖一了，二卖子休"实即"一卖永卖"。

【一卖一了，父卖子完】

  （25）《嘉庆六年（1801）范学奇卖田契》："其田自卖之后，任

---

① 张应强、王宗勋：《清水江文书》第 1 辑共 13 册，广西师范大学出版社 2007 年版，第 1/7/5 页。

② 高聪、谭洪沛：《贵州清水江流域明清土司契约文书——九南篇》，民族出版社 2013 年版，第 103 页。

③ 同上书，第 104 页。

凭买主耕种管业，而卖主不得异言。一卖一了，父卖子完。"①

(26)《嘉庆六年（1801）姜廷珠、卧香、国华卖山契》："其山杉木自卖之后，任凭买主管业，而卖主弟兄不得异言。一卖一了，父卖子完。"②

(27)《嘉庆九年（1804）范学琦卖田契》："其田自卖后，任凭买主子孙永远管业，而卖主子孙并房族人等不得异言。一卖一了，父卖子完。"③

"任凭买主耕种管业""任凭买主管业""任凭买主子孙永远管业"表明三份契文的"卖"皆为"绝卖"。"完"同于"休"，皆为"完结""终了""终结"之义。可见"一卖一了，父卖子完"，实与例（23）、例（24）之"一卖一了，二卖子休"意同。

【一卖一了，父卖子丢】

(28)《乾隆三十二年（1767）姜文进再卖木契》："自卖之后，任从买［主］管业，卖主兄弟以并外人不得异言番（翻）悔。一卖一了，父卖子丢。"④

"任从买［主］管业"表明此卖是为"绝卖"。绝卖中父亲一旦完成出卖活动，则意味子女亦将从此永远丢掉失去标的所有权，永远丧失赎回的权利。这正是"一卖一了，父卖子丢"所要表达的意义。"一卖一了，父卖子丢"同于例（23）、例（24）之"一卖一了，二卖子休"。

【一卖一了，二卖二清】

(29)《嘉庆十年（1805）姜国用、同男姜显祖立断卖杉木山场约》："其杉木山场自卖之后，恁（任）凭买主管业，卖主不得异言。

---

① 陈金全、杜万华：《贵州文斗寨苗族契约法律文书汇编——姜元泽家藏契约文书》，人民出版社2008年版，第63页。
② 同上书，第67页。
③ 同上书，第78页。
④ 陈金全、梁聪：《贵州文斗寨苗族契约法律文书汇编——姜启贵家藏契约文书》，人民出版社2015年版，第7页。

倘有不明，俱在卖主理落，不与（干）买主之事。一卖一了，二卖二清。"①

"一卖一了，二卖二清"中之"清"与"了"意同，皆为"了结，终了"之意。"一卖一了，二卖二清"，意在说明"一旦断卖，便意味着永远出卖，永远再不能回赎"。文字虽异于"一卖一了，父卖子休""一卖百了，父断子休"，而意义实同。

【一卖一了，二卖子体】

（30）《嘉庆五年（1800）陆登奇立断坡约》："其坡一卖一了，二卖子体。高坡滚石，永不回头。"②

"体"当是"休"字。"高坡滚石，永不回头"，这一形象的比喻意在说明此次断卖意味着永远出卖。故"一卖一了，二卖子休"实即"一次出卖永远出卖，卖主永远也不能够翻悔，永远也不能够收回所卖产业"。

【一卖一了，二卖二休】

（31）《乾隆五十四年（1789）范老四断卖田约》："立断卖田约人岩湾寨范老四……其田自卖之后，怎凭买主管业，卖主不得异言。倘有异言，俱在卖主尚（上）前理落。不与买主何干，乙（一）卖乙（一）了，二卖二休。"③

（32）《乾隆四十二年（1777）朱老连卖木并山契》："杉木并地，任凭买主修理，世代为业，卖主不得异言。如有外人争论，俱在卖主一面承当，不与买主相干。一卖一了，二卖二休。"④

---

① 唐立、杨有赓、武内房司：《贵州苗族林业契约文书汇编》卷2，东京外国语大学2002年版，第2/B/20页。

② 高聪、谭洪沛：《贵州清水江流域明清土司契约文书——九南篇》，民族出版社2013年版，第3页。

③ 张应强、王宗勋：《清水江文书》第1辑共13册，广西师范大学出版社2007年版，第1/7/18页。

④ 陈金全、杜万华：《贵州文斗寨苗族契约法律文书汇编——姜元泽家藏契约文书》，人民出版社2008年版，第24页。

(33)《乾隆三十二年（1767）姜云彩等立卖山场约》："其山自卖之后，恁从买主修理管业，卖主叔侄不得翻悔异言。如有十股之内来历不明，卖主尚前理落，不干买主之事。一卖一了，二卖二休。"①

(34)《嘉庆十年（1805）姜老什、老祥、老林立断卖杉木山场字》："其山自卖之后，任从买主修理管业，卖主房族弟兄不得异言。如有异言，俱在卖主理落。其山界至：上凭顶，下凭新盘路下两路木为界，左凭岭与姜所士疆为界，右凭大冲与中房地为界，四至分明。一卖一了，二卖二休。"②

(35)《民国三十八年蒋有春卖水田契》："其钱亲手领用，并无下欠升合。一卖一了，二卖二休。"③

例（31）、例（34）中写明"断卖"，说明此卖乃为"绝卖"。例（32）契文"任凭买主修理世代为业"亦表明此契之卖，亦属"绝卖"。可见"一卖一了，二卖二休"意在强调"绝卖"便是"永远出卖"，一旦出卖，再不能回赎。这里的"一卖一了，二卖二休"亦同于"一卖一了，父卖子休"，实即"一卖永卖"。

【一卖一了，二卖二文】

(36)《乾隆四十三年（1778）姜朝佐立断卖杉木并地》："其杉木［自卖］之后，恁从买主子孙世代永远管业，而卖主不得悔言。如有翻悔言者，拘（俱）在卖主。一卖一了，二卖二文。"④

"二卖二文"之"文"当为错字。文契为断卖契，"一卖一了，二卖二文"处所表达的意义当与例（23）、例（24）之"一卖一了，二卖子休"意同，即"一卖永卖"。

---

① 唐立、杨有赓、武内房司：《贵州苗族林业契约文书汇编》卷1，东京外国语大学2001年版，第1/A/8页。

② 陈金全、杜万华：《贵州文斗寨苗族契约法律文书汇编——姜元泽家藏契约文书》，人民出版社2008年版，第77页。

③ 张新民：《天柱文书》，江苏人民出版社2014年版，第1/17页。

④ 唐立、杨有赓、武内房司：《贵州苗族林业契约文书汇编》卷1，东京外国语大学2001年版，第1/A/17页。

【一卖一了，二卖二收】

(37)《乾隆二十八年（1763）姜乔包、姜老桥父子立卖山场字》："自卖之后，其岭左凭冲，右凭冲，上凭凹，下凭田。兴周照界管业。卖主房族弟兄并外人不得异言。如有异言，乔包父子当前理落，不干兴周之事。一卖一了，二卖二收。"①

(38)《乾隆五十八年（1793）姜廷科卖田契》："其田自卖之后，凭从买主耕种管业，卖主弟兄不得异言。如有异言，居（俱）在卖主上承理落，不干买主之事。一卖一了，二卖二收。"②

比对例（31）—（35），可知例（37）、例（38）之"二卖二收"当为"二卖二休"。

【一卖一了，二买二收】

(39)《乾隆三十二年（1767）姜应保卖田契》："自卖之后，凭从买主子孙管业，卖主兄弟以并外人亦不得异言翻悔。如有来历不清，俱在卖主尚（上）前理落，不干买主之事。其粮跟田走。一卖一了，二买二收。"③

对比例（37）、例（38）、例（31）—（35），可知"二买二收"当作"二卖二收"，实即"二卖二休"。"一卖一了，二卖二休"实即"一卖永卖"。

【一卖一了，二卖二丢】

(40)《嘉庆十七年（1812）姜天九卖山契》："其山场自卖之后，买生子孙修理管业，而卖主子孙不得异言。倘有此情，卖主力面

---

① 唐立、杨有赓、武内房司：《贵州苗族林业契约文书汇编》卷1，东京外国语大学2001年版，第1/A/4页。
② 陈金全、杜万华：《贵州文斗寨苗族契约法律文书汇编——姜元泽家藏契约文书》，人民出版社2008年版，第48页。
③ 同上书，第10页。

承当，不与买主相干。一卖一了，二卖二丢。"①

(41)《乾隆五十三年（1788）姜廷周立断卖山契》："日后一卖一了，二卖二丢。倘有外人争论，卖主一面承当，不干买主之事。"②

对比例（28），可知"一卖一了，二卖二丢"当同于"一卖一了，父卖子丢"，亦即"一卖永卖"之意。

【一卖一清，二卖二了】

(42)《嘉庆二十四年（1819）龙卧姑卖田契》："其田自卖之后，任从买主耕种管业，弟兄不得异言。如有异言，俱在卖主尚（上）前理落，不关买主之事。一卖一清，二卖二了。"③

将此例"一卖一清，二卖二了"与例（29）"一卖一了，二卖二清"相对照，可知"清"当与"了"意同，皆为"终了，了结"之意。"一卖一清，二卖二了"同于"一卖一了，二卖二清"，实即"一卖一了，二卖子休"。

【一卖一永远，二卖子孙无分】

(43)《潘贵银登寨祖业田租禾断约》："不许内外远近房族人等在后重卖。[否则]卖主赴司理落，不干买主之事。一卖一永远，二卖子孙无分。"④

"一卖一永远，二卖子孙无分"指一次出卖意味着永远出卖，卖主及子孙后代对所卖出之产业再无二次出卖的可能。

---

① 陈金全、杜万华：《贵州文斗寨苗族契约法律文书汇编——姜元泽家藏契约文书》，人民出版社2008年版，第123页。
② 唐立、杨有赓、武内房司：《贵州苗族林业契约文书汇编》卷1，东京外国语大学2001年版，第1/A/39页。
③ 陈金全、杜万华：《贵州文斗寨苗族契约法律文书汇编——姜元泽家藏契约文书》，人民出版社2008年版，第182页。
④ 高聪、谭洪沛：《贵州清水江流域明清土司契约文书——九南篇》，民族出版社2013年版，第100页。

【一卖二了，永不归回】

(44)《乾隆四十四年（1779）姜老官立卖山场杉木约》："其木恁从买主永远管业。一卖二了，永不归回。"①

"了"即"了结，终了"之意。"一卖二了，永不归回"意指"此次出卖意味着永久性的出卖，卖主永远失去了对已出卖之产业的所有权，永远再不能将所卖之山场杉木赎归回来，再也不能对其进行二次出卖"。

【一卖一完】

(45)《咸丰十年（1860）龙林官、龙林聪、龙兴洪三人立卖山场约》："立卖山场约人龙林官、龙林聪、龙兴洪三人名下。今因家下要钱用度，无所出处。自愿将到归穴溪山场一团出卖。自己上门问到归飞村刘吴锦名下承买为业。其钱交与买主亲手领足应用。其地付许买主管业永远不得异言。若有言论，俱在卖主理落，不干买主之事。一卖乙（一）完。"②

"完"即"完结，终了"之意，与"了"同。"一卖一完"即"一卖一了"，也就是"一次出卖永远出卖"。

【了心断心】

(46)《咸丰元年（1851）周锡璋立出卖水田山土文契》："自卖以后，恁随李姓子孙永远管理耕栽，周姓子孙了心断心，不言。"③

(47)《光绪三十二年（1906）邹庆夫立出併契文约》："其有业内寸地寸木寸草未留。此系弟兄心甘意愿，并非中证押逼，亦无货无（物）折算。了心断心。子子孙孙永无加补之说。"④

(48)《宣统二年（1910）邹庆铭立併契文约》："此系二家心甘

---

① 唐立、杨有赓、武内房司：《贵州苗族林业契约文书汇编》卷1，东京外国语大学2001年版，第1/A/19页。
② 张新民：《天柱文书》，江苏人民出版社2014年版，第9/275页。
③ 汪文学：《道真契约文书汇编》，中央编译出版社2014年版，第52页。
④ 同上书，第344页。

意愿，并非中正押逼，了心断心，永无二意。后日子孙世代永不言其无有家（加）补二字。德（得）业者管理耕种，世代荣昌。食（失）业者一钱为本，万钱为利。得业上耕者子孙永远长发其祥。"①

【了心断心，绝齿不言】

（49）《咸丰元年（1851）周伯玠弟兄立出亲收足领文契》："自亲收足领以后，恁随邹姓耕栽，周姓了心断心，绝齿不言。"②

（50）《同治九年（1870）李坤潼立出卖契文约》："具（其）有上下四维系凭中脚踏手指为界。有李姓信意幅。并无押逼中证。子子孙孙，了心断心，绝齿不言。日后不伦（能）言其加补书画之资。"③

【绝齿纯言】

（51）《咸丰十一年（1861）周福品父子立出卖契文约》："自卖之后，恁随邹姓世代子子孙孙永远耕管，周姓父子再不得业上滋扰生端，加补书画。绝齿纯言，自干脱罟。"④

据文意可知，所谓"了心断心"当即"了断心思"。而文中所要了断的"心思"包括"二意""滋生事端""加补书画"等。"绝齿"意为"牙齿脱落"。"绝齿不言"指"牙齿掉尽，也不说翻悔之话"。"纯言"即"言语纯朴诚挚"，亦即"不讲翻悔之言"，同于"绝齿不言"。例（46）—（51），虽无"一卖永卖"之语，但"了心断心"诸句所言皆含"一卖永卖"之意。

【一断一了】

（52）《嘉庆二十四年（1819）龙明蛟寨脚秧田断卖契》："其田

---

① 汪文学：《道真契约文书汇编》，中央编译出版社2014年版，第364页。
② 同上书，第48页。
③ 同上书，第123页。
④ 同上书，第70页。

恁凭买主耕种，卖主不得异言。一断一了。"①

（53）《道光八年（1828）龙用昭也尾冲杉山断卖契》："其山草坡恁凭买主管业，日后不得异[言]。一断一了，日后纵有黄金，不得归赎。"②

（54）《道光九年（1829）龙求灵高寨美果茶山断卖契》："其田自卖之后，恁凭银主管业，不与内外人等相干，一断一了。"③

"断"即"断卖"，实即"绝卖"，即"永远出卖"。故所谓"一断一了"即"一次出卖永远出卖"，如例（53）所讲，日后"卖主纵然拥有黄金，也不能够将已出卖的产业赎回"。

【一断一了，父断子收】

（55）《乾隆三十三年（1765）姜三保断卖田约》："日后卖主房族弟兄外人不得异言，如有异言，俱在卖主理落，不以（与）买主河（何）干。一断一了，父断子收。"④

【一断一了，二断二了，断根约卖永不归宗】

（56）《明嘉靖九年（1530）潘元怀等长坪断卖契》："其长坪自断之后，任从买主子孙耕种管业。不许卖主上前争论。有争者，卖主一面承当。二家情愿再不许翻悔。一断一了，二断二了，断根约卖永不归宗。再无异言。"⑤

"宗"即"宗主"，契文中实指"卖主"。根断了，植物便不能再生

---

① 高聪、谭洪沛：《贵州清水江流域明清土司契约文书——亮寨篇》，民族出版社2014年版，第7页。
② 高聪、谭洪沛：《贵州清水江流域明清土司契约文书——九南篇》，民族出版社2013年版，第18页。
③ 同上书，第21页。
④ 张应强、王宗勋：《清水江文书》第1辑共13册，广西师范大学出版社2007年版，第1/7/6页。
⑤ 高聪、谭洪沛：《贵州清水江流域明清土司契约文书——九南篇》，民族出版社2013年版，第335页。

长存活。这里用植物断根来喻指说明"此次出卖乃是绝卖,一旦出卖产业永远再也不能赎归"。

【一断一了,二断二休】

(57)《乾隆二十九年(1764)姜老五立卖木约》:"当日凭中议定价银壹两伍钱伍分整,亲手领回应用,分厘无欠。一断一了,二断二休。"①

"休"同于"了",即"完结,终了"之意。

【一断一了,二断子休】

(58)《嘉庆十三年(1808)龙大藏父子屋地基断卖契》:"立断卖屋地基约人龙大藏父子。……其地基任凭买主管业,不得异言。一断一了,二断子休,日后纵有余银,不得归赎。"②

对比可知,"一断一了,二断二休""一断一了,二断子休"当与"一断一了,二断二了,断根约卖永不归宗"表意相同,当皆可释作"一次出卖永远出卖"。

【一断百了】

(59)《乾隆四十一年(1776)族弟老路、老岩立卖山场契》:"其山自断之后,恁二兄管业栽插收租,卖主不得异言。此系宗人承买宗业,永不与外人相干。倘有来历不明,并私当等情,俱在卖主向前理落,不干买主之事。一断百了,永不翻悔。"③

(60)《嘉庆十四年(1809)陆再清因争论断卖杉山契》:"其山

---

① 张应强、王宗勋:《清水江文书》第 2 辑共 10 册,广西师范大学出版社 2009 年版,第 2/1/2 页。

② 高聪、谭洪沛:《贵州清水江流域明清土司契约文书——九南篇》,民族出版社 2013 年版,第 341 页。

③ 唐立、杨有赓、武内房司:《贵州苗族林业契约文书汇编》卷 1,东京外国语大学 2001 年版,第 1/A/0015 页。

自断之后，恁凭买主修坎管业，不得异言，一断百了。"①

（61）《同治元年（1862）龙敬得洞烂泥冲田断卖契》："恐有不清，居在卖主理落。不与族内人等相干，一断百了，永远存照发达。"②

结合文意，对比例（56），可知"一断百了"实即"一次出卖永远出卖"。

【一断百了，永无赎回】

（62）《光绪五年（1879）龙廷高、龙廷举立断卖花地约》："其花地自卖之后，恁凭买主阴阳管业，卖主不得异言。乙（一）断百了，永无赎回。"③

"断卖"即"绝卖"。"一断百了，永无赎回"即"一次出卖意味着永远出卖，永远不能够赎回"。

【一断百了，父断子收】

（63）《乾隆五十一年（1786）姜义保断卖菜园字》："立断卖菜园字人姜义保。……自卖之后，恁从买主栽菜管业，卖主不许弟兄并外人争论。倘有异言，俱在卖主一命尚前理落，不干买主之事。一断百了，父断子收。"④

与例（62）相比较，可知"一断百了，父断子收"当同于"一断百了，永无赎回"。对比诸例"父断子休""二卖二休"，可知例（63）"一断百了，父断子收"、例（55）"一断一了，父断子收"、例（37）"一卖一了，二卖二收"中的"收"当皆是"休"字。将"休"写作"收"，

---

① 高聪、谭洪沛：《贵州清水江流域明清土司契约文书——九南篇》，民族出版社2013年版，第7页。
② 同上书，第139页。
③ 同上书，第159页。
④ 张应强、王宗勋：《清水江文书》第1辑共13册，广西师范大学出版社2007年版，第1/7/16页。

应是方言语音作用的结果。这种语音现象在《九南》中亦有,如将"修理"写作"收礼"① 即是。

【纵有黄金,不得归赎】

(64)《嘉庆十八年(1813)陆再清宓溪茶山断卖契》:"如有不清,居在卖主礼(理)落,不得异言。纵有黄金,不得归赎。"②

(65)《嘉庆廿一年(1816)陆可照立断卖草坡约》:"其坡自断知(之)后,恁凭买主修理管业。日后纵有黄金,不能赎取。"③

(66)《嘉庆十七年(1812)杨云禄立断卖荒坡熟地约》:"日后买主不清,在于卖主理落。子孙種(纵)有黄金,不得归赎。"④

"纵然有黄金,也不能够赎回出卖的茶山"。意在强调此次出卖意味着永远出卖。

【纵有余钱,万不能赎】

(67)《乾隆十七年(1752)姜老井山林断卖契》:"其山恁从买主管业。如有来路不明,俱在卖主理落,不干买主之事。其山犹如高坡滚石,永不回头。一卖百了,父卖子休,日后卖主子孙纵有余钱,万不能赎。"⑤

【纵有鱼(余)银,不得归赎】

(68)《光绪十七年(1891)谢志高立卖田契》:"日后卖主子孙纵有余钱,不得归赎。"⑥

---

① 高聪、谭洪沛:《贵州清水江流域明清土司契约文书——九南篇》,民族出版社2013年版,第78页。

② 同上书,第8页。

③ 同上书,第10页。

④ 同上书,第105页。

⑤ 唐立、杨有赓、武内房司:《贵州苗族林业契约文书汇编》卷1,东京外国语大学2001年版,第1/A/2页。

⑥ 高聪、谭洪沛:《贵州清水江流域明清土司契约文书——九南篇》,民族出版社2013年版,第174页。

(69)《道光六年（1826）陆登明高达茶山断卖契》："其茶自断之后，任凭买主管业，卖主不得异言。纵有鱼（余）银，不得归赎。"①

(70)《龙文蛟立断卖田契》："自断之后，卖主子孙纵有餘（余）银，不得归赎。"②

"纵有鱼银"，即"纵有余银"，与"纵有余钱"意同。"纵有余银，不得归赎"，同于"纵有黄金，不得归赎"，皆有"一卖永卖"之意在其中。

【纵有余粮，永不思归】

(71)《乾隆四十七年（1782）姜朝魁、姜有矮兄弟二人断卖田约》："为因家中空乏，要银使用。……当日面议足色纹银贰拾玖两整。其银亲手收回费用。自断之日，恁从买主下田耕管为业，而卖主房族弟兄人等不得混争异言。……卖主［日］后子孙纵有余粮，永不思归。"③

纵使有多余的粮食，田产已经出卖，永远不能再想着赎归回来。"纵有余粮，永不思归"，意在强调此次出卖便意味着永远出卖。

【父卖子绝】

(72)《嘉靖三十五年（1556）吴王保石榴山冲荒地卖契》："断根口卖。任从买主子孙开荒修砌管业，再不干卖主之事。亦无房族弟男争论，二家各不许憣悔。……今恐人信难凭，立此父卖子绝文约永远子孙收照用者。"④

---

① 高聪、谭洪沛：《贵州清水江流域明清土司契约文书——九南篇》，民族出版社2013年版，第17页。
② 同上书，第241页。
③ 张应强、王宗勋：《清水江文书》第1辑共13册，广西师范大学出版社2007年版，第1/7/14页。
④ 高聪、谭洪沛：《贵州清水江流域明清土司契约文书——九南篇》，民族出版社2013年版，第99页。

结合文意,"断根□卖"对比例(12)、例(25)—(28)等例,可知所谓"父卖子绝"实即"一卖永卖"。"绝"即"断绝"之意,与"休"意同。

综上所述,贵州契约文书在使用"一卖一了"表达"绝卖"("永远出卖")这一意义时,表达形式丰富多彩。"一卖一了"虽与"一卖一了,父卖子休"一样,均可表达"一卖永卖"之意,但"一卖一了"不一定就是"一卖一了,父卖子休"。《九南》整理者在"一卖永卖"之后添加"父卖子休"的校勘是欠妥当的。

结　　语

　　做研究必须首先明确研究的对象。本书以目前整理出版的九种贵州契约文书中的词汇作为研究对象。绪论部分介绍了契约文书的性质；从六个方面对贵州契约文书词汇研究的理论意义和应用价值作了说明；其后简要回顾了学界对贵州契约文书的研究状况，选取其中最薄弱方面的"词汇"作为研究的着力点；概括分析了本书研究的主要内容；结合贵州契约文书的自身特点，列举了本书研究时使用的几种主要方法；最后是本书所使用的契约文书语料的展示。

　　做研究必须明确重点、抓住重点、集中用力。在贵州契约文书词汇中，既有继承前世的词，也有当时产生的词。当时产生的词汇又分为通语和方言词语。其中通语是主体，方言词语则是少数。这是契约文书所具有的普遍现象。贵州契约文书属于地方性的俗文献，其在语言表达上具有口语性、通俗性的特点。这样的语言特点要求我们的词汇研究必须突出重点，即重点关注那些最能反映贵州契约文书语言特点的词语；除在贵州契约文书中另有新义，且这些词义在大型辞书中又未见收录的通语外，其他的通语则不作过多涉猎。基于此，本书第一章集中用力对颇具贵州契约文书语言特点的疑难词语、俗语进行了训释。针对贵州契约文书同义词系统丰富的语言特点，本书第二章从贵州契约文书的固定格式出发，集中用力对几组有代表性的同义词语进行了探究。

　　做研究最终必须是应当有所作为的。对于贵州契约文书词汇研究而言，这一研究的实际应用价值，便是它的"有所作为"的一种体现。本书第三章重点关注的是贵州契约文书词汇研究与大型辞书编纂。贵州契约文书词汇量丰富，其中许多词语及词语意义在现行辞书中都不见载录，足证贵州契约文书词汇研究对于大型辞书编纂修订的意义与价值。目前已整理出版的贵州契约文书共计九种。这些整理本在标点、释义、校勘等方面或多或少地存在着一些瑕疵，这些瑕疵多半是因不明文书词语含义所致。本书第四章用大量实例对这些瑕疵进行了分析辨正，证实了贵州契约文书词汇研究对于贵州契约文书整理校注的重要意义。

　　贵州契约文书中的疑难词语、同义词语异常丰富，谨望本书的探索能够对贵州契约文书的词汇研究贡献绵薄之力。本人才疏学浅，文中难免存在缺憾与不足之处，恳请专家学者予以批评指正。

主要参考文献

契约文书资料

陈金全、杜万华：《贵州文斗寨苗族契约法律文书汇编——姜元泽家藏契约文书》，人民出版社 2008 年版。

陈金全、梁聪：《贵州文斗寨苗族契约法律文书汇编——姜启贵家藏契约文书》，人民出版社 2015 年版。

福建师大历史系编：《明清福建经济契约文书选辑》，人民出版社 1997 年版。

甘肃省临夏回族自治州档案馆：《清河州契文汇编》，辽宁大学出版社 1993 年版。

高聪、谭洪沛：《贵州清水江流域明清土司契约文书——九南篇》，民族出版社 2013 年版。

高聪、谭洪沛：《贵州清水江流域明清土司契约文书——亮寨篇》，民族出版社 2014 年版。

孙兆霞：《吉昌契约文书汇编》，社会科学文献出版社 2010 年版。

唐立、杨有赓、武内房司：《贵州苗族林业契约文书汇编》，东京外国语大学 2001 年版。

唐立、杨有赓、武内房司：《贵州苗族林业契约文书汇编》第 2 卷，东京外国语大学 2002 年版。

唐立、杨有赓、武内房司：《贵州苗族林业契约文书汇编》第 3 卷，东京外国语大学 2003 年版。

汪文学：《道真契约文书汇编》，中央编译出版社 2014 年版。

王钰欣、周绍良：《徽州千年契约文书》，花山文艺出版社 1991 年版。

张传玺：《中国历代契约文书会编考释》，北京大学出版社 1994

年版。

张新民：《天柱文书》，江苏人民出版社 2014 年版。

张应强、王宗勋：《清水江文书》第 1 辑第 13 册，广西师范大学出版社 2007 年版。

张应强、王宗勋：《清水江文书》第 2 辑第 10 册，广西师范大学出版社 2009 年版。

张应强、王宗勋：《清水江文书》第 3 辑第 10 册，广西师范大学出版社 2011 年版。

其他文献资料

（清）曹雪芹：《红楼梦》，中央编译出版社 2014 年版。

（清）陈煜：《白陈氏六修族谱》卷 3，清光绪二十年刻本。

（晋）陈寿，（宋）裴松之注：《三国志》，中华书局 2005 年版。

方孝坤：《徽州文书俗字研究》，人民文学出版社 2012 年版。

（明）冯梦龙：《醒世恒言》，中华书局 2009 年版。

（春秋）管仲著，姚晓娟注：《管子》，中州古籍出版社 2010 年版。

胡宗虞：民国《临县志》卷 13，民国六年铅印本。

黄征：《敦煌俗字典》，上海教育出版社 2005 年版。

蒋绍愚：《古汉语词汇纲要》，商务印书馆 2005 年版。

（汉）孔安国传，（唐）孔颖达等正义：《尚书正义》，上海古籍出版社 2007 年版。

（唐）李白撰，（清）王琦注：《李太白集注》，中华书局 2011 年版。

（清）刘训濂：《中湘升廷山刘氏三修族谱》卷 12，清光绪二十一年刻本。

刘国安：《湖南湘乡城江刘氏续修族谱》卷 3，民国六年刻本。

刘坚：《刘坚文存》，上海教育出版社 2008 年版。

（汉）刘熙：《释名》，中华书局 1985 年版。

罗竹风主编：《汉语大词典》，上海辞书出版社 2011 年版。

（清）彭定求等编：《全唐诗》，中州古籍出版社 2008 年版。

彭信威：《中国货币史》，上海人民出版社 1988 年版。

（晋）孙晁注：《逸周书》，商务印书馆 1937 年版。

王力：《汉语史稿》，中华书局 1980 年版。

（清）王先谦：《荀子集解》，中华书局 1988 年版。

（清）王先慎：《韩非子集解》，团结出版社 1999 年版。

吴孟复选注：《刘大櫆文选》，黄山书社出版社 1985 年版。

吴为善：《认知语言学与汉语研究》，复旦大学出版社 2011 年版。

徐锦：民国《英山县志》卷 11，民国九年刊本。

许宝华主编：《汉语方言大词典》，中华书局 1999 年版。

杨伯峻注：《孟子译注》，中华书局 2008 年版。

杨敦伟：《现代常用汉字溯源字典》，湖南人民出版社 2012 年版。

（明）佚名：《新刻类辑故事通考旁训》卷 4，明万历重刊本。

（清）佚名：《救生船》卷 4，清光绪二年重刊本。

（清）佚名：《救生船》卷 3，清光绪二年重刊本。

俞理明、顾满林：《东汉佛道文献词汇新质研究》，商务印书馆 2013 年版。

张效良：《花桥张氏四修族谱》，民国十七年铅印本。

张传玺：《契约史买地券研究》，中华书局 2008 年版。

张庚：《秧歌剧选》，人民文学出版社 1977 年版。

张天翼：《清明时节》，花城出版社 2011 年版。

张小艳：《敦煌书仪语言研究》，商务印书馆 2007 年版。

张涌泉：《汉语俗字研究（增订本）》，商务印书馆 2010 年版。

赵云旗：《唐代土地买卖研究》，中国财政经济出版社 2002 年版。

周立波：《周立波小说选》，湖南文艺出版社 2009 年版。

周祖谟：《广韵校本》，中华书局 1960 年版。

期刊论文

岸本绪美：《贵州的山林契约文书与徽州的山林契约文书比较研究》，《原生态民族文化学刊》2014 年第 2 期。

陈浩：《〈贵州文斗寨苗族契约法律文书汇编〉校读补注》，《贵州文史丛刊》2015 年第 3 期。

陈金全、侯晓娟：《论清代黔东南苗寨的纠纷解决——以文斗苗寨词状为对象的研究》，《湘潭大学学报》（哲学社会科学版）2010 年第 1 期。

程泽时：《清代锦屏木材"放洪"纠纷与地役权问题——从加池寨和文斗寨的几份林契谈起》，《原生态民族文化学刊》2010 年第 4 期。

储小昀、李琦：《宋元以来民间契约文书与大型字典编纂》，《中国文字研究》2018 年第 2 期。

储小昀、张丽：《契约文书札记五则》，《中国农史》2012 年第 4 期。

储小昀、张丽：《宋元以来契约文书俗字在大型字典编纂中的价值》，《中国文字研究》2014 年第 1 期。

范国祖：《清水江文书汉字记苗音苗语地名整理研究——以加池苗寨土地契约文书为例》，《原生态民族文化学刊》2018 年第 4 期。

方一新、路方鸽：《〈石仓契约〉（第一辑）语料价值初探》，《浙江社会科学》2014 年第 3 期。

付喻锐：《〈贵州文斗寨苗族契约法律文书汇编〉校读十则》，《皖西学院学报》2019 年第 1 期。

郭敬一：《〈吉昌契约文书汇编〉词语考释三则》，《长治学院学报》2015 年第 4 期。

郭敬一、张涌泉：《释"蓁"》，《古汉语研究》2019 年第 1 期。

黑维强：《辽金以来土地契约文书中"畛"之释义考辨》，《中国文字研究》2017 年第 1 期。

黑维强：《土默特契约文书所见 200 年前内蒙古晋语语音的几个特点》，《中国语文》2018 年第 5 期。

黑维强、高岩：《清朝契约文书之"比日"考》，《汉语史研究集刊》2015 年第 19 期。

黑维强、贺雪梅：《论唐五代以来契约文书套语句式的语言文字研究价值及相关问题》，《敦煌学辑刊》2018 年第 3 期。

黑维强、唐永健：《契约文书中的"分数"类词义考辨》，《中国文字研究》2015 年第 2 期。

黑文婷：《契约文书"二比"类词语释义》，《甘肃高师学报》2012 年第 6 期。

梁骄阳：《西南屯堡科田买卖契约的法律史分析——以吉昌契约为例》，《理论界》2012 年第 7 期。

卢庆全：《〈姜元泽家藏契约文书〉释读指瑕》，《汉语史研究集刊》2015 年第 19 辑。

卢庆全：《贵州契约文书"𢯱"类合文考》，《励耘语言学刊》2016 年第 1 期。

卢庆全：《贵州契约文书"任凭"类词语研究》，《原生态民族文化学刊》2018年第3期。

卢庆全：《贵州契约文书词汇研究与整理本之校勘》，《新疆大学学报》2019年第2期。

卢庆全：《贵州契约文书疑难词语例释》，《新疆大学学报》2018年第2期。

卢庆全、黑维强：《古代民间契约文书"典主"释义考索》，《广州大学学报》2015年第5期。

卢庆全、黑维强：《贵州契约文书俗字"㞐"考释》，《新疆大学学报》2015年第3期。

罗洪洋：《清代黔东南锦屏苗族林业契约之卖契研究》，《民族研究》2007年第4期。

罗康隆：《从清水江林地契约看林地利用与生态维护的关系》，《林业经济》2011年第2期。

沈文嘉：《清代清水江流域林业经济与社会发展论要》，《古今农业》2005年第2期。

石开忠：《明清至民国时期清水江流域林业开发及对当地侗族、苗族社会的影响》，《民族研究》1996年第4期。

史达宁：《清水江文书的文献学价值——以锦屏县文斗寨契约文书为个案的分类整理与研究》，《原生态民族文化学刊》2009年第1期。

史佳新：《加池四合院文书校读释例》，《绵阳师范学院学报》2019年第6期。

唐智燕：《〈贵州苗族林业契约文书汇编〉误释俗字补正——兼论俗字研究对于民间写本文契开发利用的重要性》，《原生态民族文化学刊》2013年第4期。

唐智燕：《清水江文书疑难俗字例释（二）》，《原生态民族文化学刊》2014年第4期。

唐智燕：《清水江文书疑难俗字例释（三）——兼论民间文书标题的构拟问题》，《原生态民族文化学刊》2015年第1期。

唐智燕：《清水江文书疑难俗字例释（一）》，《原生态民族文化学刊》2014年第3期。

唐智燕：《清水江文书中特殊计量单位词考源》，《原生态民族文化学刊》2018年第4期。

唐智燕：《俗字研究与民间文献整理——以〈吉昌契约文书汇编为例〉》，《汉语史研究集刊》2012年第15辑。

唐智燕：《文字释读规范与清水江文书整理》，《贵州民族大学学报》（哲学社会科学版）2013年第5期。

陶钟灵：《清代贵州锦屏林木交易习惯的法律经济学分析》，《贵州文史丛刊》2007年第1期。

王阳：《契约文书校勘失误成因探析——以〈贵州文斗寨苗族契约法律文书汇编〉为例》，《学术探索》2019年第5期。

王勇：《清水江文书校读释例》，《原生态民族文化学刊》2017年第2期。

吴述松：《清水江文书与苗侗族人经济发展关系研究范式展望》，《教育文化论坛》2011年第2期。

徐晓光：《清代黔东南锦屏林业开发中国家法与民族习惯法的互动》，《贵州社会科学》2008年第2期。

闫平凡：《浅析清水江文书俗字的价值》，《贵州大学学报》（社会科学版）2012年第2期。

杨继光：《〈道真契约文书汇编〉字词校读札记》，《安庆师范大学学报》（社会科学版）2019年第3期。

杨有庚：《清代苗族山林买卖契约反映的苗汉等族间的经济关系》，《贵州民族研究》1990年第3期。

姚权贵：《清水江文书俗字丛考》，《安庆师范大学学报》（社会科学版）2019年第1期。

张明、安尊华、杨春华：《论清水江流域土地契约文书中的特殊字词》，《贵州大学学报》（社会科学版）2017年第1期。

张明、韦天亮：《姚小云清水江文书侗字释例》，《贵州大学学报》（社会科学版）2013年第4期。

张新杰：《锦屏文书的语言功能认知研究》，《河南科技大学学报》（社会科学版）2011年第4期。

张新民：《清水江文书的整理利用与清水江学科的建立》，《贵州民族研究》2010年第5期。

张涌泉：《写本文献：中华文明有待开发的宝藏》，《中国社会科学报》2015 年 5 月 13 日第 B06 版。

学位论文

陈婷婷：《清水江文书"天柱卷"俗字研究——以钱、据、恐等字为例》，硕士学位论文，贵州大学，2016 年。

金胜：《清水江文书名量词研究》，硕士学位论文，湘潭大学，2017 年。

孙美玲：《敦煌契约文书和道真契约文书俗字研究》，硕士学位论文，南京师范大学，2018 年。

张小艳：《敦煌书仪语言研究》，博士学位论文，浙江大学，2004 年。

周菡怡：《云贵川契约文书词语考释》，硕士学位论文，陕西师范大学，2017 年。